·全球资产配置系列·

论剑华尔街

——私募基金的崛起

海投全球◎著

中国财经出版传媒集团
中国财政经济出版社
北京

图书在版编目（CIP）数据

论剑华尔街：私募基金的崛起 / 海投全球著 . --
北京：中国财政经济出版社，2024.3
（全球资产配置系列）
ISBN 978-7-5223-2746-4

Ⅰ. ①论… Ⅱ. ①海… Ⅲ. ①投资基金—研究 Ⅳ.
① F830.91

中国国家版本馆 CIP 数据核字（2024）第 034693 号

责任编辑：郁东敏　　责任印制：党　辉
责任设计：中通世奥　　责任校对：胡永立

论剑华尔街——私募基金的崛起
LUNJIAN HUAERJIE——SIMU JIJIN DE JUEQI

中国财政经济出版社 出版
URL：http：//www.cfeph.cn
E-mail：cfeph @cfemg.cn

社址：北京市海淀区阜成路甲 28 号　邮政编码：100142
营销中心电话：010-88191522
天猫网店：中国财政经济出版社旗舰店
网址：https：//zgczjjcbs.tmall.com
中煤（北京）印务有限公司印刷　各地新华书店经销
成品尺寸：170mm × 230mm　16 开　20.5 印张　260 000 字
2024 年 3 月第 1 版　2024 年 3 月北京第 1 次印刷
定价：62.00 元
ISBN 978-7-5223-2746-4
（图书出现印装问题，本社负责调换，电话：010-88190548）
本社图书质量投诉电话：010-88190744
打击盗版举报热线：010-88191661　QQ：2242791300

序

2024年是我进入投资行业的第20年，也是我创立海投全球的第10年。《左传》有言，“立德，立功，立言，谓之三不朽”。我们从传统上来讲，都希望自己做的事情能够传承下去。但是我们自己管理基金的年头太短，积累的经验即便愿意分享，也不足以支撑一本完整的书籍。

同时，投资行业是最讲究传承的。最典型的就是朱里安·罗伯逊（Julian Robertson）创立的老虎基金，传承了几代的“小老虎”，培育出几百只对冲基金，包括老虎环球基金等。还有耶鲁大学的大卫·斯文森培养了几十位大学捐赠基金、家族办公室、养老基金等机构的CIO，把大学基金模式发扬光大。

所以海投全球团队就策划了“全球资产配置系列”丛书，系统性地向投资行业的前辈们学习。很多前辈非常愿意跟业界分享，包括上面提到的大卫·斯文森写了两本针对机构和个人投资的经典书籍，桥水基金的瑞达里奥撰写了《原则》，高瓴资本的张磊撰写了《价值》等，让我们投资行业的从业人士学习，把他们创立的投资方法论传承下去。但也有投资人，包括上面提到的罗伯逊还有巴菲特等，虽不愿意著书立言，但也言传身教培养出几代投资者。海投团队之所以撰写这本《论剑华尔街——私募基金的崛起》，是系统性地介绍投资行业的引领者，包括风险投资、私募股权、对冲基金等传统的另类资管行业的管理人。海投团队有意识地排除了地产，因为地产本身是一个非常大、非常复杂的行业，只作为一本书的一部分是介绍不完的。海投团队在选题策划时，华尔街最热门的投资方式就是SPAC，而且很多SPAC的管理人也是从风险投资和对冲基金等传统机构跨界过来的，所以我们就立项写了SPAC，没有想到这个行业这么快就衰退了，但对我们研究学习整个投资行业还是很有借鉴，就保留了下来。

我进入投资行业的第一份工作是在VC基金做EIR，相当于Venture Partner，帮助基金寻找、筛选、孵化项目等。当时大批硅谷的VC基金进入中国市场，我机缘巧合就入了行。后来又帮助大学捐赠基金配置另类基金，对风险投资、私募股权、对冲基金、房地产、能源等细分领域的基金就逐渐熟悉起来。跟业界这些运营了几十年，管理千亿资产的基金快速学习了行业背景、投资策略等知识。但自己真正管理VC基金和信贷基金的时候，才彻底明白了资产管理的辛苦和艰难。每一只有所成就的基金，都有自己的过人之处，都值得我们尊重和学习。所以本书的另外一个目的就是向这些业界的前辈们致敬，感谢他们引领了另类投资行业的发展。海投作为只有10年历史的新兴资管平台，从这些前辈身上不只学习到了投资理念，还有正直、坚持、平等放之四海而皆准的原则。

本书作为“全球资产配置系列”第一本关于基金的书，海投团队倾注了大量的心血，尤其是张宸和赵春梅两位编辑，搜索、研究、撰写了基于公开信息的内容，希望能提升本书的可读性，也给非专业的投资者一个降低了门槛的了解另类资产的机会。感谢中国财政经济出版社郁东敏编辑给予海投团队充分的指导和帮助，本书得以顺利出版。这也是海投团队跟该出版社合作的第三本书，前两本专业性比较强的《全球数字银行》和《新兴市场消费信贷》也获得了业界的认可和赞许。感谢广大读者的信赖和肯定，海投团队还在策划后续的《全球资产配置系列》书籍，包括介绍《数字资产》《家族办公室》等，期待早日付梓。

目录

01 第一篇　风险投资

02 第二篇 私募股权

03 第三篇 对冲基金

04 第四篇 SPAC

第一篇

风险投资

风险投资（Venture Capital）又称为创业投资，是一项追求长期利润的高风险高回报的投资活动。由投资公司发起并为具有高增长潜力的未上市公司提供资金。风险投资可以发生在初创公司处于一级市场的任何阶段，即从最初的天使、种子期到上市之前。投资者通过出售股权回收资金，最常见的退出形式包括在企业公开上市时向公众出售股票或进行并购。

1946年，第一家现代风投公司——美国研究与发展公司[①]由麻省理工学院校长卡尔·康普顿（Karl Compton）、马萨诸塞投资者信托主席梅里尔·格里斯沃尔德（Merrill Griswold）、波士顿联邦储备银行行长拉尔夫·弗兰德斯（Ralph Flanders）和哈佛商学院教授乔治·多里奥特（Georges Doriot）共同创立。该公司也是第一家率先从非高净值家族之外筹集资金的投资公司。

1957年，美国研究与发展公司以7万美元获得了DEC（数字设备公司）[②]77%的股权。该笔投资的价值在1996年DEC上市时超过3 800万美

---

① ARDC，American Research and Development Corporation.

② Digital Equipment Corporation，1957年成立的一家美国电脑公司，发明了PDP系列迷你计算机、Alpha微型处理器。

元，投资回报率超500倍，内部收益率达到101%，被视为是现代风投史上的第一起标志性案例，确立了风险资本通过投资实现潜在高回报的模式。美国研究与发展公司一半左右的收益，来自对DEC的投资，直到1971年多里奥特退休之前，美国研究与发展公司共投资150家公司，开辟现代风投的先河，多里奥特也被后世称为“风险投资之父”。

1958年美联储在提交给国会的一份报告中提出，为成长型小企业提供的长期资金存在巨大缺口。同年美国出台了《小企业投资法》，允许美国小企业管理局向私营“小企业投资公司”颁发许可，协助美国小企业融资和发展。该法案是风险投资被独立划分为专业管理领域的第一步，为当时的风险投资公司提供获得联邦基金的机会，联邦基金与募集资金的比例最高可达4∶1，一批私募股权投资者也随之诞生。

20世纪60年代，风险投资行业飞速成长，随着硅谷科技行业的兴起，早期的风险投资公司在此聚集，他们主要将投资活动集中在创业和扩张公司上，投资组合往往与电子、医疗或数据处理的技术革新有关。因此，硅谷风险投资也几乎成为技术融资的代名词。

同期，美国率先出现了私募基金的常见组织形式——有限合伙制。这一组织形式在税收和信息披露方面具有相当优势，1959年诞生于美国硅谷的风险投资基金Draper，Gaither和Anderson率先采用这一形式，但在1960年以后的20年里，美国市场采用有限合伙组织形式的风投基金仍然很少。

有限合伙制可以简单理解为：风险投资公司组织投资者进行投资，投资专业人士担任普通合伙人（General Partner，GP），投资者作为被动有限合伙人（Limited Partner，LP）出资，该形式在20世纪80年代被广泛接受，并被沿用至今。在该合作模式下，行业薪酬结构也逐渐有了规范，通常情况下有限合伙人向普通合伙人每年支付2%的管理费，基金所投项目退出后，普通合伙人拥有提取20%超额收益的权利。

20世纪70年代风险投资更多以一种新的另类资产类别出现，随着美国东西海岸风投公司数量的增长，更多资本流入风险投资，行业结构与制度也更加明确。如今几家最大的风投公司在这一时期创立，比如红杉资本（1972年）、KPCB（1972年）、Bessemer Venture（1974年）等。他们在苹果、Genentech、FedEx、微软和艺电等科技巨头的投资中收获巨大回报。

一系列法案也成为风投飞速发展的催化剂。1978年美国税法将资本利得税率从49.5%降低到28%；1974年员工退休收入保障法[①]限制了养老基金对风险投资这一高风险资产类别的投资，但1979年该法案对这一条款进行了修改，养老基金被允许将资本总额的10%分配给风险投资基金，一笔庞大而重要的长期资本来源为风险投资公司打开了大门。直到今天，养老基金仍然是风险资本的重要来源。

到了20世纪80年代，风险投资行业迎来了长达20年的黄金时期。美国沿海地区出现了更多新兴的风险投资公司。截至1985年，美国活跃风险投资公司数量达290余家，管理基金数量超530只，资管规模达170亿美元，风险投资真正走向成熟。

发展至今风险投资经历了数个经济周期的繁荣与衰败，伴随着个人电脑（PC）、互联网以及Web3.0三次科技浪潮逐渐壮大。

20世纪90年代，个人电脑和互联网的普及推动了风险投资行业的繁荣。克林顿执政时期[②]美国GDP平均增速为4.6%，失业率从80年代的超7%降低到5%，通胀也从80年代的平均5.1%降低到平均2.6%。在宏观经济的良性驱动下，互联网行业蓬勃发展，1990年接入互联网的个人计算机数量仅有31万台，而到了2000年则增至4 323万台，10年之间增长超130倍，年复合增长超60%。

---

① Employee Retirement Income Security Act，ERISA.

② 1993—2001年。

Netscape、Amazon、eBay、Netflix、Paypal、Yahoo、Google和Salesforce等一批互联网巨头在风投的支持下进入市场，风险投资的资产管理规模也在10年内翻了5倍，到20世纪末700多家活跃的风投公司管理资金达1 430亿美元。但这一时代以2000年互联网泡沫的破裂为结尾，从2000年到2002年，约1 000家互联网公司倒闭，超3 800家被兼并，风险投资随之陷入低谷。

在泡沫破裂后的几年里，美国迎来一批新的风投公司。与之前不同，它们中的大部分都更有针对性地投资于特定的行业或阶段。互联网发展进入新形态，风投行业也开始复苏，软件、服务和社交媒体公司在2005—2010年中期占据主导地位，早期风投开始兴起。风险投资公司拓展了它们为创业者带来的服务范围，比如营销，招聘人才和业务发展等，不再仅限于资金，以服务为核心的新型模式形成。此外，同样提供资金以外服务的加速器和孵化器的出现再次拓展了风险投资的传统生命周期，使种子阶段的初创公司同样拥有资金与多重资源。

2008年全球金融危机以前，全球风投行业触达新峰值，风险投资公司活跃数量超过900家，管理资金超过2 300亿美元。

下一个新十年风险投资继续向多元化发展，微VC、企业战略投资（CVC）和其他非传统投资者的数量持续增长，流入初创公司的资金来源得到进一步拓展。其中微型VC发展较快，这类公司规模较小，主要投资于处于种子阶段的新兴成长型公司，基金规模通常低于5 000万美元，通常对特定公司的投资在2.5万美元至50万美元之间。

此外，企业战略投资、私募股权基金、对冲基金和其他非传统投资者也更多地参与到风险投资中。虽然传统机构风投仍在一级市场占据主导地位，但这些非传统投资者也开始发挥越来越重要的作用。

Preqin数据显示，2022年3月全球风险投资资产管理规模达到2.45万亿美元，高于2021年12月的2.23万亿美元。在2022年前三个季度，风投基金共募集了1 625亿美元，相当于2021年全年融资总额的73%。2022年第三季度末，全球风险投资基金持有5 308亿美元的待投资金。预计到2027年底，这一数字将增至6 591亿美元。

2022年，由于美联储持续加息以及疫情对美国股市产生的冲击，一级市场同步遇冷，大量初创公司估值回调。虽然风投募资水平仍处高位，但退出的停滞使投资骤减，全球市场或将迎来另一个新的经济周期。一些新兴的风投公司正致力于消除行业对地域、种族、性别的传统壁垒，更多地让资本流入发达市场以外的新兴国家与地区，使行业参与者与投资标的都更具多元化色彩。

第1章

彼得·蒂尔：
硅谷创投教父的逆行之路

彼得·蒂尔（Peter Thiel）的名字对于关注创投圈的人来说并不陌生。几年前由他撰写的《从0到1：开启商业与未来的秘密》在中国畅销。中国知名天使投资人徐小平在这本书的序言中将蒂尔称为“改变世界的逆行者。”

2020年，新冠疫情的暴发给实体经济带来巨大冲击的同时，却给依托于科技成长起来的新经济带来了发展机遇，也造就了一批科技与创投巨富。蒂尔便是其中之一。据彭博社报道，仅在2020年，蒂尔的个人财富增加了113%，达到了70亿美元，其中财富的主要来源包括来自于Facebook、PayPal以及Palantir的回报。

蒂尔本人既是企业家也是投资人。作为企业家，他创办的最成功的两家企业分别是颠覆传统支付行业的PayPal，以及大数据分析公司Palantir。PayPal还诞生了一批日后耳熟能详的硅谷企业家，例如特斯拉创始人埃隆·马斯克、Yammer创始人大卫·萨克斯、领英创始人里德·霍夫曼等。这些人也因此被称为“PayPal帮”（PayPal Mafia），而蒂尔则被视为“PayPal帮”的教父级人物。

作为投资人，蒂尔最成功的一笔投资莫过于Facebook。他创办了多家致力于支持科技创新型企业的风投公司，其中最知名的便是Founders Fund，投资了众多知名科技企业，如Airbnb、SpaceX、Stripe。

无论是作为企业家还是投资人，蒂尔都是科技的狂热信徒。从创立PayPal、Palantir，到投资一系列颠覆性科技企业，蒂尔不仅在证明科技创新才是推动人类社会进步的最大动力，同时诠释了资本在撬动科技和资源方面所能发挥的巨大作用。

一次失败带来的顿悟

2010年9月，蒂尔创立了以自己名字命名的奖学金项目——Thiel Fellowship，旨在鼓励20位22岁以下的大学生休学创业。设立该基金的初衷源于蒂尔对于美国高等教育的不满。在蒂尔看来，美国大学对于许多年轻人来说，只不过是在没有人生目标和方向时才会选择的成长途径。

事实上，拥有斯坦福大学哲学学士学位和法学博士学位的蒂尔，本身就是美国高等教育的受惠者，这也使他的批判在一些人看来更像是一种炒作。蒂尔批判美国高等教育制造恶性竞争、扼杀创新，但事实上他本人并不排斥学生接受高等教育，只是认为不必为了没有价值的“成功”和“竞争”浪费时间和生命。

蒂尔1967年出生于德国法兰克福，幼年时随父母移民至美国，1977年定居在加利福尼亚州。在人生的前二十年里，蒂尔一直过着循规蹈矩、按部就班的生活。在考入斯坦福大学法学院后，他加倍努力，力争取得更大的成功。对于大多数法学院的学生来说，最大的“成功”莫过于成为最高法院的书记员，蒂尔也不例外。然而要想通过考核，需要在数以万计的学生中脱颖而出，但最终合格者却寥寥无几。

1992年获得斯坦福大学法学博士学位后，蒂尔在联邦法院工作一年，并获得了书记员的面试机会，遗憾的是，最终蒂尔还是未能通过考核，与他期望的稳定生活失之交臂。这次失败使蒂尔备受打击、意志消沉，但同时也使他开始审视自己的人生。

蒂尔意识到过去的自己一直活在无意义的竞争中，而他苦苦追求的成功也不过是通过取得比他人更高的分数，最终过上一种循规蹈矩的人生。在蒂尔看来，这是美国高等教育困局导致的结果，它使那些在高中时对未来有宏伟规划的学生陷入一种盲目的竞争中，而学生和家长们为了获得成为"墨守成规之人"的"特权"，要支付数十万美元且不断增长的学费。

竞争阻碍进步，合作创造共赢

尽管在求职道路上遭遇的挫折使蒂尔对美国高等教育倍感失望，但在大学期间，蒂尔遇到了对自己影响最大的精神导师勒内·吉拉尔。蒂尔的许多商业和投资决策都能在吉拉尔的"模仿理论"（Mimetic Theory）中找到线索。

这一理论认为，人类的行为建立在模仿之上，而模仿又会催生无意义的竞争。吉拉尔在肯定竞争对于推动现代社会进步方面发挥的正面作用的同时也指出，在竞争成为最终目的时便会阻碍进步。

蒂尔不仅将"模仿理论"应用到了自己的人生中，也将其视为自己审视商业世界的一块儿精神基石——竞争使人们将注意力放在自身以外的他人身上，我们也许可以在竞争中取得更好的成绩，但同时也有可能忽视对于世界来说更重要、更有意义的方面。

将"模仿理论"放在商业世界里，蒂尔发现企业间激烈竞争的结果是产品没有实质差异，竞争越激烈，企业获得的实际利润就越少，最终只能把自己困在竞争中。而只有那些在没有被大多数人发现的领域具有创新性垄断优势的企业才有真正的价值。

书记员的梦想破灭后，蒂尔转战到在他看来可以改变世界的金融和科技行业。1996年，蒂尔注意到互联网及以互联网为基础的新商业模式的崛起与繁荣。他在亲朋好友的支持下筹集100万美元，创立风险投资公司Thiel Capital Management，开启了自己的风投生涯。

一次偶然的机会，蒂尔接触到密码技术，并于1998年创立密码技术公司Confinity。1999年，Confinity推出在线支付软件PayPal。为了吸引用户，PayPal在起步阶段需要投入大量资金。幸运的是，就在互联网泡沫破裂前夕的2000年2月16日，《华尔街日报》在一篇文章中称赞PayPal发展迅速，并暗示其估值已达到5亿美元。这帮助PayPal在1个月之内筹集到1亿美元。随后的3月中旬，纳斯达克指数达到峰值5 048点，到4月中旬跌至3 321点，这笔融资也为PayPal争取了喘息的时间。

有趣的是，在蒂尔和他的创始合伙人马克斯·列夫琴决定推出PayPal以前，特斯拉创始人埃隆·马斯克创立的X.com与Confinity在电子支付领域不相上下。两家公司不仅只隔了4个街区，产品也极为相似。到1999年末，两者陷入空前的竞争，PayPal的许多员工每周工作时间达到了100小时。为了击败X.com，一位工程师甚至设计了一枚炸弹。但最终这个计划被制止了。

不仅如此，为了避免在即将破裂的科技泡沫中两败俱伤，两家公司最终决定终止无意义的竞争。2000年3月初，蒂尔和马斯克相约在一家距各自公司相同距离的咖啡店，决定以50∶50的股权比例将两家公司合并，新的公司以PayPal命名。

终止竞争走向合并的决定帮助PayPal熬过了互联网泡沫。在蒂尔看来，将个人荣誉看得比其他任何事情更重，是人性使然，然而基于这种思想在商业上展开竞争却是极为致命的。

2002年2月PayPal上市，并在同年10月以15亿美元的价格被全球最大拍卖网站eBay收购，成为后者的主要支付方式之一。蒂尔个人所持有的3.7%的PayPal股份在收购时价值约5 500万美元。2019年以前，PayPal的股价一直在100美元之下平稳递增，直到2020年新冠疫情暴发，随着线上经济的崛起，其股价已飙升至近每股300美元。

潮流中的逆行者

2000年互联网泡沫破裂后，遭受重创的硅谷企业家们从中吸取教训，他们更加追求循序渐进式的成长，在改进中创新而不是贸然创造新市场，这也成为创业领域的信条。尽管蒂尔自己也承认狂妄自大是导致科技泡沫扩大并最终破裂的主要原因，但他认为人们仍然需要20世纪90年代末期的那种狂热去寻找新科技，而不是甘于平庸和保守，因为只有这样才能真正创造出有价值的企业。

2001年9月11日，在互联网泡沫破裂的阴霾还未完全散去之时，美国又前所未有地遭遇恐怖袭击。为了应对恐怖主义威胁，美国政府加强了网络监管，人们的隐私安全也受到了极大威胁。在大多数人的注意力都集中于如何使美国变得更加安全时，蒂尔敏锐地察觉到了另一个问题——如何在监管加强的同时保护数据隐私安全。

他意识到可以将PayPal安全认证系统的人机协同模式应用到其他场景，例如识别恐怖分子以及金融诈骗等犯罪活动，蒂尔与斯坦福大学同学亚历克斯·卡普、软件工程师史蒂芬·科恩等于2003年共同创建大数据分析公司Palantir Technologies，为政府情报机构提供最大程度的非侵入性和可追溯性的数据挖掘服务。

蒂尔和他的团队注意到，当时美国的两大情报机构使用的方法截然不同：中央情报局倾向于用人，国家安全局则倾向于使用计算机进行数据分析。而Palantir的软件刚好可以同时克服这两种缺陷，即对政府提供的数据进行分析、标记出可疑活动，然后供训练有素的分析师审核。

尽管在过去的10多年里，Palantir的发展路程并非一帆风顺，但其成长也没有停止。2015年其估值达到200亿美元，在全球最有价值的初创公司中排名第五；2020年9月又成功登陆纳斯达克，上市首日股价上涨31%，市值达到209亿美元。

蒂尔极力倡导逆向思维，呼吁企业家们扔掉陈旧的教条，他认为即使身处潮流中，也不应丢失自己独立思考的能力。这意味着，无论是企业家还是投资人，一方面需要对于公司和产品定位有深刻的认识；另一方面则需要具备一双慧眼，善于发掘那些近在眼前却不为常人所见的商机。

这样的思维模式帮助蒂尔在2004年就捕获了Facebook。当时Facebook仅成立不到半年，蒂尔看到了该公司没有被多数人发现的价值，他下定决心将50万美元投给了在哈佛大学二年级读书的马克·扎克伯格。蒂尔也因此成为Facebook的第一位外部投资人，以10.2%的股份成为Facebook董事会的成员。2012年Facebook上市之时，市值已接近1 000亿美元，而蒂尔通过卖出手中的16 800万股股份，获得了6.38亿美元的回报。

在《从0到1：开启商业与未来的秘密》一书中，蒂尔提到自己在选择投资对象时秉持的一个基本原则：绝不给西装革履的CEO投资。在他看来，高管西装革履地四处寻找融资是一个危险信号，因为真正的技术人员通常只穿T恤和牛仔裤。据说，这也是蒂尔决定把钱投给当时穿着T恤就跑来见他的扎克伯格的原因之一。

作为Facebook的董事会成员，蒂尔并没有积极参与到Facebook的日常运营中，而是在促成Facebook的多轮融资中扮演了重要角色。尽管在Facebook之后，蒂尔的许多投资都取得了成功，但Facebook始终被视为其最成功的一笔，也是蒂尔数十亿美元财富的重要组成部分。截至2020年2月，蒂尔持有的Facebook股票已不到10 000股，价值约200万美元。

逆向思维让蒂尔在商业上取得了巨大成功，但在投资上有时却也产生了负面效果。2002年，蒂尔用大约1 000万美元创立了全球宏观对冲基金Clarium Capital Management，通过对宏观事件的走势押注获利。

得益于蒂尔的几次成功预测，包括2003年美元走弱、2005年反弹，尤其是对于油价上涨和房地产泡沫的预测，Clarium的资产规模在2008年中期达到72亿美元的峰值。然而由于错误押注美元将进一步贬值，2008年Clarium全年损失4.5%。在随后的两年里，对美元、油价以及经济形势的错误判断，导致Clarium在2010年亏损达23%，资产规模缩水90%。到2011年，随着许多关键投资者撤资，Clarium的资产规模减小到4亿美元以下，其中2/3是蒂尔的个人资金。

有人认为Clarium失败的原因主要在于蒂尔过于希望证明自己在智力上是正确的，甚至有些狂妄自大；尽管蒂尔的宏观经济分析框架和概念是正确的，但在瞬息万变的金融市场上却没有带来相应的回报。

每当面试应聘者时，蒂尔都会问这样一个问题："在什么问题上你与他人有不同看法？"蒂尔自己给出的回答是，科技的重要性远高于全球化。在全球化的时代，世界会更加一体，更加趋同，而如果全世界都用同一种旧方法创造财富，那么创造的就不是财富，而是灾难；在资源稀缺的今天，丢掉科技创新的全球化不会长久，科技才是驱动21世纪进步的主要动力。

为了践行科技改变世界的使命，2005年蒂尔成立了以投资尖端科技公司著称的风险投资公司Founders Fund，为航空、生物科技、人工智能、材料科学等高精尖领域的科技创新企业提供资金支持。根据

Crunchbase的数据，截至2021年7月20日，Founders Fund共投资了668家公司，其中包括Airbnb、Stripe、LinkedIn、SpaceX、Yelp等知名企业。一些企业如Airbnb、Asana Inc.和购物网站Wish的母公司ContextLogic Inc.在新冠暴发的2020年纷纷完成了IPO。

除了创始人基金，蒂尔还创立了另外两只旨在支持颠覆性科创企业的风投基金。一家是Valar Ventures，成立于2010年，旨在支持硅谷以外的全球科创企业；另一家是Mithril Capital，成立于2012年，主要针对那些已经过了起步阶段、准备扩大规模的企业。此外，2015年3月，Thiel还加入了创业加速器Y Combinator，成为其10名兼职联合创始人之一。

与硅谷决裂

在外人眼中，蒂尔被视为硅谷创投教父、硅谷的塑造者之一。但这位硅谷科技行业的先驱，总能比其他人看到硅谷的更多问题。

2018年2月，有媒体曝出蒂尔因为对硅谷的左倾思想越来越不满，以及对监管风险加大的科技企业前景越发感到悲观，决定将他的投资公司迁往洛杉矶，并逐渐缩减他在硅谷科技行业的参与度。在蒂尔看来，硅谷已经变成了一个“文化僵化”“思想单一”、被监管束缚住的“没有未来”的地方。

在此之前，蒂尔直言不讳的自由主义观点为他在硅谷圈内外吸引了许多追随者，然而在表示支持特朗普当选美国总统后，他遭到了硅谷科创圈的抨击。在Facebook，蒂尔遭遇了公司内部对他的批评，从在员工留言板上留言的普通员工到同是董事会成员的Netflix CEO里德·哈斯廷斯。哈斯廷斯在2016年给蒂尔的一封邮件中表示，他认为董事会在选择领导方面有着很强的判断力，但是支持特朗普成为美国总统，却是一个“灾难性的错误判断”，并质疑蒂尔是否适合继续留在董事会。

作为CEO的扎克伯格回避了对蒂尔的批评。2017年3月，他还为蒂尔辩护，称要求蒂尔离开董事会是“疯狂的”提议，且不符合“意识形态多样性”的职场准则。尽管蒂尔留在了Facebook董事会，但他在2017年11月出售了剩余所持Facebook股份的73%，价值近3 000万美元。

此外，在2016至2018年，蒂尔还退出了Zenefits和Asana董事会，切断了与Y Combinator的关系，并出售了他在Twilio的大部分股份。尽管硅谷对于蒂尔不同寻常的风格并不陌生，但这次“逆行”显然超出了硅谷精英的承受范围。不过在某种程度上，支持特朗普这位特立独行的总统，与蒂尔“不走寻常路”“逆潮流而行”的风格又有着一脉相承的关联。

离开了硅谷的蒂尔并没有摒弃对科技创新的信仰，而是继续探索，尝试以不同的方式撬动资本，从而为那些致力于用颠覆性科技改变世界的企业提供支持。

2021年，美股掀起史无前例的SPAC（特殊目的收购公司）交易狂潮。这种通过成立壳公司帮助缺少门路融资的企业实现上市的非主流金融工具，成为蒂尔以支持科创企业为导向的资本版图中的最新组成部分。

2020年5月27日，蒂尔与盈科集团创始人李泽楷联手成立自己的第一个SPAC——Bridgetown Holdings Limited，于同年10月在美国纳斯达克交易所上市，募资规模达5.95亿美元。2020年6月24日，二人又成立第二个SPAC——Bridgetown 2 Holdings，并于2021年1月26日在纳斯达克上市，募资规模达2.99亿美元。根据招股说明书，两家SPAC都将瞄准东南亚，以金融服务、技术、媒体等“新经济”领域的公司为主要并购标的。Bridgetown 2最终与新加坡在线房地产公司PropertyGuru于2022年3月完成合并。

第2章

马克·安德森：投后之王开辟另类VC

如果说硅谷是世界财富的孵化器，那沙山路（Sand Hill）就是它的引擎。这条只有3公里长的大道被誉为“西海岸华尔街”，上百家知名风险投资公司在这里汇集，有着“硅谷奇迹”之称的安德森·霍洛维茨（Andreessen Horowitz，因A和Z中间有16个字母也称a16z）公司正是其中的佼佼者。

a16z由马克·安德森（Marc Andreessen）和本·霍洛维茨（Ben Horowitz）在2009年创立。它是硅谷的一匹黑马，凭借横冲直撞的风格迅速扩张投资版图，3年后就成功跻身成硅谷最顶尖的投资机构之一，管理着总计350亿美元的资金。

Pitchbook数据，截至2021年底a16z投资数量1 218次，产生了299个退出项目。a16z官网显示，其中18个项目退出方式为IPO、4个项目为DPO。信奉“软件吞噬世界”的a16z几乎押中了互联网时代所有的赢家，包括Facebook、Twitter①、Airbnb、Okta、Github、Stripe等。在两位创始人的带领下，a16z培养了敏锐大胆的投资嗅觉——既能在种子轮投中Instagram，也能在G轮向Roblox投出1.5亿美元。

① 2023年7月，Twitter正式更名为X。

成立不到20年，a16z已经比肩红杉、KPCB、Benchmark等老牌顶尖风投，但与这些机构不同的是，a16z借鉴好莱坞开辟了一套属于自己的“造星”模式，他们不再拘泥于传统的估值游戏。a16z亲手为创始人们搭建了一个庞大而专业的投后体系，通过营销、法律、技术的全面支持，为创业公司们完成“二次包装”，迅速实现价值的翻倍增长。

天才极客

a16z能押中Facebook一点都不让人吃惊，它们的创始人有着同样特质，性格孤僻、傲慢，又都是编程天才。马克·安德森或许能在扎克伯格身上看到自己的影子。安德森在威斯康星州一个名为新里斯本的小镇长大，父亲在一家种子公司工作，母亲在服装公司Lands'End担任客服。安德森不喜欢谈论自己的家庭，他曾在《纽约客》的采访中说，“他们不喜欢我，我也不太喜欢他们”。

9岁起，安德森开始接触计算机，自学Basic编程语言。在伊利诺伊大学香槟分校，他经常逃课并利用这些时间自学计算机。1992年，大学期间的安德森花了两个月的时间，平均每天工作12个小时，开发出了最早的浏览器软件Mosaic，之后安德森和其团队免费向200万用户赠送了Mosaic的试用资格。

毕业后，安德森的天赋成功引起了硅谷图形公司[①]创始人詹姆斯·克拉克的注意。1994年安德森毕业后应其邀请共同创立了通讯公司网景（Netscape），并凭借主导开发新版Mosaic浏览器——史上首个能显示图片的浏览器，为网景抢占超80%份额的浏览器市场。

1995年8月网景（Netscape）上市，开盘价一路飞涨至每股71美

① Silicon Graphics，1981年11月在美国加州创立，主要生产图形显示终端，2006年申请破产保护。

元，当日收于58.5美元，远超投行预估的每股14美元。《华尔街日报》对此感慨，“通用动力公司花了43年才使市值达到27亿美元，而网景（Netscape）只花了1分钟”。

24岁的安德森身价暴涨至5 600万美元。虽然网景（Netscape）在浏览器市场竞争中极具优势，也获得资本市场青睐，但却在与微软的竞争中败北。1998年11月，美国在线[①]收购了网景，安德森受聘担任了美国在线的首席技术官，搬到了华盛顿一个650平方米的大房子。

软件吞噬世界

离开美国在线之后，安德森与网景的老同事霍洛维茨合伙创业，成立了一家名为Loudcloud的云储存公司。几年后该公司更名为Opsware，在互联网泡沫席卷之下，该公司被迫于2008年以16亿美元的价格出售给了惠普。两次创业经历虽然没有取得完全胜利，但足以看出安德森对科技变革的敏锐嗅觉，以及对互联网趋势的洞察力。大学期间安德森察觉到万维网的局限，开始开发带有图形的浏览器；同样，Loudcloud也被视作是第一家涉足云服务领域的公司。

2009年，站在互联网时代的风口上，安德森和霍洛维茨一同创立了Andreessen Horowitz，他们的起步资金为3亿美元。极客出身的安德森准确地预见了未来技术发展，疯狂投入科技行业。受金融危机影响，风投行业在当时备受打击。根据美国风投协会和普华永道的数据，2009年第一季度全球风投公司仅投资了30亿美元，是1997年以来的最低额，a16z的加入彻底改写了历史，他们投资的第一家企业是数字身份平台Okta，领投了其1 000万美元的A轮融资，并参与了此后的B、F轮融资，Okta于2017年实现了IPO。

---

① America Online，美国网络公司，现为阿波罗全球管理公司旗下雅虎公司的子公司。

2010年底，a16z又募集了一只6.5亿美元的新基金，成为当年规模最大的基金之一。第二只基金使a16z头两年的总募资额达到近10亿美元，规模比肩红杉、橡树等传统风投。

2011年7月，a16z在Airbnb的B轮投入了6 000万美元。1个月后，安德森在其著名的文章中阐述了“软件吞噬世界”这一观点。在一篇名为“Why Software is Eating the World”的演讲稿中，安德森写道：软件公司将成为全球经济中高价值的基石公司，其市场远大于以往任何时期。这篇既是预言又是投资见解的专栏文章被广泛阅读，大大提高了安德森作为硅谷思想领袖的声誉，也为a16z确立了“软件捕手”的形象。

2012年，a16z的资管规模飞速增长到了27亿美元。此后他们专注于软件公司，1亿美元重金押注GitHub、领投Lyft 6 000万美元C轮融资，并较早注资Facebook、Twitter等公司，获得了丰厚的回报。

投后之王，开辟另类风投

a16z真正改变硅谷游戏规则的开创性做法不仅在于专注寻找下一个风口，也在于将单纯的投资公司，变成了为创业公司服务的公司。在a16z公司300人左右的团队中，超过70%的人都从事投后管理和赋能业务，提供咨询、人才招聘和指导团队、商务扩展、人员管理、外部关系和资源对接，帮助创业公司快速成长。

通常来讲，风投公司为了吸引更多投资机会，往往会大肆宣扬自己过往的投资案例和回报，然而在a16z刚刚成立的2009年，他们没有任何可以为自己宣传的投资记录。安德森在采访中曾表示：“在当时如果你是一家二流的风投机构，就永远无法接触到一流的初创公司。”为了打破这一规则，他认为必须改变企业选择风投公司时的标准。

于是他和霍洛维茨向好莱坞顶级经纪机构CAA[①]的联合创始人迈克尔·奥维茨（Michael Ovitz）取经。奥维茨给出的建议是："把企业家当作客户来对待，以长远的眼光看待你的平台，而不是以交易的眼光看待。"CAA曾在不到15年的时间里，代理了好莱坞90%的顶尖明星。奥维茨表示，"如果你打算通过抽取某人收入的10%来谋生，那你就应该确保将其收入最大化。"

在奥维茨的影响下，安德森意识到自己要全方位对投资组合公司进行包装，a16z也逐渐发展成为一家重营销、重投后的"经纪型VC"——无论是"艺人们"遭遇负面危机，还是需要顶部资源合作，a16z都会挺身而出。举个例子，领投了Airbnb的B轮融资后不久，一位租客把租借的一户旧金山房屋烧毁了。Airbnb负面新闻缠身，安德森当天半夜前往其创始人布赖恩·切斯基的办公室对公关和后续处理予以指导。

2006年，雅虎曾以10亿美元出价Facebook，当时Facebook的最大投资人Accel Partners一直催促扎克伯格接受这一报价，而安德森坚持劝其不要卖出，22岁的扎克伯格选择听从了安德森的意见，也成就了后来的Meta。红杉曾经嘲笑安德森的这种"保姆式"投资法，称其只求结果不求过程，但事实是，a16z的确靠着这套打法成功孵化出了许多互联网独角兽。

对于投资机会的把控，安德森也有一套自己的理论，比如想想"书呆子们的周末"，其参考人群平常在甲骨文、Salesforce、苹果、英特尔上班，或是一些保险公司和银行职员、学生。安德森认为，最好的项目就藏在书呆子们的工作里，或是晚上和周末的爱好、活动中。

一旦安德森倾心某个项目，便会不断加码，持续下注，扶持看好

① Creative Artists Agency，创意艺术家经纪公司，被认为是人才代理行业中具有影响力的公司，总部位于洛杉矶。

的项目，a16z 2020年以后投资案例中超过50%都属于追加投资。在GitHub进行A轮融资时，a16z将GitHub的估值抬高到7.5亿美元，以至于成为其A轮唯一的投资者。90%的初创公司会倒在天使轮和A轮，为了解决这一夭折难题，a16z通常利用自己强大的资金储备和投后团队，深度服务项目，甚至是用B轮的钱直接砸进A轮，帮企业顺利度过前期困难。

搭建媒体帝国

创立之初，安德森和霍洛维茨与玛吉特·温马赫斯领导的洛杉矶公关之王——OutCast公司达成合作，希望借助它为公司造势。温马赫斯被称为公关界的"全垒打女王"，后来a16z干脆将她挖了过来，后来她成功帮助安德森登上了2009年《财富》杂志的封面。

2011年，a16z以8 000万美元投资Twitter，由此成为首家同时持有Facebook、Groupon、Twitter和Zynga四家当时估值最高的社交媒体公司股份的机构。a16z花了多年时间积攒和吸纳传统媒体、记者资源，安德森更是凭借与社交媒体创始人之间的良好关系，频繁地在自媒体上露脸、在Twitter上大肆发表评论，通过各种营销手段打响名气的同时，也为其资金募集助力。

2015年，一个震惊世界的金融骗局导致传统媒体与a16z之间关系的破裂，这就是轰动一时的Theranos事件。医疗器械公司Theranos由伊丽莎白·霍姆斯在2003年创立，她声称研发出了一种机器，核心业务是基于专利创新技术提供指尖取血样检测诊断疾病服务，可检测的疾病类型超过200种，且价格极为亲民——仅2.99美元检测一次。

在a16z的力捧之下，Theranos盛极一时，估值超过90亿美元，雇员超过500名，被评为仅次于特斯拉的"改变世界的初创公司"，霍尔姆斯持股超过50%。但《华尔街日报》曝出Theranos的验血诊病系统Edison造假，血检结果不可靠，而且大部分检测使用的是购买的商用仪器。

根据美国证券交易委员会（SEC）的调查，Theranos的确存在欺诈投资者的行为。霍姆斯曾把10万美元营收虚报为1亿美元，以骗取7亿美元的投资。就这样硅谷的“科技神话”轰然倒塌，a16z成为千夫所指的对象，此后其投资的初创公司不断被传统媒体质疑。

Theranos事件后，a16z决定减少与传统媒体的合作，他们建立了一支属于自己的大型编辑团队，用更为积极的基调报道加密、金融科技和其他主题。安德森甚至重金邀请前政府官员加入a16z团队，为其在监管上层游说，包括美国SEC财务部前主管威廉·欣曼、拜登政府前高级顾问托米卡·蒂勒曼、前美国财政部副部长布伦特·麦金托什等都曾被其纳入麾下。

迎接加密时代

2014年，安德森在《纽约时报》上发表的“为什么比特币很重要”（Why Bitcoin Matters）一文中将技术革命划分为三个时代——1975年的个人电脑、1993年的互联网，以及2014年的比特币。他在文中大胆预言：20年后，我们将像讨论今天的互联网一样讨论区块链。安德森秉承了一贯偏爱打破常规、热衷新鲜事物与激进的作风，他认为，风险投资的本质就是不断投资未达成共识的事物，也就是非共识事物。在这里，安德森对非共识所下定义就是疯狂，投资那些看起来很疯狂的事物。

在成功押中互联网之后，a16z率先进军加密领域。2013年12月，在比特币还被称为“庞氏骗局”时，Coinbase团队规模只有8个人，

a16z大胆领投了这家公司2 500万美元B轮融资。据《华尔街日报》报道，这是当时加密领域内金额最大的一笔风险投资。同年他们还投资了区块链公司Ripple。

此后几年，a16z在Coinbase注资多达7次，该公司于2021年4月上市，市值最高达858亿美元，a16z在这笔投资中斩获超70亿美元的投资回报，并仍持有其7%的股份。这一期间，a16z还在2017年投资了Filecoin；2018年投资了Chia、Dfinity、MakerDAO等项目；2019年又领投了Compound、Dapper Labs、Arweave等项目，如今这些项目几乎都成为头部区块链项目，回报丰厚。

2019年，在看到加密市场拥有难以估量的投资潜力后，a16z不惜以接受更严格的监管为代价，从风投转为注册投资顾问，换取自由进行加密投资的权利。转型后的a16z，摆脱了SEC对于加密资产不得超过基金规模20%的限制。

2021年6月，a16z筹集的三只加密货币基金Crypto Fund Ⅲ募资超过22亿美元，刷新加密货币创投基金的募资规模纪录。当前a16z还投资了Uniswap、Solana、MakerDao、Dfinity、Chia等区块链相关项目，领域横跨Web3.0、稳定币、交易所、基础设施、非同质化代币（NFT）、去中心化金融（DeFi）、GameFi等，成为加密投资的风向标。根据PitchBook数据，按价值计算，a16z参与全球NFT所有创投交易活动近40%。

进军Web3.0

Web3.0泛指运用3D技术搭建的网站甚至虚拟世界或网络技术，旨在让用户能够实情实景地生活在互联网之中。很多人提议Web3.0应该是分布式的，不能被少数互联网巨头垄断，未来Web3.0中的任意一种服务都应由多家提供商提供，用户可以极小的成本，从一个服务提供商转移到另一个服务商。

这种提议与区块链不谋而合，因为它本身也是分布式数据库的一种实现，区块链可以作为Web3.0的基础设施。同时，Web3.0也为NFT创造了机遇，a16z的数字投资负责人克里斯·迪克森也表示，“Web3.0就是所有权”。

截至2022年6月，a16z前后向加密和Web3.0投入了近30亿美元，安德森相信可以利用Web3.0技术打造一个去中心化网络。2021年12月，前Twitter CEO杰克·多西在社交媒体上称Web3.0技术正在被资本和有影响力的投资公司破坏（垄断），“拥有Web3.0的不是大众，而是风投和它们的LP们”，矛头直指a16z。马斯克也表示，看不到Web3.0的进展。对此，安德森直接拉黑了杰克·多西的账号。

从对软件的坚定追逐，到如今对加密领域的重注，都显现出了a16z的对于新趋势的押注一向敏锐而果断。成立仅13年的a16z如今已成功捕获互联网、加密货币两大赛道的明星项目。正如安德森所言：“我们不是特蕾莎修女，我们要投资伟大的企业，那些希望影响世界的企业。”

首先，对风投行业而言，a16z无论是倾注资源为投资项目服务，还是以不同形式为行业发展做贡献，a16z将自身打造成极致的利他主义者，开辟了服务型VC的先河。其次，它也是最早大规模建立独立媒体渠道的风投，牢牢地掌握公关、传播的权力，将舆论资产掌握在了自己手中。这种强大的影响力在加密领域尤其突出，几乎每个优秀人才都或多或少地与a16z保持联系。

马克·安德森作为a16z的掌舵人，其激进、果断和前瞻性为这家风投公司刻上了鲜明的烙印，无论是“成功解决巴黎出租车短缺难题”的Uber，还是“快速传播地震实时信息”的Twitter，马克·安德森都在提醒风投们，掌握叙事主动权的重要性。

第3章

弗雷德·威尔逊：纽约风投泰斗

风险投资公司联合广场资本（Union Square Ventures，USV）创立于2003年，总部位于纽约。截至2022年6月，USV共投资了381家初创公司，成功退出76家，是Red Herring顶级风投榜单的常客，在Web2.0时代取得巨大成功。

USV聚焦于互联网和移动网络行业的科技初创公司，投资风格剽悍凌厉，以精准捕捉能够快速IPO的初创公司闻名于江湖。2010—2015年，它曾经创下了旗下被投企业组合中每年都有一个市值超过10亿美元的独角兽企业IPO或被并购的辉煌战绩，其中包括Twitter（142亿美元）、Indeed（14亿美元）和Etsy（17.8亿美元）。2016年，USV的退出金额高达70亿美元，USV在二十年内成长为美国东部最出色的风投公司。

USV的创始人弗雷德·威尔逊（Fred Wilson）是纽约顶尖风投的代表人物。威尔逊毫不吝惜自己的见解与经验，他在Twitter上拥有70万粉丝，其日更博客AVC.com更被很多创投人视为必读圣经，探讨的范围涵盖技术和投资的各个领域，内容可以细化到专利法政策或是团队构建的策略。

2013年以来，威尔逊一直看好加密货币和区块链行业，称它们是

"资本市场的未来"。作为意见领袖，威尔逊会在企业面临危机时为创始人们提出自己的建议，帮助企业重回正轨；也会教导投资者们如何正确地承担风险，发现未来的行业颠覆者，以及如何管理资金并以最佳的方式退出。

在投资中，威尔逊信奉逆势而为，他曾在自己的博客中写道：回报与嘲笑是正相关的，所以必须投中99%的人看不到的机会，这一信条贯穿了他的整个投资生涯。

从底层崛起

1961年，弗雷德·威尔逊出生在纽约，学生时代的他对商业有着浓厚的兴趣，顺利考取麻省理工学院就读机械工程专业，后在沃顿商学院继续深造，取得工商管理硕士学位。毕业后，威尔逊没有像大多数同学那样去华尔街投行应聘，而是选择了当时远没有那么迷人的风险投资。

1987年威尔逊在一家小型私募股权公司Euclid Partners开启了自己的投资生涯，从基础的投资分析做起，参与了该公司第三只、第四只基金的管理，规模分别为2 600万美元（1987年）和4 100万美元（1995年），主要投资于医疗保健、生物制药等行业。威尔逊在Euclid Partners任职9年，最终升职成为合伙人。

1996年8月，威尔逊离开Euclid Partners开始首次创业，他与杰瑞·科伦纳一起创立了熨斗资本（Flatiron Partners）。这家风投公司以纽约曼哈顿第5大道和23街交界的熨斗区（Flatiron District）命名。熨斗区见证了纽约各种行业的兴替，直到一批与广告相关的科技企业悄然在此落户，播下科技的种子。

20世纪90年代，熨斗区发展成为纽约科技企业和资本的聚集地，被称为“硅巷”（Silicon Alley），作为最早一批投资科技的风投，威尔逊和他的熨斗资本成为“硅巷”的代言人。

熨斗的另一位合伙人杰瑞·科伦纳在CMP传媒公司工作了十年，后来作为创始合伙人加入了CMG风投。科伦纳的职业生涯非常丰富，包括编辑、投资人、连续创业者和职业规划教练等。科伦纳在熨斗投资的主要项目包括Geocities和Gamesville等。Gamesville是一家赌博网站，1999年以约2.07亿美元的价格被Lycos收购，这笔交易使熨斗获得了5倍回报。离开熨斗之后，科伦纳以合伙人加入摩根大通的私募股权部门，后又创立了高管职业培训机构Reboot并担任CEO。

威尔逊与科伦纳通过马克·平克斯的介绍而结识，当时他正在为自己的第一家公司——互联网资讯平台Freeloader筹资，威尔逊所在的Euclid Partners基金和科伦纳的CMG都在平克斯的预备投资者名单中。最终科伦纳放弃了这笔交易，而威尔逊选择为其注资。在创立仅7个月后，Freeloader以3 800万美元的价格被日本的Individual Company收购。后来，马克·平克斯在2007年还创立了游戏平台Zynga，威尔逊因与平克斯的关系参与了其早期投资，该公司于2011年上市。

科伦纳回忆，他在去机场的路上收到平克斯的传呼，在回给平克斯的电话中，他得知了威尔逊离开Euclid Partners的消息。平克斯告诉他，“或许你们可以成为搭档。”于是科伦纳邀请威尔逊一起吃午饭谋求合作。但在约定日的前一天早上，威尔逊爽约了，理由是他必须参加女儿幼儿园的毕业典礼。这次爽约让科伦纳认准了这位合伙人，因为他们都一样热爱家庭。

熨斗最初成立时筹集基金规模为1.5亿美元，专注于投资互联网初创公司。软银科技资本（Softbank Technology Ventures）和大通资本（Chase Capital Partners）是其LP。该公司后来又筹集了一只规模5亿美元的基金，大通资本是唯一的机构LP。在存在的短短5年时间里，熨斗毁誉参半，投资组合包括Alacra、Yoyodyne、Geocities等。

倒在泡沫中

熨斗的结局并不美好。多年后威尔逊在一档采访节目中回忆，1996—1998年熨斗团队选择的项目都很不错，其中多数也得到了相应的回报，这三年内其投资组合没有出现过一次损失，资管规模扩大到了12亿美元。

但在1999年和2000年，熨斗与这个行业的大多数人一样，迷失于互联网浪潮，开始投资一些不符合逻辑的、估值过高的公司。威尔逊认为，这两年熨斗的大部分投资都毫无意义。与此同时，公司规模也从两个人扩大到了25个人，制度化成了熨斗的毒药。

“我们最终把大量的时间放在了管理公司上，而不是像之前一样专注于投资项目。最顶尖和最有经验的投资者成为管理者，而投资则交到了年轻且缺少经验的人手中。”另外，急于求成也导致了熨斗的最终失败——1999年熨斗投资了22家初创公司，到了2000年他们加快了投资步伐，仅在第一季度就投出17个项目，前三年一些项目的退出使团队认为成功可以简单复制，但现实给了他们沉重一击。

2000年3月，互联网泡沫开始破裂，对风险投资行业产生巨大冲击。Venture Economics的数据显示，2000年第二季度美国风投基金的平均回报率仅为3.9%，低于第一季度的23.1%和1999年第四季度的59.4%，熨斗未能幸免。该年底，熨斗投资组合中的55家公司里，11家的交易价格跌破发行价格。其中跌幅最大的当属StarMedia，这是一家拉美互联网门户网站，截至2000年12月15日，该公司股价跌至3美元，较15美元的发行价下跌80%，较2月67美元的峰值下跌了96%。

动荡波及至私募市场，融资变得愈发困难，熨斗支持的许多公司都在这一年宣布破产，包括面向残疾人的Halftheplanet.com和拉美嘻哈音乐网站Urban Box Office等。此前，熨斗在2000年1月参与了Halftheplanet 1 000万美元的A轮融资；Urban Box Office在10月底解雇了所有员工，他们从熨斗获得了3 400万美元的融资。

投资决策失误进一步拖累了熨斗的回报率。Scout Electromedia是一家总部位于旧金山的无线消费产品公司，熨斗向其投入了2 200万美元。2000年10月该公司推出了最新产品Modo，这是一款售价99美元的寻呼机，可以为纽约、旧金山和洛杉矶的年轻人们提供餐厅、电影和其他最新的娱乐资讯。然而这款产品销量惨淡，两个月后Scout就烧光了现金储备宣告破产。

东山再起，创立USV

在遭遇重大损失后，熨斗受到其LP摩根大通的特别关照。摩根大通勒令威尔逊将办公室搬到其总部，“通过更密切的合作和更谨慎的决策来降低风险”。2001年初，威尔逊和科伦纳决定关闭熨斗基金。此后两年威尔逊一边处理投资组合中的剩余业务，一边为失败总结教训：

第一，风投的“客户”不是LP，而是初创公司。20世纪末，大部分从业者坚持将投资者视为服务对象，但威尔逊认为风投最重要的角色是当初创公司的“啦啦队长”，必须以所投公司的创始团队为重心。因此，尽管风投决策者需要对金融、技术、市场和战略有所了解，但这归根结底是一门以人为本的生意。一名成功的风险投资者需要学会与那些魅力四射的、才华横溢的，又或者是令人沮丧、焦虑和脆弱的创始人合作。

第二，建立关系网的重要性。“关系”在早期投资和孵化中非常适用。早期投资到最后比拼的就是“资历”和“人脉”。加速器和投资机构要找的都是所谓的“好项目”，在资金充足的情况下，市场将变为乙方市场，“好项目”反而是挑投资人的。谁在圈子里资历久、人脉广、口碑好，谁就更有可能接触到好项目，而这些项目也可能更愿意被他们投资。

第三，最佳机会藏在没人相信的项目里。在下注前必须完全相信它，并且知道自己为什么相信。纠正错误很难，但也可以靠时间验证。如果失去资金支持，一家糟糕的公司或产品会很快走向失败。

虽然经历了失利，但威尔逊从来没有想过要退出风险投资行业。在一则采访中威尔逊透露了关闭熨斗的原因：“人员架构出现了问题，导致投资决策变得松散，关闭它比修正它要容易得多。”

2003年威尔逊和新任合伙人布拉德·伯纳姆同样以纽约地标命名创立了联合广场资本-USV。此前伯纳姆曾在AT&T投资部门任职，二人在20世纪90年代中期相识，威尔逊和伯纳姆都住在曼哈顿，一起天使投资了Dakota，董事会中愉快的合作经历给彼此留下深刻印象。

在刚刚经历过风投大溃败之后，LP们收紧了口袋。威尔逊花了长达18个月的时间为USV的第一只基金筹资，期间被数百名投资者拒绝，最终募集了1.25亿美元。

押中Zynga，错失Airbnb

在USV，威尔逊做的第一件事是起草一份关于科技风投业务、长达15~20页的“白皮书”，里面清楚地规划出了USV的投资方向和创始团队认为的未来科技行业的机遇。威尔逊为USV制定了四到五个核心原则，一是为了以这些理念说服投资者进行募资；二是为了锁定有价值的科技公司。

当时威尔逊的许多观点都非常有预见性，比如：技术的源头正在发生颠覆，从之前“政府/国防——企业——消费者”的路径转变为“消费者——企业——政府”。谷歌的横空出世成为风投们的指路灯，互联网应用公司将席卷全球。在他的带领下，USV最初将投资重点放在了应用层而非技术基建上。

由于基金规模没有达到预期，USV第一只基金的投资规模也比较小，威尔逊和伯纳姆用它投了21家公司，平均初始投资约100万美元，其中对Delicious的初始投资仅40万美元，对Etsy的初始投资仅25万美元，但这并没有妨碍其取得成功。

2007—2012年，威尔逊领导了USV对金融资讯网站WallStrip 60万美元的种子轮投资；实时资讯平台Outside.in，种子轮240万美元、A轮500万美元、B轮700万美元；社交网络平台Tumblr，5轮共1 300万美元；手工艺品交易平台Etsy，5轮共9 100万美元；数据库管理系统MongoDB，5轮共3 000万美元的多项投资，这些项目都在退出后为USV带来回报。

凭借与Zynga创始人马克·平克斯的良好关系，USV在2008年以1 500万美元领投了Zynga的A轮融资，当时Zynga成立还不到1年。威尔逊认为，Zynga在社交网络之上创建网络游戏的目标，是一个尚未开发的机会，这符合USV的方向。他相信，公司可以根据现有社交平台的网络效应快速扩大游戏规模。

此后，USV又陆续为Zynga注入7 000万美元。仅三年之后，2011年Zynga以70亿美元估值IPO，USV持有其5.1%的股份，在这笔交易中获得了超4倍的回报。

当然成功背后也有失落，Airbnb就是威尔逊错过的最佳项目之一。

2009年的冬天，Airbnb从Y Combinator训练营毕业，创始团队为威尔逊讲述了他们为了筹资进行的一项绝妙操作。

就在一年前的夏天，作为初创企业的Airbnb每周只能勉强盈利几百美元。当时，Airbnb信用卡负债2万美元，没有天使投资者愿意投资。恰逢美国民主党全国大会在丹佛市召开，传统的酒店无法容纳如此多的外地参会者，3个创始人一下子发现了几十个想通过接待参会者来挣点外快的房主，并将他们纳入了业务当中。

虽然流量上升了，但网站还是不赚钱。为了增加收入，创始人们重新设计了麦片盒子，印上当时的民主党领袖奥巴马和麦凯恩的名字，在民主党大会的街边出售，标价40美元一个。几天内他们赚到了3万美元。Airbnb靠这笔救命钱活了下来，直到保罗·格雷厄姆（Paul Graham）注意到他们，邀请他们到Y Combinator面谈。

虽然故事很精彩，但却没能打动威尔逊。后来他在博客中写道："Airbnb的团队背景很好，但我们不能理解在起居室地板上放几个充气床垫，就能成为未来形态的酒店的理念，所以我们没有投。其他投资人也看到了这个出色的团队，投了他们，后来的故事大家都知道了。"

直到现在，威尔逊的会议室里还放着一个Obama O's的麦片盒，用于提醒自己以后不要再犯同样的错误，错失盈利十几亿美元的机会。"我们犯了所有投资者都会犯的经典错误。我们过分关注他们当时正在做的事情，而没有足够关注他们能做什么、将做什么和已经做了什么。Airbnb再次警示了我们以人为本的道理——无论何时都要支持伟大的企业家。"

杀入Twitter A轮，爆赚8亿美元

2007年威尔逊依靠自己的投资理念，获得了A轮融资投资Twitter

的机会，这笔交易是其职业生涯代表作之一。当时Twitter作为最“特立独行”的社交网络突然大火，用户激增至25万，但其匮乏的基础设施也因无法应对大量的用户涌入时常崩溃，修复服务正常运行的需求让创始人杰克·多西急需资金。但许多风投都退出了Twitter的潜在交易，理由是盈利困难，威尔逊逆势杀出成功将其捕获。

4月，威尔逊写了一篇文章，文中将Twitter看作是“实时状态的互联网广播系统”。“目前还没有这样一个网站，所以Twitter将大有作为，它将成为像亚马逊、eBay和Facebook这样划时代的公司，成为现代互联网的关键服务商之一。”这一观点得到了杰克·多西的认同，他们一致认为，收入和商业模式可以在以后得到解决。

USV领投了Twitter 500万美元的A轮融资，并参与了其B轮、C轮、F轮的融资，投资总额达7 600万美元。2013年Twitter以142亿美元的估值IPO，筹资18亿美元，此时USV持有的Twitter股份估值为8.63亿美元，回报超10倍。

关于这笔交易，威尔逊后来回忆道：如果投资者能够清楚地表达他们对未来的信念和投资理念，就可以吸引更强大、更独立的创始人群体进入交易，并且创始人也将对与合适的投资者合作充满信心。

投资大趋势

2013年，威尔逊在自己的博客中总结了未来科技行业与投资发展的三大趋势，这篇博客被广泛传播，在创投界影响深远，这3个趋势分别为：社会结构的网络脱媒化、产品和服务的定制化及每个人的节点化。

第一，网络脱媒化。未来的所有交易都将跳过中间人直接在供需双方间进行。旧式结构现在还可以运转，只是在今后效率会愈加低下。大家已经看到这一大势在媒体行业的显著影响，在其他行业，去层级趋势也已经逐步显露出来。例如，众筹平台Kickstarter对创意行业的影响以及编程知识网站Codecademy和语言学习平台Duolingo对培训行业的影响。

第二，产品和服务的定制化。在新的工业时代，将产品和服务打包销售给用户是最有效率的方法。现在，通过“目录”获得最佳的服务项目是未来用户对各个行业运营模式的期待。例如，定制化的服装类APP、蛋糕定购APP等，用户可以选择蛋糕的不同口味、不同形状，并且可以在蛋糕上写上专属的字符。媒体行业、资产管理行业、受到在线课堂冲击的教育行业、科研行业、娱乐行业等都经历着这一趋势。

第三，个人的节点化。智能手机的普及将所有人都变成了网络中的一个节点，作为网络中的一个节点，这是未来最明显的一个大势。打车应用Uber、约会应用Tinder都受益于其中，移动支付行业也将因此壮大。

2013年，威尔逊涉足加密领域，开始购入比特币、ETH等资产。他在一篇名为“The Selloff”（抛售）的博客中写道：“我不会去预测这些资产的短期走势，我相信和现在比起来，它们在5~10年后会更有价值。”

威尔逊认为，比特币处于互联网基础架构层面，像是一种协议。企业家将使用这些架构或协议来创建大量的新技术和服务，比特币不会被银行或政府操控的这一事实使比特币自身成为一种不可逆转的发展趋势。威尔逊不光持币，也一直在寻求对加密生态系统进行投资，直到Coinbase的出现。

2013年5月，USV以610万美元领投了Coinbase的A轮融资，其他投资者还包括Ribbit Capital、SV Angel和Funders Club。Coinbase由Airbnb前工程师布莱恩·阿姆斯特朗（Brian Armstrong）创立。在阿姆斯特朗的领导下，Coinbase迅速发展成为市面领先的比特币交易所，当时只有三个功能：可以存储比特币的在线钱包；授权服务给接受比特币支付的商家平台；允许个人和商家购买、出售比特币的服务。

Coinbase成为USV最赚钱的交易。此后两年里，USV也参与了Coinbase的B轮（2013年12月，2 500万美元）、C轮（2015年1月，1.5亿美元）投资。2021年4月14日，Coinbase在纳斯达克公开上市，成为加密初创企业的里程碑，该平台的估值达到860亿美元，USV持股价值约为46亿美元，回报超25倍。

2018年，沃伦·巴菲特和比尔·盖茨公开反对加密货币，威尔逊第一个站出来驳斥了他们的观点。他在文章中指出："巴菲特根本没有理解加密货币的工作原理，仅把加密货币看作是一种全新的资产类别，依然使用传统眼光去审视该行业，太执着于寻找现金流。而加密货币的价值将会累积到数字代币上，而不是业务或现金流上。"

三大投资理念，构筑辉煌之路

在威尔逊的影响下，USV一直是一家"论点"驱动的风投公司，他们在科技发展的过程中制定出三大投资理念，在投资前会判断项目是否符合理念。这些理念也将USV的投资项目划分成了三代。

> 理念1.0：构建大型用户网络，通过用户差异化体验发展业务。威尔逊认为，强大的公司是建立在强大的用户网络之上的，当新用户加入这个关系网时，其他用户的价值都将有所提升。通过这种方式企业能够留存业务并获得长期成功。
>
> 代表项目：Etsy（2007年，种子轮）、Meetup（2008年，D轮）、Twitter（2007年，A轮）、Zynga（2007年，A轮）、Tumblr（2007年，种子轮）、SoundCloud（2010年，B轮）。

理念2.0：互联网市场逐渐成熟，寻找新的网络效应、新经济基础设施以及去中心化数据的推动者。大型互联网公司的出现需要新的技术支持，加密货币和区块链技术也将在数据、金融领域展现竞争力。

代表项目：Twilio（2009年，A轮）、MongoDB（2008年，A轮）、DuckDuckGo（2011年，A轮），Coinbase（2013年，A轮）、Protocol Labs（2016年）、Carta（2014年，A轮）、goTenna（2017年，B轮）

理念3.0：利用网络、平台和协议，为企业或者个人扩大获取知识、资本和福利的渠道。未来不管是To B还是To C，这三点将成为新一代科技企业的最终目标。

代表项目：Slope（2022年A轮）、Alife（2022年A轮）、WalletConnect（2022年A轮）、Shortwave（2022年A轮）、Mundi（2022年A轮）、Parallel Markets（2022年A轮）、Fiveable（2021年A轮）、Mindset（2021年A轮）

在长达35年的职业生涯里，威尔逊经历了风投行业的高潮与低谷，最终带领USV走向成功，其具有前瞻性的观点也成为创投领域的宝贵财富。与一些传统风投不同，在威尔逊的规划里，不论USV如何发展都不会寻求上市。威尔逊表示："风险投资与创业公司不同，它是为创业者服务的行业。我们就像律师、会计和公关公司，是一家服务型企业，我们提供的服务就是资本。"

第4章

约书亚·科普尔曼：种子投资先驱

种子投资是硅谷创投圈最火热的名词之一，它是初创企业正式获得的第一笔融资，属于风险投资的早期阶段。根据Crunchbase的数据，2016—2020年至少有2.3万家美国企业获得了种子投资，与2010—2016年相比增长了30%，而2006—2020年，这个数字只有3 200家。随着时间的推进，许多顶级风投机构，如Andreessen Horowitz，Greylock和Khosla Ventures等纷纷设立了专门的种子基金。

如果说这些顶级风投机构对种子投资的布局是在他们意识到这一领域的发展势头和回报潜力之后，那么成立于2004年的First Round Capital及其创始人约书亚·科普尔曼（Joshua Kopelman）毫无疑问应该被视为种子投资领域的先驱。

只进行种子轮和A轮投资是First Round Capital与其他多阶段风投机构最大的区别，截至2022年5月进行了超过800笔投资，其中最成功的一次押注就是Uber。Uber的上市为First Round Capital创造了250亿美元的投资回报。

种子投资在今天已成为风投公司的主流投资选项，但在2000年却是一个非常冷门的投资类别。First Round Capital之所以会在大势到来之前就看准这一领域，与创始人科普尔曼的成长经历有很大关系。

连续创业者

科普尔曼出生于1972年，父亲是巴鲁克学院组织行为学和管理学的教授，母亲是一位房地产经纪人。尽管科普尔曼的职业轨迹没有沿着父母提供的方向发展，但从小父亲就教导科普尔曼要用创新性思维对待日常生活中遇到的各种问题，这对科普尔曼日后的职业生涯产生了深远影响。

科普尔曼就读于宾夕法尼亚大学沃顿商学院，于1993年毕业并获得创业管理和市场营销理学学士学位。大学期间，科普尔曼不仅创立了自己的第一家企业，还实现了许多创业家梦寐以求的上市梦。这家企业名为Infonautics Corporation，是一家总部位于宾夕法尼亚州Wayne社区的信息服务公司，科普尔曼是联合创始人之一。Infonautics于1996年在纳斯达克交易所上市。

得益于科技的快速发展和宽松的货币环境，20世纪90年代美国经济快速发展，经济的发展带动了美国居民的物质和精神文化需求日益增长，也给许多有抱负的年轻企业家带来了巨大发展机遇。30岁前的科普尔曼正是赶上了这样的好时代。

离开Infonautics后，科普尔曼在1999年创立了二手电商网站Half.com，销售的产品种类为二手书、CD和DVD。2000年7月Half.com被eBay以3.5亿美元收购。在此后的3年里，科普尔曼继续在eBay管理Half.com业务，并将eBay媒体市场业务的年商品销售总额提高到了5亿美元。

Half.com之后，科普尔曼作为联合创始人在2003年创立了反垃圾邮件技术公司TurnTide，这家公司发明了世界上第一个反垃圾邮件路由器。在成立仅6个月后，TurnTide就被Symantec以2 800万美元的价格收购。一年后，科普尔曼与年长自己27岁的合伙人霍华德·摩根创立了First Round Capital（FRC）。

3次创业经历每一次持续的时间都不长，但通过这些经历科普尔曼意识到对于一家想要成功的创业公司来说，成立最初的1~2年至关重要，一家创业公司的未来走向在很大程度上取决于这段时间所打下的基础。这也是科普尔曼决定创立一家只做早期投资的风投公司的主要原因。

8只旗舰基金，募资超13亿美元

FRC的角色定位用一句话来概括就是为创业者提供“第一桶金”，成立之初就确立了非常明确的目标，选择了一条专业化的道路，只做早期投资，且既没有尝试建立成长型基金，也没有进行国际扩张。

FRC的投资阶段包括种子前轮、种子轮和A轮，初始投资一般在75万至400万美元之间，平均大约为200万美元。为了帮助投资组合中的初创企业获得后续的A轮融资，FRC在2014年发起了一个名为“Pitch Assist”的项目，帮助初创公司制定融资战略、选择合适的VC，以及制定恰当的流程等。到2016年，超过30家初创公司通过该项目筹集了超5亿美元资金。

作为一个创业者出身的投资人，科普尔曼起初并不确定自己选对了职业方向。这种对未来的不确定导致的一个结果就是，FRC最初的几期基金募资期都只有1年。2005—2007年之间的3次募资，规模分别为700万美元、1 000万美元和1 500万美元。

在此之后FRC募集基金的期限逐渐拉长，且规模迅猛扩大，2008年募集的FRC二期基金规模达到了1.25亿美元。截至2021年，FRC共募集了8只旗舰基金，规模超过13亿美元。2006年和2007年还募集了两只附属基金，规模分别为500万美元和1 500万美元（见图1-4-1）。

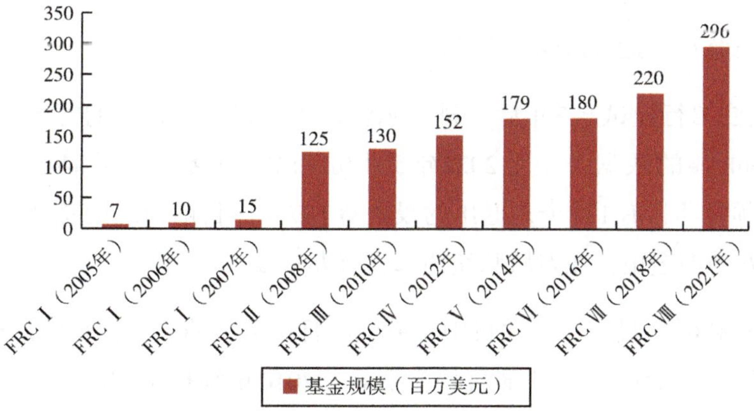

图1-4-1　2005—2021年FRC的8只旗舰基金

此外，在科普尔曼的提议下，FRC在2012年还成立了专门用于支持美国大学生创业的风投基金——Dorm Room Fund（DRF）。FRC为第一只DRF投入了50万美元的承诺资本，主要支持大学位于费城的大学生创业者。

作为曾经的大学生创业者，科普尔曼称，大学生通常有很多很棒的想法，但常常缺少初始资本。这也是他决定成立DRF的初衷。到2021年初，DRF在近10年的时间里投资了300多个项目，其中还包括一些知名收购案例，比如深受美国青少年喜爱的社交媒体应用程序to be honest，该应用在2017年被Facebook以约1亿美元的价格收购。

17年投资逾800个项目，因Uber名声大噪

在FRC成立之初，科普尔曼曾问过自己三个问题：

一是比起企业家，自己是否更想成为一个风险投资人？

二是能否克服地域上的障碍，因为他当时住在费城，而大多数创业公司都聚集在美国西海岸。

三是自己是否擅长从事风险投资？

在VC行业试水3年后，科普尔曼基本上得到了肯定的答案。根据Crunchbase的数据，截至2022年5月初，FRC一共投资了844个项目，其中领投项目有171个，退出的投资有187个。目前FRC的总部设在硅谷所在地旧金山，在费城和纽约都设有办事处。

在FRC领投的所有项目中，最成功且最著名的一次押注就是Uber。FRC是Uber的第一个外部机构投资者，2010年领投了Uber 150万美元的种子轮融资，那时Uber的估值仅550万美元。公开资料显示，FRC向当时名为UberCab的初创公司投入了51万美元。在2019年上市时，Uber的估值达到820亿美元。有媒体统计称，按每股45美元的发行价计算，Uber种子轮投资者的回报率达到了近5 000倍，这意味着对Uber的投资为FRC带来了大约25亿美元的回报。

尽管成功押注Uber一定程度上要归功于运气，但也正体现了科普尔曼以及FRC的投资理念。在筛选投资项目时，FRC看重具有反向见解，且对市场需求和世界运转方式有深刻洞察的创业项目。在诸多因素中，FRC最看重的是创始人团队能否独立制定清晰的路线图并执行，以及创始人能否做出快速而明智的决策。科普尔曼在一篇博文中曾写道："我最喜欢共事的创始人是目的驱动型的。他们倾向于行动并迅速做出决定。最重要的是，他们愿意对传统智慧进行反思，从不接受一贯往常的做法。"

FRC投资的项目中科技创新驱动型公司居多，但通常不对所投资的领域设限，目前所投的行业类别包括消费、金融科技、健康医疗、硬件和企业服务（见表1-4-1）。FRC称，风投公司的使命不是预测未来，而是应该由企业创始人告诉风投公司未来会发生什么。FRC的所有投资都有一个共同点，就是在公司刚刚起步时就与创始人接触，这为FRC创造了在行业爆发期来临之前就以低成本提早进入的机会。比如在FRC投资Uber时，按需经济（on-demand economy）还没有像现在这样火爆。

表1-4-1　部分FRC投资项目

公司	公司类型	投资轮次	退出形式
Blue Apron	电商	种子	IPO
Boxed	电商	A轮	IPO
GroupMe	社交APP	种子前	收购
Roblox	游戏公司	种子	IPO
Uber	移动出行	种子	IPO
On Deck Capital	金融科技	种子	IPO
Square	金融科技	A轮	IPO
Upstart	金融科技	A轮	IPO
Clover Health	医疗保险	A轮	IPO
Planet Labs	卫星数据公司	A轮	IPO
Bazaarvoice	社交商务平台	种子	IPO

来源：First Round Capital；海投全球。

创业圈的“哈佛商业评论”

科普尔曼说，没有将公司以自己的名字命名为Kopelman Capital是因为不想建立一家以投资人为中心的投资公司，而是应该以创业者为核心。“First Round”一词体现了企业在创立之初所需要的所有必要支持，包括第一桶金、第一批雇员、第一款产品和第一批客户，而这些支持正是FRC希望提供给企业的。

2013年FRC上线了一个项目，名叫First Round Review。FRC的野心是将First Round Review打造成为创业圈的《哈佛商业评论》。乍一看First Round Review的官网，会以为它是一家企业的线上博客，上面刊登着各种有关风投融资和创业的文章，但FRC对这个项目的定位并非普通的风投博客，而是一个致力于将创业者连接起来的社区，通过这个社区，刚起步的创业者可以快速而准确地接触到相关行业的同行，互相分享创业心得和建议。

建立这样一个平台的初衷同样与科普尔曼早年间的创业经历有很大关系。

在博客中科普尔曼说："作为一个三次创业者，我知道创业是件多么孤独的事，除了其他创始人，没有人经历过同样的事。在Infonautics、Half.com和Turntide工作时，我从其他企业家那里得到的建议对我产生了重大影响。但找到他们通常是最困难的环节。FRC的目标就是让这事儿变得容易。"

在科普尔曼看来，对于早期创业者来说，比起投资人的建议，其他创业者的建议更加宝贵。假设一家电商创业企业需要建议，他们不需要找到FRC的合伙人，而是直接向FRC搭建的电商企业社区寻求帮助。除了创投类文章，FRC还在这个平台上推出了多种产品和工具，包括书籍、简报、博客和资源库等，以帮助企业交流想法，并获得可实操的创业指导。

与时俱进

10年对于一家风投公司来说是一个里程碑式的数字，对于FRC来说，这是一个逐渐建立口碑和品牌的过程。2015年FRC成立十周年，在这10年里种子投资在美国经历了爆炸式增长，仅2015以前的4年里就有超过40亿美元的种子轮投资流向了200家新成立的初创企业。相比之下，在2005年FRC刚成立时，试图弥补天使投资和A轮投资之间的空白在硅谷还是个非常罕见的想法。

FRC的成功使科普尔曼成为硅谷顶级风险投资人，特别是每当人们谈论起种子投资时，前几个浮现在脑海中的人里一定有科普尔曼和FRC。

2018年，科普尔曼在《纽约时报》公布的顶级风险资本家名单中排名第三，同时他还连续多年登上《福布斯》前100位顶级科技投资者榜单（2011年排名第18位；2012年排名第6位；2013年排名第12位；2014年排名第11位；2015年排名第4位；2016年排名第6位；2017年排名第35位；2018年排名第18位；2019年排名第39位；2020年排名第79位）。

此外，2014年他还被评为《新闻周刊》美国十大天使投资人之一；《商业2.0》杂志“科技新拥王者”（Tech's New Kingmakers）之一；以及《财富》杂志“风险投资之星”。在过去的10多年里，美国种子投资不仅在规模上经历了爆炸式增长，投资决策上也发生了巨大变化，最惊人的一点就是决策周期[①]从2005年左右的90天缩短至了平均9天。

科普尔曼称，这种变化带来的最大挑战就是投资人能否在短时间内做出高质量的投资决策。FRC对此做出的回应就是将每周一次的合伙人会议调整为两次，以确保在与合伙人及时沟通和交流后能够快速采取行动。

过去几年种子资本大规模涌入市场带来的另一个变化是，风投行业的竞争越发激烈，这就使得品牌变得更加重要。

在一次采访中科普尔曼解释说：“在FRC刚成立时种子基金的数量

① 从与创始人的第一次邮件往来到签署投资意向书。

还不到10家，这就好比当一个储物柜上有6双运动鞋时你可以每一双都试一下然后决定穿哪双，但是如果储物柜里有1千双时你不可能每一双都试一遍，相反，你会根据品牌来挑选。而品牌的建立又是通过一些持久性的努力。”

FRC非常注重品牌建设，举措之一就是建立First Round Review。除此之外，FRC从2011年开始在每年的12月都会推出一期“假期视频”，里面的演员均为投资组合公司创始人及FRC合伙人，通过对当年最火热的流行歌曲进行改编，以对口型的方式演唱及表演。这个传统一直持续到了2016年，每一年的视频在YouTube上都获得了超高人气，有些获得了近百万次观看。这为FRC获得外界关注起到了很大助推作用，特别是在FRC创立的前10年里。

2020年新冠疫情的暴发对全球经济造成了颠覆性的影响，同时也给许多行业带来了前所未有的机遇。在这样的背景下，科普尔曼称，FRC不会放慢扩张的步伐。仅在2022年前4个月里，FRC就进行了20笔投资。他说，在经历了互联网泡沫和2008年的全球金融危机后，他确信伟大的公司能够在任何市场环境中创立。

第5章

约书亚·库什纳：富二代的豪门盛宴

Thrive Capital创始人约书亚·库什纳（Joshua Kushner）的哥哥贾理德·库什纳（Jared Kushner）是特朗普的女婿，曾在白宫担任高级顾问，约书亚的妻子是美国名模凯丽·克劳斯（Karlie Kloss）。与经常出席各种重要场合的哥哥和妻子相比，约书亚显得十分低调。

2022年2月17日，美国风险投资公司Thrive Capital宣布其第八期基金Thrive Ⅷ完成募资，规模比去年的第七期超出10亿美元，募资总额30亿美元。新一期基金推动Thrive Capital的资产管理规模达到160亿美元。Thrive Ⅷ由两个基金组成，其中5亿美元用于早期投资，25亿美元用于后期投资。

年少多金，长相英俊的约书亚·库什纳曾入选2017年“福布斯30岁以下精英”Top30榜单。作为old money的继承者，库什纳与骄奢淫逸的纨绔子弟不同，他有着聪明的头脑，同时也善于利用家庭优势为自己开拓财富。

非典型富二代

约书亚·库什纳在一个正统的犹太家庭长大，祖父母在大屠杀期间逃离波兰，于1949年移民到美国。在《时尚先生》杂志上的一篇报道中，库什纳告诉记者他的祖父是一个木匠。

1985年库什纳出生在新泽西州的一个豪门家庭，他的父亲查尔斯·库什纳是一名成功的开发商。截至1999年，库什纳公司成功开发了1万套以上的商品房，包括住宅公寓、商业工业物业和社区银行等。受家庭环境的熏陶，库什纳从小就被父亲带到建筑工地上，学习如何做房地产生意。此外，每年感恩节，他还会和父亲一起寻找可能投资的房地产开发项目。

2004年，查尔斯·库什纳因未经授权向民主党竞选活动捐款，被联邦选举委员会罚款50万美元。之后的一年，查尔斯受到新泽西检察院关于非法竞选捐款、逃税和干扰取证等罪名的指控，被判刑14个月。这在当时也对约书亚·库什纳的事业产生了负面影响，此后库什纳公司由哥哥贾里德接管。

当哥哥贾里德和姐姐尼克尔跟随父亲一起进入家族的房地产企业时，约书亚·库什纳选择了一条与他们截然不同的道路。家族原本想让两兄弟一起从政，在父亲的影响下，2004年库什纳考入哈佛大学攻读政府及政治学专业。同年，哈佛另一位著名校友马克·扎克伯格辍学创办了Facebook，在大学里掀起了一股创业潮。

受其影响，2007年正在读大三的库什纳和研究生马里奥·施洛瑟（Mario Schlosser）及丹尼尔·凯菲（Daniel Kafie）一起筹集了不到1万美元的本金，创办了一家对标Facebook的社交网络公司——Vostu，目标市场瞄准巴西。

库什纳通过自己的关系网为公司提供了很大的支持。2008年6月3日，Vostu在种子轮得到英特尔资本的130万美元投资，正式走上快车道。此后三年Vostu共在超过6轮的融资中从老虎科技、Accel等投资者处筹得4 910万美元。

2011年，Vostu一度成为巴西最大的社交游戏平台，用户数量占巴西网民总数的20%。同年，该公司由于游戏的版权问题被美国同行Zynga起诉，索要大笔赔偿金。后来Facebook拓展巴西市场，谷歌旗下的社交平台Orkut在巴西逐渐败给Facebook，其他对手也一同随Facebook流入了巴西，这使Vostu不得不与欧美老牌社交游戏公司展开竞争。为了赢得更多用户，他们不惜以高成本的广告在Facebook上进行宣传，最终也使其走向衰落。

2012年之后，Vostu再也没有进行过任何一次有实际意义的融资，同时他们依赖的推广活动也收效甚微。Facebook调整策略遏制了一些游戏的病毒式传播，像Kabam和Zynga这样的老牌开发商已经转向移动端游戏的开发，以减少他们对Facebook的依赖，但Vostu没有跟上脚步。

2013年，Appdata网站数据显示Vostu月活数量已降到230万，这个数字约是Zynga的1%。在经历过两次大规模裁员之后，创始人纷纷退出，员工人数降到峰值的1/10，仅剩50余人，正式退出市场竞争。一位曾参与Vostu融资轮次的投资人表示，Vostu做法激进无法承担风险，这导致了公司的灭亡。

创立Thrive Capital

虽然Vostu结局惨淡，但这份宝贵的经验使库什纳认准了自己的职业方向。在Vostu的初创时期，库什纳就读于哈佛商学院，同时在高盛私募股权部门实习，白天处理不良贷款业务，晚上处理Vostu的事务，假期还要奔走于巴西和美国之间。虽然辛苦，库什纳却乐在其中，他认为自己更适合创业，而不是老老实实地当个银行家。

在哈佛，库什纳结识了风投公司General Catalyst的创始人乔尔·卡特勒，在他的影响和帮助下，库什纳在2009年创立Thrive Capital。凭借库什纳家族和卡特勒的关系网，基金刚创立就得到了普林斯顿大学捐赠基金、英国维康信托基金会、霍尔资本以及知名投资者彼得·蒂尔的支持。

2010年9月Thrive Capital推出了第一只风投基金Thrive Ⅰ，资金规模500万美元，早期小额投资了家装网站Fab以及网络银行提供商Simple等初创公司。

2011年7月，库什纳筹集了第二只风投基金Thrive Ⅱ，规模达4 000万美元，主要募自机构客户。这只基金的投资组合主要包括艺术品交易网站Art.sy、支付公司Dwolla、短信服务公司GroupMe、眼镜分销商Warby Parker等。Thrive Capital成立头三年所投资的15个项目中，有两个成功退出：GroupMe被Skype收购，HotPotato被Facebook收购，库什纳在这两笔交易中的收获颇丰。

此后几年Thrive和库什纳的名声越来越大，募资规模也随之增加，其在2012年和2014年筹集的第三只、第四只基金规模分别达到了1.5亿美元和4亿美元。

押中Instagram一战成名

2014年4月，Thrive Capital、Greylock Partners和红杉资本联合向Instagram投入了5 000万美元，将这家刚成立18个月的公司估值推升至5亿美元。短短一周之后，Facebook就宣布以10亿美元[①]收购了Instagram，使Thrive在短时间内得到了1倍的回报。只有26岁的库什纳一战成名，瞬间成为业界顶流。

但库什纳本人却对这笔交易感到矛盾，他本想将Instagram打造成

① 包含3亿美元现金，外加2 300万股Facebook股票。

足以与其收购方匹敌的社交网络。在投入Ins的一年前，他就与公司的CEO凯文·斯特罗姆一起制定了为这款照片滤镜应用添加社交功能的策略。库什纳非常乐于帮助初创企业成长，据斯特罗姆回忆，库什纳每两周就会从纽约飞到硅谷，与公司团队一起探讨发展的方向。

在Facebook得知三家公司对Ins 5 000万美元的投资时，他们直接介入并给出了一个让斯特罗姆无法拒绝的价格，于是这笔收购在48小时内迅速达成。与所有与Facebook有关的新闻一样，这笔交易激起了媒体的狂热。对此，库什纳在曼哈顿的办公室中的写字板上，为团队成员们写下了三句话：低头、专注、屏蔽噪音。

如同Thrive在官网上对自己的描述一样，库什纳在其十余年的投资生涯中一直专注互联网、软件和科技平台，同时他“亲力亲为”为创始人提供资源与帮助的风格也为其在业界树立了良好的口碑。Spotify的CEO丹尼尔·艾克在接受福布斯采访时回忆，“乔什的每一笔交易都是自己赢来的，他会花很长时间了解创始人的故事和诉求，跟他们打好关系，并在竞标时给出具有竞争力的报价。”

2014年12月Thrive领投了一轮7 000万美元的融资，所投标的是当时估值仅36亿美元的数字支付公司Stripe。2015年，Thrive安排前员工威尔·盖布里克加入Stripe担任CFO。库什纳非常善于调动这样的资源，让他们处在最合适的位置。2022年Stripe估值激增至950亿美元，成为仅次于字节跳动和Space X的全球第三大独角兽，并计划上市。福布斯的数据显示，Thrive在当时持有Stripe近1%的股份。2023年受科技股颓势影响，Stripe估值降至550亿美元，Thrive再次向其注入超10亿美元。

2014—2020年库什纳几乎参与了Thrive的每一笔投资，建立了庞大的创始人关系网。期间投出的独角兽项目包括数据库Airtable、炒股软件Robinhood、音乐服务平台Spotify、软件开发平台GitHub、即时通讯软件Slack、体育电商Fanatics、API服务商Plaid以及流媒体平台Twitch等。

特朗普的姻亲，奥巴马医改的受益者

作为一名连续创业者和投资人，除了Vostu之外，库什纳还创立过其他许多公司，其中最为成功的当属数字医保公司Oscar Health。2012年，库什纳和老同学马里奥·施洛瑟创立了Oscar，为用户提供快捷的线上保险服务，有消息称Oscar是库什纳祖父的名字。

Oscar的发展受益于政策支持，2010年通过的奥巴马医改法案要求美国公民和绿卡持有者必须拥有医疗保险，而保险公司不得以投保人以往的疾病拒绝投保或者提高保费。这一法案极大地增加了购买保险的用户数量，计划使美国的医保覆盖范围从85%扩大到96%。

2013年库什纳的Thrive Capital斥资4 000万美元投入Oscar的A轮，随后他的LP——彼得·蒂尔的Founders Fund也对Oscar投入3 000万美元，两家公司占据Oscar的大部分股份。由于依靠互联网线上销售保险，随着市场规模的扩大和技术的完善，Oscar的用户数量和保费规模在成立初期就得到了快速增长。成立第一年，该公司获得了1.6万名会员。2015年，Oscar将医保的覆盖范围扩大到新泽西州，会员数量增长到4万名。

根据奥巴马的医改计划，在其实施后十年内的总开支将达到1.2万亿美元，这笔费用主要来源于减少联邦医疗项目开支和对富人增税等途径。不仅要对保险公司、药企、医疗器械商加税，还要对年收入超过20万美元的个人或年收入超过25万美元的家庭加税，引起富豪阶层的不满。

为维护利益，2017年1月底，特朗普上台后在白宫签署的第一道行政命令就是叫停“奥巴马医改计划”，这一举措也直接打击了Oscar的成长。有趣的是，库什纳的哥哥也是特朗普顾问团的首脑。虽然有着姻亲关系，但库什纳和妻子都没有在大选中支持特朗普，他们都是希拉里的支持者，凯丽·克劳斯甚至还在推特上公开为希拉里拉票。

失去了政策红利之后，库什纳带领Oscar快速转型，在2017年5月正式开展To B业务，向小公司提供在线保险服务，快速向德州、加州和田纳西等地区扩张，同时与美国多个大型医疗机构如克利夫兰诊所、Cigna等建立了合作关系。截至2020年，Oscar用户突破40万，在超过11轮的融资中筹集了16亿美元，主要投资者包括谷歌母公司Alphabet，老虎环球等。

2021年3月，Oscar估值达73亿美元，以每股39美元的价格上市，成功筹集12亿美元，它的成功退出为库什纳带来了巨额财富。但一年以后Oscar的市值跌至17亿美元，Thrive仍持有该公司20%的股份。

名流交易

除了创投圈，库什纳还经常利用家族关系网为自己创造财富，其中最出名的一笔投资就是Skims。Skims是美国的一家内衣品牌，其创始人金·卡戴珊与库什纳家族交好。

据滚石杂志报道，2019年美国说唱歌手A$AP Rocky在瑞典涉事被拘留，他的挚友坎耶·韦斯特曾托妻子金·卡戴珊向当时在白宫任职的贾里德·库什纳求助。库什纳将信息传达给特朗普后，特朗普对其处境表示同情。此前，卡戴珊曾成功通过贾里德游说特朗普，为涉嫌贩毒的爱丽丝减刑。爱丽丝是一名62岁的老人，为了抚养5个孩子，她曾从事毒品交易和洗钱活动，最终被判终身监禁。

有了这层关系，两大家族在商业上也展开了合作。2021年4月，Thrive Capital领投了Skims A轮1.54亿美元的融资，帮助其估值升至16亿美元晋升独角兽。外界将金·卡戴珊视作流量招牌，凭借其强大的粉丝号召力，Skims不断开拓新的业务线，正式对老牌内衣品牌如维密等发起冲击。

通过贾里德，约书亚在融资时也得到了便利条件。2017年10月下旬，贾里德飞往沙特阿拉伯，对沙特王储穆罕默德·本·萨勒曼进行了政务访问；就在三天前，他的弟弟约书亚刚飞回国，并在沙特的投资者会议上得到了投资承诺，2018年Thrive的第6只基金筹集了10亿美元。

根据Crunchbase数据，截至2022年5月Thrive Capital共计达成299笔交易，领投83笔，退出60笔，退出成功率20%。Thrive平均每年投资22.7笔，并在2021年提高了自己的投资速度，成交数量达到40笔；平均投资规模在6 900万美元左右，投资组合的投前估值的中位数为5.4亿美元，后续投资占比31%，平均退出时间为5.7年。在选择项目时，Thrive偏好成立2~3年以上，并且创始人团队规模小于5人的公司。

除了投资后期阶段的互联网和金融科技公司，Thrive也经常与创始人合作孵化业务，成功上市的除了前文已经提到的Oscar，还有房地产投资平台Cadre，以及Cedar、Capsule、Nava和The Browser Company等。Thrive会提供从企业战略、招聘到创意指导和产品开发等一系列的孵化活动。

2020年以后，Thrive的募资规模成倍增长，其筹集的第6只、第7只、第8只基金规模分别为10亿美元、20亿美元、30亿美元。库什纳的策略依然不变，继续押注互联网和各个领域的新兴科技公司，投资阶段覆盖前中后期，其中包括数据集成平台Airbyte、人力管理软件Lattice、企业金融服务平台Ramp、体育彩经平台Mojo、财富管理平台Savvy Wealth等。

2022年，36岁的库什纳成为家族中首个登上福布斯富豪榜的成员，以20亿美元的身价排名第1 513位。2021年5月，高盛旗下的Petershill Partners以1.2亿美元，收购了Thrive 3%的股份，以此计算，拥有其近一半以上股份的约书亚在兴盛的财富价值19亿美元。

从Thrive的投资记录和业绩可以看出，其平均投资规模比其他风险投资基金的领投规模低11%，而退出交易数量比其他风险投资基金高11%，足以证明库什纳作为投资人的天赋和努力。与最初的500万美元相比，Thrive管理的资产已增长160亿美元，未来还有更大的拓展空间。

2018年10月，库什纳与凯丽·克劳斯结婚。5个月后，这位篮球爱好者以3 000万美元的价格买下NBA孟菲斯灰熊队2.5%的股份。2021年3月，这对夫妇迎来了他们的第一个孩子。同年9月，库什纳以2 200万美元买下了迈阿密海滩的一处豪宅，紧邻哥哥和嫂子伊万卡·特朗普。同时，购入纽约帕克大厦一栋价值4 300万美元的顶层公寓，这栋物业隶属库什纳家族名下，也是Thrive总部的所在地。对出身豪门的库什纳来说，家庭和事业永远不会被分开。

第6章

瑞安·科恩：散户的超级偶像

2021年初，美国股市最大新闻莫过于GameStop散户投资者与华尔街对冲基金之间的多空大战。在散户们的抱团助攻之下，GameStop的股价在1个月内从每股不到20美元飙升至了483美元。

尽管促使GameStop股价飙升的深层次因素有很多，但早在2020年9月，一位名叫瑞安·科恩（Ryan Cohen）的美国85后投资人就凭一己之力为GameStop的爆发埋下了伏笔。

科恩是美国宠物电商巨头Chewy的创始人，他将Chewy成功地打造成为美国最大的在线宠物用品零售连锁店，有着宠物圈“亚马逊”的称号。Chewy在2017年被PetSmart以33.5亿美元的价格收购，是当时史上最大的一笔电商并购交易，后来又在2019年上市，2021年市值一度达到310亿美元。

科恩在2018年辞去Chewy CEO一职后转向投资领域，曾将PetSmart收购Chewy所得的大部分收入押注到苹果和富国银行两家公司。2020年9月有媒体爆出科恩对GameStop的持股比例为10%，是该公司最大的个人投资者，与此同时，科恩还希望通过自己的风投基金RC Ventures更多地参与到GameStop的业务中。

随着持股的进一步增加，2021年1月科恩被正式任命为GameStop的董事会成员。这一消息瞬间令GameStop的忠实粉丝们沸腾。许多熟悉科恩背景的散户们坚信他能够挽救这家在电商和数字化浪潮冲击下正在走向凋零的老牌游戏零售商。

科恩在Twitter上有着20多万的粉丝，在网络社区也极具号召力，即便是他随手拍的一个图片也会被散户们与GameStop的股票联系起来进行解读。对于GameStop的散户来说，科恩是精神支柱般的存在，但对于科恩来说真正重要的，是继Chewy后将GameStop打造成为游戏界的“亚马逊”。

线上宠物商品帝国，宠物圈的“亚马逊”

科恩生于1985年。只有高中学历的他在2011年以自己的原名Mr Chewy创立了宠物商品在线零售商Chewy。选择宠物领域的灵感来自科恩为自己的卷毛狗Tylee购物的经历。

在起初为Chewy融资的过程中，科恩接触了100多家风险投资公司，但都遭到了拒绝。2013年，科恩获得了Volition Capital 1 500万美元的投资，这是Chewy的第一笔外部投资。

2014—2015年，Chewy的销售额从2.05亿美元增长到4.23亿美元。2016年，Chewy又筹集到贝莱德和T. Rowe Price New Horizons Fund的资金，在五轮融资中获得了2.36亿美元的风险投资。那一年，Chewy的销售额达到9亿美元，成为最大的在线宠物用品零售商。

到2017年，Chewy的收入约为20亿美元，占美国在线宠物食品销售的51%。4月，PetSmart以33.5亿美元的价格收购Chewy，这是当时史上最大的一笔电商并购交易。同一年，科恩被《财富》杂志评选为“40

位40岁以下的商业精英”。

收购完成以后，科恩继续担任Chewy的首席执行官，而Chewy则主要作为PetSmart的一个独立部门运营。到2018年，Chewy的销售额进一步从21亿美元增长到35亿美元，其中66%的销售额来自回头客的自动重复发货。

2019年6月14日，Chewy以每股22美元的价格与PetSmart拆分上市。那一年，Chewy的估值已达到102亿美元。

谈到Chewy的发展模式，有一个绕不过的人物，那就是美国电商巨头亚马逊的创始人贝索斯。

1997年，亚马逊取得了许多里程碑式的成绩：服务的客户数量超过150万人，收入增长838%达到了1.478亿美元，同时亚马逊的市场地位在激烈的竞争中得到了进一步的扩大。那一年，贝索斯在致亚马逊股东的一封信中描述了亚马逊在扩大规模和取得市场领导地位方面的野心。科恩正是将这封信作为了Chewy的发展路线图。在Chewy的发展过程中，科恩也一直将亚马逊视为其主要的竞争对手。

科恩曾表示，如果Chewy无法成为第一，其业务就无法持续下去，他们需要建立起比亚马逊或其他零售企业更大的宠物业务。

在供应链、物流和网上购物的便利度方面，Chewy参照了亚马逊的模式，但同时也摸索出了与众不同的制胜策略，即社区宠物店的老式客户服务模式。

科恩说，由于人归根结底是有情感的生物，因此Chewy需要与客户建立起真正的联系。Chewy的手写节日卡、宠物肖像以及为死去的宠物准备鲜花等服务，向客户展示了Chewy人性化的一面。

科恩表示，Chewy成功的关键就在于他们对宠物主人与宠物之间情感联系的理解，并弥补了亚马逊在这方面服务的空白。

GameStop的救世主 散户们的超级偶像

在帮助Chewy实现35亿美元的收入后，2018年科恩正式辞去CEO一职。离开了Chewy的科恩仍将击败亚马逊视为自己职业生涯的一大目标，但在2018年的时代背景下想要打造第二个“Chewy”的难度要远远大于2011年。直到科恩发现了GameStop，这家成立于1984年、在电子商务与电子游戏数字化大浪潮的冲击下正在走向下坡路的美国老牌游戏零售商。2021年以前，GameStop已连续亏损3年。

在增长多年陷入停滞后，GameStop在2019年初曾试图将公司出售出去，但并没有成功。那年春天，GameStop聘请了在零售领域有着丰富经验的乔治·谢尔曼（George Sherman）[①]担任CEO。谢尔曼是GameStop在不到两年的时间里聘请的第五任CEO。2019年科恩开始增持GameStop的股票。2020年8月科恩首次披露了自己的仓位。9月底有媒体报道称科恩的持股比例为10%，是GameStop最大的个人投资者。在此之前，GameStop股价一直在每股4美元左右徘徊，而科恩的买入不仅使其股价很快拉升至了11美元，也为2021年1月GameStop股价的飙升埋下了伏笔。

2020年12月，科恩的持股进一步提高至12.9%，同时科恩的风投基金RC Ventures还表示愿意更多地参与GameStop的业务。随着持股的增加，2021年1月11日，科恩正式被任命为GameStop董事会成员。在随后美股上演史无前例的散户与华尔街对冲基金的多空大战中，GameStop股价在1月个月内飙升至483美元的峰值。

---

① 曾在威瑞森无线、领先汽车配件公司、百思买等零售公司担任要职。

尽管GameStop股价暴涨背后有诸多更深层次的因素，但科恩的加入对于广大散户来说无疑是一剂强心剂。在加入GameStop以前，科恩从来没有在一家上市公司工作过，在游戏领域也没有从业经历，但Chewy在电商领域的成功，使投资者相信科恩也同样能够拯救GameStop。

在网络社区，科恩的地位与特斯拉创始人埃隆·马斯克不相上下。网友们称他为“Papa科恩”。科恩在社交媒体发布的任何图片和表情包都会令散户们沸腾。例如，2021年2月25日，科恩曾在Twitter上发布一张麦当劳甜筒照片，配上一个青蛙表情包。这条推文很快引来众多网友的解读，有人甚至猜测科恩发出的信号是他希望GameStop的股价会像青蛙跳跃般猛涨。

在科恩发出这条推文后，GameStop的股价在收盘时上涨104%。科恩从未公开过这条推文背后的真正含义，而这条推文究竟在多大程度上推动了GameStop股价的上涨也不得而知。但科恩在社交媒体的动态总能点燃散户们的热情。

对于GameStop的散户来说，在Twitter上有着超过21万粉丝的科恩是一个精神支柱般的存在，但对于科恩来说真正重要的，是将GameStop打造成为游戏界“亚马逊”的野心。

在2020年9月大举买入GameStop股票时，科恩曾在私底下向董事会提出一项让GameStop向电商转型的计划。其中涉及GameStop的一个核心业务——二手游戏的转售。在那次提议中，科恩提议大幅扩展GameStop的在线业务。除了游戏，他提议GameStop的在线商店提供更广泛的商品，并将“快速发货”作为一个优先事项。这两项也正是亚马逊成功的关键因素。

在加入GameStop的董事会后，科恩做的第一件事就是对其董事会和管理层进行人事调整。他提议成立一个专门的委员会来审查GameStop的开支和招聘，这个委员会的成员包括另一位积极投资人——Hestia Capital的首席投资官库尔特·沃尔夫和科恩在Chewy的前同事艾伦·阿塔尔。

尽管一些董事会成员对科恩过多地介入GameStop的日常管理有所担忧，但这项提议最终还是获得了批准。科恩随后亲自参与GameStop的人才招聘工作，请来了包括亚马逊、谷歌和Chewy在内的公司高管。同时，他也对GameStop现有的管理层进行了“大整顿”。自从科恩开始负责这个专门的委员会，整个GameStop的管理团队全都被辞退，其中就包括上文提到的CEO乔治·谢尔曼与CFO吉姆·贝尔。

谢尔曼与科恩比在管理方式上有着很大的不同。据知情人士透露，科恩傲慢而直言不讳，而谢尔曼对待分歧则倾向于保持沉默。在疫情期间，虽然大部分时间谢尔曼都在GameStop的得克萨斯州总部工作，但真正发号施令的却是在自己的公寓里全天候通过视频通话与大家保持联系的科恩。而且新员工也常常绕过CEO直接找科恩询问有关公司业务或运营的问题。

2021年6月初，在GameStop的年度股东大会上，科恩被正式任命为GameStop的董事长，有大约200名股东长途跋涉到公司总部亲自参加这次会议。与科恩同时被任命的还有两位前亚马逊的雇员，分别填补CEO和CFO的空缺。整个夏天，在科恩的领导下，GameStop雇佣了80多名具有技术经验的新员工，同时解雇了大约12名现有高管。

转型电商的挑战

2021年11月，在成为GameStop的第一大个人股东后，科恩给GameStop的董事会写了一封公开信。在这封信中，科恩除了指出GameStop现有管理层在管理方面存在的问题，还着重强调了GameStop向电子商务模式转型的必要性。

“GameStop面临的挑战源于内部的不妥协，以及不愿迅速拥抱数字经济。GameStop需要发展成为一家取悦玩家并提供卓越数字体验的科技公司，而不是继续做一个过度重视实体业务、在在线生态系统中止步不前的视频游戏零售商。”科恩在这封信中写道。

在正式加入GameStop以后，科恩努力推动GameStop扩大产品种类，包括游戏玩家用的椅子和直播设备等新类别。同时，科恩领导的战略委员会还在佛罗里达州单独建立了客户支持团队。

在与GameStop董事和高管的交谈中，科恩强调要改善公司的客户体验。Chewy的成功使他坚信，只有提供更好的服务、有竞争力的价格和更快的运输速度，才能真正赢得游戏玩家。

Chewy的成功也让科恩相信，视频游戏爱好者也会像宠物爱好者转向Chewy那样转向一家专门的网络游戏零售商店。但想把GameStop打造成第二个Chewy并非易事。除了表示要对GameStop的业务模式进行电商化转型外，科恩对于公司的长期愿景似乎并不明确。事实上，一些GameStop的董事也曾对科恩扭亏为盈的能力提出过质疑，因为科恩对于减少门店数量和加大电商投资的提议早就已经在实施中了，因此把重点转移到网上销售并不能构成一个新的战略。科恩曾在股东大会上告诉投资者，“GameStop正在步入一个全新的时代”，且以不愿向竞争对手透露其发展计划为由，回避了对具体问题的回答。

从2020年9月科恩成为GameStop第一大个人股东，到掌控这家美国最热门的公司，只用了短短几个月的时间。年仅36岁的科恩以老派企业掠夺者的气魄升任为GameStop的董事长，以少数股权和尖刻的言辞对GameStop的管理团队进行“大换血”，使他成为散户的宠儿。这些散户也让GameStop的股价在2021年经历了过山车般的走势。

在散户交易狂潮的推动下，GameStop的股价飙升了957%，市值飙升至142.8亿美元。截至2021年8月底，科恩持有的大约12%的

GameStop的股份价值约14亿美元，账面收益超过10亿美元。如果说到目前为止科恩在押注GameStop中取得的成功看上去来得还算容易，那么能否帮助GameStop扭亏为盈才是其面临的真正挑战。

尽管GameStop的股价和市值在短时间内都实现了惊人的暴涨，但该公司仍然处于长期亏损状态。截至2023年10月底的财季，该公司净亏损310万美元，为连续第三个季度亏损，在经历科技股熊市的冲击之后，GameStop光环不再，两年来股价一直处于震荡下跌之中。2023年12月22日GameStop的股价为每股16.97美元，与2021年比相去甚远。

第7章

克里斯·萨卡：Solo VC专攻气候科技

Lowercarbon Capital是一家气候科技基金，由美国风险投资人克里斯·萨卡（Chris Sacca）创立，主要投资致力解决全球气候问题的初创科技企业以及研究机构。

2021年，Lowercarbon Capital宣布完成8亿美元融资。萨卡表示，气候领域有着巨大的投资需求尚未得到满足，其潜在市场规模已达到史上最高水平，未来有望创造数万亿美元的市值。他坦言，即使对于那些不那么关心气候变化影响，仅仅只是追求经济回报的投资者来说，气候赛道也是不容错过的机会。

在创立Lowercarbon Capital以前，萨卡是美国硅谷最有名的风投人之一，凭借早期投资Uber、Twitter和Instagram的成功经验而享有盛名，36岁便登上了福布斯全球最佳创投人榜单。在成为投资人以前，他曾在谷歌任职，为谷歌的早期发展做出了重大贡献。

从负债400万美元到谷歌高管

克里斯·萨卡出生于1975年，在纽约州布法罗市的郊区长大，父亲是一名律师，母亲是纽约州立大学布法罗分校的教授。

本科期间，克里斯·萨卡在乔治城大学学习外交服务专业，期间还在厄瓜多尔、爱尔兰和西班牙等国游学。1997年取得学士学位后，克里斯·萨卡又进修了法学专业，并于2000年以优等成绩获得乔治城大学法学博士学位。

在法学院期间，萨卡曾尝试用助学贷款创业，结果却以失败告终，于是他将剩余的不到2万美元全部投入股市，交易的大多为科技股。1998年萨卡发现交易平台存在漏洞，于是他借机加大杠杆，最终使其不到2万美元的投入在两年后增长至1 200万美元。

然而面对巨大回报，萨卡并没有就此收手，结果在史无前例的互联网泡沫期间，美国股市暴跌，他的股票也大幅缩水，并因此背负起了400万美元的负债。

同一时期，萨卡开始了他的硅谷职业生涯。2000年，他被硅谷律所Fenwick & West录用，处理风险投资、并购、收购和交易许可等业务，服务的客户包括Macromedia、VeriSign和Kleiner Perkins等科技公司。

但这份工作只持续了1年，2001年“9·11”事件爆发前几天，他作为公司裁员计划中的一员遭到解雇。一方面丢了工作，另一方面需要偿还巨额债务，萨卡为了找工作想尽了一切办法，参加各种会议和社交活动结识人脉。最终，他用一张印有塞林格集团（The Salinger Group）字样的名片为自己拉到了客户。但实际上塞林格集团并不是一个真实存在的公司，只有一个用来充当门面的网站，网站上没有任何联系方式或地址，只有关于这个组织的浮夸介绍，主要为企业用户提供战略咨询服务。

凭着一张捏造出来的名片和被夸大的业务规模，各种咨询业务向萨卡涌来。他还因此收到了谷歌抛出的橄榄枝。2003年萨卡被谷歌聘用，作为法律和业务开发部门的一员，他的第一个任务就是帮助当时仍处于早期发展阶段的谷歌创建数据中心。谷歌在俄勒冈州、乔治亚州和荷兰数据中心的选址和收购都离不开萨卡的帮助。他还曾担任特别倡议主管，管理的项目包括谷歌的卫星通信项目和免费高速WIFI项目。

除此之外，他主导了谷歌的许多业务开发和并购交易，被授予了“创始人奖”。这是谷歌的最高荣誉，克里斯·萨卡是第一批获得该奖项的员工。

硅谷顶级天使投资人

凭借在谷歌工作期间取得的辉煌业绩，萨卡不仅偿还了巨额债务，还和其他早期的谷歌员工一起做起了天使投资，其中最著名的成功投资案例就是Twitter。

2006年，萨卡为刚刚开发不久的Twitter投出2.5万美元，并注册成为Twitter的第102位用户。2007年，他与Union Square Ventures、Charles River Ventures和Ron Conway共同参与了Twitter 500万美元的融资。

在投资方面，萨卡并非科班出身，在刚刚做天使投资时手中也没有足够的资金，但得益于早年间在硅谷闯荡的经历和在谷歌工作期间积累的工作经验，他当起了许多创业公司的顾问，为他们提供专业的战略意见，包括如何提高用户体验和融资等。萨卡曾表示，为这些公司提供“帮助”弥补了作为天使投资人在资金方面的不足。这些努力逐渐使萨卡在创投圈建立起良好的声誉，为他后来创立自己的风投基金奠定了重要基础。

2007年12月离开谷歌后，萨卡开始专职转做天使投资。预见到Twitter的巨大潜力后，他进一步扩大了对Twitter的投资规模，专门建立起4只独立的基金，从Twitter股东和员工手中大举购买Twitter的股票，Twitter创始人埃文·威廉姆斯还将自己手中价值4亿美元的Twitter股份卖给了他。到2013年Twitter上市前夕，萨卡已成为Twitter最大的外部股东，他的几只基金共持有约18%的Twitter股份。第一只投中Twitter的基金Lowercase Industry回报率高达1 500%，多笔Twitter交易为投资者创造的回报高达50亿美元。

2010年，萨卡的Lowcase Ventures Fund Ⅰ完成840万美元的募资后，Lowercase Capital随之成立。除了Twitter，Lowercase Capital投出的另一个成功案例便是Uber。起初，萨卡是少数几个支持Uber这款产品的人。他为Uber投出30万美元的天使投资，尽管金额很少，但在他看来，与他840万美元的基金规模相比，这相当于是一次"全力以赴"的投资。

除了钱，萨卡还帮助Uber从环球音乐集团手中拿到了Uber这个品牌名。在2011年的A轮融资中，Lowercase Capital再次向Uber投出40万美元。到2015年Uber估值接近500亿美元时，萨卡手中持有4%的Uber股份。

除了Uber和Twitter，萨卡还是Instagram的早期投资人，其他的投资组合还包括企业聊天工具Slack、互联网企业线上支付服务商Stripe、专注于通信服务的PaaS平台Twilio、开源应用容器引擎Docker等。2015年《福布斯》在报道中提到，萨卡通过Lowercase Ventures Fund Ⅰ等基金建立了"史上最好的种子投资组合"，《财富》杂志还将Lowercase Capital列为"史上最成功的风险投资基金之一"。

萨卡取得的战绩使他在2011年以36岁的年纪登上了福布斯全球最佳创投人榜单，成为当时该榜单上最年轻的创投人之一。2015年，他在这份榜单上排名第三，2017年又回升至第二位。有趣的是，GQ杂志曾因萨卡标志性的牛仔绣花衬衫授予他"硅谷最糟糕穿搭创投人"的称号。

然而在风投圈取得了辉煌成绩后，2017年初萨卡却宣布退出创业投资圈，Lowercase Capital将不再进行募资，只是对投资组合中的企业进行被动管理。他表示，自己之所以能在风投领域取得成功，是因为多年来很少在业务外花费精力，而一旦自己无法全力以赴，则宁可选择退出。他的退出也使美国当时的一档创业真人秀节目“创智赢家”①失去了一位常驻嘉宾。

助力地球脱碳

宣布“退休”以后的克里斯·萨卡并没有完全退出投资行业，而是转向了在他看来更有意义的领域。在此后不到一年的时间里，他和他的妻子就开始在气候领域进行投资。

随着投资团队和投资组合规模越来越大，他决定成立关注气候问题的风投基金Lowercarbon Capital。2021年8月12日，萨卡在Lowercarbon Capital的官网上宣布已完成8亿美元融资。这笔资金将分成四个独立的基金，用于资助那些致力于解决气候问题的科技初创企业和研究机构。萨卡表示，从开始募资到结束只用了几天的时间，同时还婉拒了一部分为“奉承”而来的投资者。

Lowercarbon Capital投资的科技企业主要关注三大主题：一是减少空气中二氧化碳、甲烷等温室气体的排放，助力地球实现零排放，覆盖能源、交通、工业材料和农业等行业；二是吸碳技术，萨卡和他的团队预测，从现在到2100年人类需要从地球上吸走至少1万亿吨的二氧化碳；三是在关键技术突破无法及时实现的情况下，任何能够缓解全球变暖的技术和方法。

---

① Shark Tank，2009年8月9日在ABC首播。每期有五位跨界领袖以投资人身份与创业者进行商业融资的真实谈判，讨论商业模式的可行性并争夺投资权。

Pitchbook数据显示，截至2023年12月初Lowercarbon Capital共完成了超过140笔交易，投资组合公司数量超过39家公司，大多是开发各种减少大气中二氧化碳排放技术的初创企业，这些投资组合公司的地域分布也比较多元化，横跨美国、欧洲、非洲和印度等地区，例如瑞典区域飞机制造商Heart Aerospace、总部位于加州的碳捕捉初创企业Holy Grail，以及伦敦气候风险平台Cervest等。

Lowercarbon Capital起初以家族办公室的形式运作，克里斯·萨卡的妻子克里斯塔尔·萨卡（Crystal Sacca）是其联合创始人。除了萨卡夫妇，Lowercarbon Capital还有250多名有限合伙人，不仅有高净值个人，还包括基金会、非营利组织、大学以及养老基金。有限合伙人的承诺资本在15 000美元至1.5亿美元之间。

克里斯·萨卡表示，目前气候赛道有着巨大的投资需求尚未得到满足，而投资者现在已经意识到气候问题的紧迫性并正在将时间和资金投入寻找真正的解决方案中。他坦言，即使对于那些不那么关心地球，仅仅只是追求经济回报的投资者来说，气候赛道现在也是不容错过的机会。

气候科技基金迎来大爆发

Lowercarbon Capital能在短短几天之内就完成8亿美元融资，得益于各国净零排放政策和技术突破为气候科技赛道带来的加持。

广义上，气候科技（climate tech）包括帮助地球实现脱碳的各种解决方案。该领域的企业横跨交通、房地产和农业等各行业，专注于可再生能源、电动汽车、细胞农业（cellular agriculture）和林业管理等各领域。

根据Pitchbook的数据，2021年前7个月全球关注气候领域的基金募资规模相当于此前五年的融资总和。得益于此，2021年上半年，全球范围内由风险资本支持的气候科技企业募资规模达到142亿美元，相当于2020年全年的88%。

人们对于气候科技的热情，与十年前人们视其为边缘赛道的情形形成了鲜明对比。风险资本在气候科技赛道的布局在过去十年里呈指数级增长。

气候科技赛道成为主流的另一个迹象是越来越多的传统风投公司和私募股权公司建立专注于气候问题的基金。

美国泛大西洋投资集团（General Atlantic）于2021年7月宣布成立专注于气候科技的成长型股权投资基金——BeyondNetZero，计划融资40亿美元。TPG在7月底则宣布其专注于气候和清洁科技的基金——Rise Climate Fund，并邀请到前美国财政部长汉克·保尔森担任其主席。TPG Rise Climate Fund于2021年初成立，并在2022年4月宣布完成73亿美元融资。

萨卡认为，当下气候科技领域的繁荣，得益于实验室技术的标准化应用和普及化。为了对前沿创新进行调研，Lowercarbon Capital还专门成立了一个内部科学团队，这在气候科技风投圈正在成为一个趋势。他表示，气候科技的发展正处在关键时期，尤其是随着越来越多的人才不断涌入这一领域，对于企业家来说，现在正是创立专注于减排或脱碳技术企业的最佳时期，气候领域的潜在市场规模已达到史上最高水平，未来有望创造数万亿美元的市值。

第二篇

私募股权

私募股权投资（Private Equity）是一种另类资产类别，主要投资未在证券交易所公开上市交易的公司，包括公司的股权证券和债务，广义上风险投资包含于私募股权投资之中。根据被投项目所处的阶段，可以将这两者区分开来。风险投资更多投资于企业的早期/成长期，而私募股权投资则更专注于成熟期企业。私募股权基金也经常以有限一合伙的形式组织，向投资者募集资金用于收购和重组公司。

在风险投资基金进行投资时，被投资企业仍然处于创业期，还没有发展成熟，甚至可能只是拥有一项新技术、新发明或者新思路，还没有研发出具体的产品或者服务。而私募股权基金的投资对象是那些已经形成一定规模并产生稳定现金流的成熟企业，甚至有些私募股权基金只热衷于投资企业的Pre-IPO[①]阶段，在这一点上与风险投资完全不同。

由于两者的投资标的所处阶段不同，风险投资基金的退出周期更长，因此基金的封闭期也相对更长。投资理念上，风险投资强调高风险、高收益，可以长期进行股权投资并协助管理；私募股权投资则更注重协助投资对象完成收购和上市并套现退出。也正是因为种种特质，风

① 对有上市预期且上市条件成熟的企业进行的投资，帮助企业进行上市。

险投资更多被视作是高新技术企业的资金来源，而私募股权的投资范围则更加广泛。

私募股权投资的投资策略种类繁多，主要包括杠杆收购（LBO，Leveraged Buyout）、成长资本（Growth Capital）、夹层融资（Mezzanine Capital）、不良资产（Non-Performing Asset）等，其他相关投资策略还包括房地产、基础设施、能源电力和母基金等，其中最为常见的就是杠杆收购。

杠杆收购又称融资收购，是一种具有杠杆效应的金融手段。在杠杆收购中，收购方通常只出小部分资金，大部分资金来自银行抵押借款、机构借款和债务发行等，并且由被收购公司的资产和未来现金流及收益作为担保。主要动机是使目标公司的财务收益高于融资的债务成本，用目标公司的收益偿还贷款。

从美国历史发生的交易来看，杠杆收购的特点包括：

（1）平均杠杆融资比率高达90%。银行贷款作为优先级资金，约占60%；次级债、可转债和优先股等夹层债券，约占30%；并购者自有资金通常约占10%。

（2）被收购的目标公司大多拥有可抵押融资的资产，或者有可分拆的业务。

（3）被收购公司有改善经营，增加收入的前景。在并购交易之后，并购者通常会以专业化管理，帮助公司提升业绩、抬高股价，最终以分红、出售股票、资产剥离等方式实现退出。

1955年麦克莱恩工业公司[①]在一笔交易中初次对杠杆收购的概念进行了实践。该公司在1月和5月分别收购了泛大西洋轮船公司和沃特曼

① 创始人Malcolm Purcell McLean，发明了现代联运集装箱，在20世纪下半叶创新颠覆了运输和国际贸易。

轮船公司[1]。根据交易条款，麦克莱恩筹集贷款4 200万美元，并通过发行优先股的方式筹集了另外的700万美元。交易完成后，沃特曼轮船公司将获得的2 000万美元用于偿还债务。

20世纪60年代，以控股公司为投资工具收购其他公司资产的做法逐渐兴起。沃伦·巴菲特的伯克希尔·哈撒韦、维克多·波斯纳的DWG公司对该策略进行了推广，波斯纳最先提出“杠杆收购”一词。后来Reliance保险公司和Onex投资公司也都采用了这一做法。这批公司的策略与传统杠杆收购相同，并购标的类型也相同，因此被视作私募股权公司的先驱。

经历了近20年的演变和发展，20世纪80年代美国迎来了杠杆收购的第一次热潮。1982年1月，美国前财政部长威廉·西蒙（William E. Simon）以8 000万美元收购了贺卡生产商吉布森贺卡，其中仅100万美元由个人出资，其余全部来自贷款。仅16个月后，吉布森贺卡就完成了2.9亿美元的IPO，西蒙在这笔交易中大赚6 600万美元。

这笔交易的成功引起了媒体对杠杆收购的广泛关注。一批以杠杆收购为主要手段的投资公司纷纷创立，其中就包括未来的私募股权三巨头——KKR（1976年）、黑石集团（1985年）以及凯雷集团（1987年）。私募股权取代杠杆收购成为此类公司的代名词，彭博商业周刊称“私募股权”是杠杆收购公司的一次品牌重塑。

1989年，KKR以250亿美元收购了食品烟草集团RJR Nabisco，成为震惊全美金融界的“世纪大收购”。KKR经过6个星期激战，从RJR Nabisco的管理层手中赢得交易。在这笔交易中，KKR本身仅提供了20亿美元，其中包括15亿美元的股本，另外提供41亿美元作优先股、18亿美元作可转债券以及接收RJR所欠的48亿美元债务，其他资金均来

① Pan-Atlantic Steamship Corporation & Waterman Steamship Corporation，泛大西洋是沃特曼轮船的子公司。

自银团贷款和高收益债。虽然收购价格是250亿美元，但整笔交易的费用达320亿美元，余出部分多用于支付各机构的融资和咨询费用。RJR的收购大战以一场奢侈的盛宴结束了杠杆收购的黄金时代，同年10月，世界性股灾开始蔓延，紧接着德崇证券破产、垃圾债大王迈克尔·米尔肯被捕，标志着80年代美国杠杆收购狂潮的崩溃。

21世纪初，随着互联网泡沫的破裂，美国杠杆收购业务遭到重大打击。杠杆收购公司在1996年到2000年大举投入电信行业。但在2001年，至少有27家负债超过1亿美元的电信公司申请破产，拖垮了高收益企业债券市场，债务违约率飙升。泡沫破裂令信贷市场紧缩，杠杆收购活动陷入停滞。

2003年后的5年里，私募股权行业不断复苏并走向另一个顶峰。利率下降、贷款条件放松以及针对上市公司的监管改革都为私募股权的繁荣创造了良好条件。在安然（Enron）、世通（WorldCom）、泰科（Tyco）等公司曝出财务造假丑闻之后，2002年美国正式通过了《萨班斯·奥克斯利法案》[①]。该法案为上市公司制定了一系列新的合规性要求，使上市公司不得不考虑控制各种风险。许多公司第一次意识到，待在一级市场可能比上市更有吸引力，这为私募股权公司的一系列大型交易做了铺垫。

同时，2002年开始利率大幅下降，借贷成本的降低帮助私募股权公司完成更大规模的收购。2002年Dex媒体集团收购案[②]标志着大型杠杆收购的回归，它意味着私募股权公司仍可以获得数十亿美元的巨额债务融资，随后大型收购数量达到历史峰值。2004—2008年，杠杆收购价值总计超过8 000亿美元，仅2007年一年该类交易价值就突破4 000亿美元。次贷危机爆发之后，杠杆收购泡沫再度破灭。

---

① Sarbanes-Oxley Act，全称为《2002年上市公司会计改革和投资者保护法案》。

② 2002年8月20日，凯雷集团、Welsh、Carson、Anderson & Stowe以及其他个人投资者以75亿美元收购了QwestDex，是1989年后规模第三大的企业并购案。

历经了蔓延全球的金融危机之后，KKR、凯雷、TPG、阿波罗等私募股权巨头在2010年到2014年完成上市，从合伙制转变为了股份制，并更多被纳入股票指数和共同基金的投资组合中。发展至今，成熟的私募股权公司业务呈现多元化，他们以杠杆收购为基础开展多样化的投资业务，包括信贷、保险、房地产等。在第一代创始人将要离开公司时，私募股权巨头们还面临着领导团队的接班难题。

第8章

苏世民：黑石帝国缔造者

史蒂芬·施瓦茨曼（Stephen Schwarzman）或译为苏世民，华尔街知名金融家。1985年苏世民与美国前商务部部长彼得·乔治·彼得森成立全球著名的私募股权公司黑石集团。2023年黑石集团第二季度财报显示，资管规模已从最初的40万美元增长至1万亿美元，成为全球最大的另类投资机构之一，投资业务集中于私募股权、房地产、对冲基金和信贷等领域。

据福布斯统计，截至2022年6月，75岁的苏世民个人财富达到348亿美元，位列世界富豪榜单第37位。50年职业生涯，苏世民从一个年轻的分析师，成长为最受尊重的全球资产管理公司的掌舵人。从出身平凡到铸就卓越，苏世民始终如一地相信教育、思考与质疑的力量，其传奇的一生也是华尔街历史的缩影。

少年壮志

1947年，苏世民出生在美国宾夕法尼亚州亨廷顿谷的一个犹太家庭，他的父亲约瑟夫·施瓦茨曼在费城曾经营着一家纺织品店。虽然出身于中产，但苏世民的父母从小就教会他劳动致富的道理——家里孩子们的零用钱一直是定额的，从来不会多给。为了赚钱，苏世民和两个双胞胎弟弟在自家的亚麻布商店打工，卖过糖果棒和灯泡，做过电话本快递员，还一起为邻居们做过草坪修剪服务。

20世纪50年代至60年代，“最伟大的一代”①从第二次世界大战战场返回美国。美国经济飞速发展，房屋建设热火朝天，郊区不断扩建，出生率持续飙升。这意味着美国的纺织品需求也会跟着房屋需求一起飙升，年少时期的苏世民从中看到商机，他向父亲提出开设分店的想法，幻想着自家店铺从东海岸开到西海岸。但这一提议遭到父亲的拒绝，苏世民的野心从此萌生，他坚信自己一定会在某一领域做出一番成就。

高中时期，苏世民就读于费城阿宾顿学区的巴滨顿高中，在田径教练杰克·阿姆斯特朗的影响下，增强了对痛苦的忍耐程度，也理解了充分准备的价值。三年高中苏世民成为优秀的田径运动员，成绩优异，还是高中学生会主席。1965年凭借田径特长，苏世民顺利考入耶鲁大学，比美国前总统乔治·布什晚一届，后与布什一起加入骷髅会②。

大一暑期，苏世民没有像同学一样选择枯燥的办公室实习，而是到游轮上做一个水手，在异国港口喝得酩酊大醉被船员扛回游轮。当时的他正书生意气，乐于打破常规，做得最出名的一件事是联合当地权威媒体，打破了耶鲁延续268年的禁止女生在宿舍过夜的制度。③

为了磨炼意志，苏世民还应征加入陆军预备队。在军队里顶着文书员、中尉以及连长的压力，向上校汇报自己的连队士兵吃不饱饭的情况，最终揪出军官私下贩卖餐食的丑闻。从此他便对等级制度充满质疑，更敢于挑战权威。

---

① Greatest Generation，指1901年至1927年出生的美国人。

② 耶鲁大学学生社团，每年吸纳的15名会员被认为是耶鲁大学最优秀的学生。

③ 当时的耶鲁还是男校。

初露锋芒

大学毕业后，苏世民的第一份工作就进入了帝杰证券。面试官为他开出的年薪是1万美元，但他坚持索要1万零500美元，因为“想成为班里收入最高的人”，当时他的主要工作是整理各个公司的资产负债表和损益表。

当时帝杰正为全国学生营销公司安排定向增发，这家公司的主营业务是向年轻的大学生出售各种产品，包括人寿保险、冰箱租赁等服务。苏世民认为，即使不看任何报表也能判断这家公司即将破产，然而帝杰却没人听从一个刚入职的“菜鸟”的建议，依然承销增发。几年后，全国学生营销公司倒闭，帝杰证券遭到起诉。

久而久之，苏世民觉得自己在帝杰几乎没有发挥什么作用，没有人花心思培训，整天东奔西跑却又碌碌无为。这种毫无意义的生活使他决定重返校园，进入哈佛商学院潜心学习。

1972年，临近毕业的苏世民决定重返华尔街。在遭到第一波士顿银行、高盛、摩根士丹利等几大投行的拒绝之后，雷曼兄弟向他抛出了橄榄枝，负责为企业提供金融方案、资本结构或兼并和收购方面的建议。在计算机还没有被引入市场运作中时，交易大厅往往既疯狂又嘈杂，咨询工作更加考验脑力。苏世民利用自己的口才与企业建立长期关系，说服客户达成交易，逐渐在同行中崭露头角。

雷曼岁月

在雷曼兄弟，苏世民接到的第一个大任务是为萨利美的前身——

学生贷款营销协会筹资。雷曼兄弟是该公司IPO的主承销商，1亿美元的筹资目标只完成了1/10。

苏世民为此建立了一个模型，说明为什么这是一笔好投资，由于该公司的主营业务是向学生提供贷款，他决定从各名校的捐赠基金入手。在取得哈佛大学的财务主管乔治·帕特南的认可之后，苏世民借此联系了耶鲁、普林斯顿等捐赠基金负责人，顺利完成筹资目标，这笔钱后来用于创立萨利美。后来苏世民回忆这段经历时表示，群体效应在筹资时作用明显，越是降低投资者的决策难度，每个人获得的利益就越大。

苏世民到雷曼兄弟的第二年，公司陷入财务危机。一位新的董事长兼CEO彼得·彼得森上任，他动用自己的国际关系，说服意大利商业银行提供资金帮助雷曼兄弟渡过难关。彼得森比苏世民年长21岁，也是最终和苏世民共同创办黑石集团的元老级合伙人。

1978年，30岁的苏世民帮助纯果乐完成比阿特丽斯①对其价值5.88亿美元的收购，这笔交易是当年全球第二大的并购交易，苏世民借此顺利晋升成为雷曼兄弟的合伙人，并在20世纪80年代初期担任M&A部门主席，为公司一些最大的客户提供咨询服务。

同一时期，原任雷曼兄弟交易部主管的刘易斯·格卢克斯曼篡位挤走彼得·彼得森——这位将雷曼兄弟从深渊边缘救回的功臣，并上任CEO。就在彼得离开后几个月，雷曼兄弟再次陷入困境。为追求高额利润，格卢克斯曼大量购入没有任何抵押品的长期商业票据，这些票据因市场震荡市场价值暴跌，雷曼兄弟又回到了破产边缘。为阻止公司破产，苏世民再次力挽狂澜，与其他合伙人架空了格卢克斯曼，将公司以3.6亿美元的价格卖给了美国运通。

经历了一系列办公室内部的政治斗争之后，苏世民逐渐开始对雷

---

① Beatrice Foods，一家成立于1894年的美国大型食品加工公司。

曼兄弟董事会感到失望，他曾在自己哈佛商学院的毕业论文中写道“内部政治斗争是一家公司走向灭亡的开端”，而雷曼兄弟中的每个人都只是为自己着想，甚至没有人敢站出来指出格卢克斯曼的错误，一系列重大的决策失误让苏世民终于忍无可忍。

1985年秋，38岁的苏世民摆脱了雷曼兄弟的束缚，与良师彼得·彼得森携手创立了黑石。

艰难起步

“黑石”之名取自两位创始人各自的名字，Schwarz在德语中是“黑色”的意思，而在希腊语中Peter—Petropoulos即Petros，意为石头或岩石。苏世民与彼得森各自出资20万美元，并为公司制定了三大业务板块：精品并购咨询、杠杆收购和其他待拓展的新业务。

黑石创立之时，美国经济在总统里根的领导下进入复苏的第三年。贷款利率很低，借贷容易。同时，美国证券交易委员会（SEC）终结了经纪人的固定佣金制度，华尔街传统体系瓦解，竞争活跃，市场流向能提供更好服务和更低价格的经纪人。大型投行不断扩张职位拥挤，苏世民认为黑石很适合接纳那些“另寻出路”的人才。

苏世民与彼得森在纽约公园大道的西格拉姆大厦为黑石租了一间300平方米的办公室，为了推动业务发展，他们发出400多封信件邀请投资人，其中介绍了自己的业绩记录，回忆了此前职业生涯中的“壮举”，但并没有起多大作用。打来电话的人寥寥无几，却也都说着恭喜祝贺之类的话。

1986年夏天，黑石在成立的9个月时间里只接到了两笔小活儿，苏世民开始感到焦虑，时间和金钱在慢慢流逝，生意看不到希望。离开雷曼兄弟后，没有人再看重他们，他开始担心黑石是另一个失败的初创公司。

最终苏世民此前服务过的客户——大型铁路公司CSX的收购案成了黑石的第一笔大单。苏世民帮助CSX搞定了钉子户哈罗德·西蒙斯，成功收购了集装箱公司海陆联运公司。在此之前西蒙斯一直在买入海陆联运公司的股票，为了能在外部收购时控制收购节奏，待价而沽。

苏世民使用要约收购，强制进行合并，如果西蒙斯继续持有股份，CSX将把他踢出局。最终西蒙斯溢价卖出了自己39%的股份，在这笔价值7亿美元左右的交易中，黑石收获颇丰，一举奠定“并购专家”的地位。对此苏世民在后来回忆，成功者需要“为人所不为，为人所不能”。

创立一年后，黑石开始筹集自己的第一只并购基金，苏世民为其制订的筹资目标是10亿美元，面向养老基金、保险公司、大学捐赠基金、银行以及和一些超高净值个人投资者。在对500家潜在投资者的邀请中，黑石只收到了美国大都会人寿保险公司承诺的5 000万美元和纽约人寿保险公司承诺的2 500万美元，但前提是基金总额不少于5亿美元。

为了筹资，苏世民和彼得森跑遍整个美国，遭到无数次拒绝。一次他们从华尔街飞到亚特兰大，想从达美航空基金公司手中筹集1 000万美元，但最终被无情拒绝，理由是“不投首期基金”。但工夫不负有心人，1987年9月黑石最终从33位投资者那里筹集8亿美元，LP包括保诚集团、通用汽车养老基金、通用电气等，在另辟蹊径飞往日本从日兴证券获得1亿美元的投资承诺之后，黑石扬帆起航。

解救USX，兵败埃德科姆

在开启自己的第一笔交易之前，苏世民与彼得森为黑石定下一项原则：永远不会进行恶意交易，他们将这一理念称为“恶意环境中的友好交易”，认为只有投入资金改善并购企业或帮助他们走出困境，才会赢得声誉和更高的长期回报。

1988年6月，黑石迎来第一笔大额并购交易，以6.5亿美元收购了当时美国最大的钢铁生产商和能源企业USX旗下的铁路运输业务，剥离出来的新公司名为Transtar。当时USX面临内忧外患，钢铁工人罢工，运输业务的收入基本为零；同时，有着“华尔街之狼”称号的卡尔·伊坎大量买入该公司股票，所持份额足以抢夺投票代理权或直接进行恶意收购。因此，USX需要剥离运输业务以获得资金，从伊坎手中夺回控制权。

最终，黑石利用高杠杆仅投入1 340万美元的股权，USX提供了1.25亿美元的供应商融资，其余资金均由化学银行①提供。后来正如苏世民所预期的那样，钢铁市场复苏，运输业务得以恢复。两年内黑石投资回报接近4倍，2003年黑石出售最后一部分企业股权时，这笔交易的总投资回报金额为26倍，年回报率高达130%。

同年，黑石将并购咨询部门20%的股权以1亿美元的价格出售给了日兴证券，这笔资金被用于进行并购。该部门在随后的一年中完成了价值8亿美元的并购交易，其客户包括索尼公司、百事公司、法国电脑制造商布尔电脑公司和万利公司，同时黑石还为美国著名的八卦刊物《国家问询者》找到了买主。

1989年6月，黑石携手帝杰证券、联合太平洋铁路公司（Union Pacific Railroad，UPR）以16亿美元收购了芝加哥和西北铁路公司（CNW Corporation）。黑石出资7 500万美元拿下72%的股份，帝杰证券投资2 500万美元获得24%的股份。联合太平洋铁路公司则投资1亿美元购买了兑付红利的优先股，可以在5年后将优先股转换成公司25%的普通

① 摩根大通前身，1996年7月，化学银行接连兼并汉华实业银行和美国大通银行。

股。其余14亿美元均由化学银行和帝杰的投行部门提供。这是黑石完成的第四笔收购案，一切都似乎异常顺利。

几乎同时，一位年轻合伙人为黑石拉来一笔交易——埃德科姆（Edgcomb）钢铁公司，该公司的盈利水平非常高，客户群也不断增长，看上去扩张的可能性很大。但另一位新晋合伙人戴维·斯托克曼对这笔交易表示强烈反对，他认为埃德科姆的利润全部来自钢材价格的上涨，这种盈利不可持续。

在经历过Transtar的收购之后，苏世民认为黑石已经足够了解钢材市场，有能力预测大宗商品周期，于是决定以3.3亿美元杠杆收购埃德科姆钢铁公司，这笔交易成为其生涯中最大的败笔。不久后钢铁价格周期性下跌，埃德科姆库存原料价值跌破市场价，就在交易后的几个月内，埃德科姆破产。

对于这一耻辱性的交易，苏世民总结了几点教训：

（1）一家公司的决策系统不应再受制于一个人的能力、感受和弱点。企业需要摒弃“单人决策”，制定规则来剔除投资流程中的任一个人化因素。

（2）在做决策之前，任何数据都需要来自基层前线，并参考他们的意见。

在金融界，突如其来的运气逆转，一笔糟糕交易，一笔不良投资，都可能将你击垮。面对投资人的指责，苏世民发誓这样的事情以后永远都不能再发生在自己身上。这次重大失败之后，他加深了对“不要赔钱”的执念，开始埋头工作，以其他交易确保投资人整体收益的良好。

1991年，美国经济陷入衰退，新建办公楼和住房的价值暴跌。此前向市场发放大量不良贷款的储蓄信贷协会①使全美住房过剩，为求止

① 美国政府支持的专门从事储蓄和住房抵押贷款的非银行金融机构。

损，储蓄信贷协会在清算资产时使大量房屋流入房地产市场。苏世民判断当时的房地产周期接近触底，市场正在上涨。

他抓住机遇与约翰·施赖伯①达成合作，并从南达科他州的公共养老基金会筹集了1.5亿美元，这笔资金使黑石的房地产业务站稳脚跟，该业务线最终与杠杆收购一起发展成为黑石集团最大的两项业务。

随后黑石在欧洲设立分部，并在新任合伙人亨利·西尔弗曼的领导下创立了酒店特许经营系统部门（Hospitality Franchise Systems，HFS）收购了一系列酒店业务，启动了其房地产投资。1991年10月，黑石以2.5亿美元收购了天天旅馆（Days Inns）。1993年，HFS以1.25亿美元收购了速8汽车旅馆。

同年，黑石开始筹集第二只私募基金，在吉姆·乔治②的引荐下，黑石成功入场美国各州的养老基金系统，最终募集12.7亿美元，是当时全球最大的私募基金。

痛失贝莱德

1991年和1992年的衰退终结了过去10年的杠杆收购狂潮，黑石也不得不放低眼光。黑石前6笔并购交易的规模平均为11亿美元，但1991—1995年的平均规模降至3亿美元，包括Great Lakes Dredge & Dock（1991）、六旗娱乐公司（1991）、US Radio（1994）、Centerplate食品公司（1995）。

到了1994年，美联储的加息幅度远超预期，利率走高，债券价格急转直下，这一政策殃及到了黑石集团的子公司——黑石财务管理集

① 前芝加哥房地产投资公司JMB的经纪人，黑石房地产业务创始人之一。

② 前俄勒冈州养老基金的首席投资官，曾成功投资KKR。

团，当时的合伙人拉里·芬克[1]已为黑石财务管理集团打造了两只大型基金，管理着约230亿美元的抵押贷款支持资产。利率拉低了芬克所管理的基金价值，他担心投资者因业绩下滑撤资，因此想趁早将业务与母公司隔离，但由于“风险偏好不同”没有得到苏世民的支持。

两人的另一个分歧在于，芬克想将分公司的股份进一步分给员工，当时黑石母公司与芬克团队分别持有40%的股份，各拿出10%分给新晋管理层；当黑石集团对财务管理公司的持股比例降到35%时，苏世民设立底线，他告诉芬克，母公司不能继续无休止地转让股票了。

6月，矛盾终于被激化，芬克将黑石视作束缚财务管理集团发展的枷锁，因此搁置上市计划，要求彻底卖掉自己的股份。苏世民不得不妥协，自此黑石财务管理集团更名为黑岩资产管理公司（BlackRock），即后来的贝莱德集团，并在此后一年以2.4亿美元的价格卖给了匹兹堡国家银行（PNC Bank Corporation）。

自此，华尔街历史上两家最出色的资产管理公司正式分道扬镳，黑石集团的合伙人从中大赚了一笔，拿到8 000万美元现金，以及6年来的3 000万美元分红，苏世民自己得到超过2 500万美元的回报。但贝莱德的发展超出了苏世民的想象，在接下来的十几年里，它逐渐成长为管理1.2万亿美元资产的投资帝国，其中大部分是固定收益和房地产证券。

贝莱德于2006年成功上市，2010年发展成为最大的上市资产管理公司，总资管规模达3.2万亿美元，是其最强竞争对手的两倍。在后来的一次采访中，苏世民坦言自己对贝莱德的遗憾——哪怕仅保留其3%的股份，到2010年时他可以多赚13亿美元。这笔交易成为苏世民职业生涯中最后悔的事，黑石与贝莱德的分手令人唏嘘，如果这一切没有发生，谁能想到现在是怎样一番景象？

---

① 后来的贝莱德董事长兼首席执行官。

危险交易

20世纪末，黑石收购业务的进展并不顺利。1996年，黑石与北美第二大殡仪馆和墓地运营商洛温集团（Loewen Group）合作，共同收购了北美第四大殡葬服务公司——最优殡葬服务公司（Prime Succession）以及北美地区最大的墓地公司——玫瑰岗纪念墓园（Rose Hills）。黑石集团为此支付了相当高的溢价，相当于两家公司年收入现金流的14倍。但殡葬业走了下坡路，最终洛温集团于1999年申请破产，黑石集团损失了5 800万美元。

1997年黑石从第二只和第三只收购基金中共拿出4.4亿美元，购买垃圾清理、填埋及回收处理巨头联合废料实业（Allied Waste Industries）的股份，这是当时黑石集团给单个企业的最大投资。但这笔交易非常失败，闲置的垃圾填埋地并没有像高管们预测的那样随着供应的减少而升值，价格战让该公司砸在了黑石手中。

新世纪前黑石收购的企业还包括合金厂商海恩斯国际（Haynes International，1997）、美国车轴汽车部件公司（American Axle，1997）、炼油集团（Premcor，1997）、钢筋厂商共和技术国际（Republic Technologies International，1998）、无线宽带公司百年通讯、（Centennial Communications、Bresnan Communications1，1999）、PAETEC控股公司（1999），其中海恩斯和共和技术都遇到了问题并最终申请破产，黑石集团的损失共达1.27亿美元。

对电信业务的投资是黑石在这一时期最成功的交易，包括通讯公司CommNet Cellular（1998），以及农村地区的四个有线电视系统——TW Fanch 1和2、布雷斯南通讯（Bresnan Communications）和Intermedia Partners Ⅳ，它们为黑石创造了15亿美元的利润。

挺身而出

2001年末开始的衰退延续到整个2002年，股票和债券市场同步低迷。企业处境艰难、现金流短缺，为收购而进行的融资行为受到极大的考验，传统杠杆收购交易受限。黑石集团在市场繁荣时筹集的资金还剩下几十亿美元，并着手准备筹集第四只私募股权基金。

2002年7月，凭借往期基金的良好业绩，黑石的第四只基金共筹集了64.5亿美元，在当时打破基金规模纪录。凭借其新基金的大量资本，黑石是极少数能够在经济衰退的不利条件下完成大宗交易的私募股权投资者之一。在困难时期，苏世民有意带领黑石转向对其他类别的资本结构进行投资，或者进行无杠杆的权益投资。

2001年“9·11”事件后，保险业遭受重创，面临着几十亿美元的意外索赔，许多保险公司资金一夜被耗尽，这种亏损蔓延到了再保险公司。许多私募股权基金看到机会，他们并没有投资那些现存的需要处理大量索赔的公司，而是设立新的再保险公司。

在“9·11”发生的两个月后，黑石向阿克西斯资本（Axis Capital）投资了2.01亿美元，阿克西斯资本是黑石集团与其他4家私募基金合资组建的再保险公司。2002年6月，黑石集团投资2.68亿美元，与伦敦康多富投资公司（Candover Investments“PLC”）以及其他公司在惠灵顿再保险公司的基础上共同成立了又一家再保险公司——阿斯潘保险（Aspen Insurance），在这些交易中苏世民适时地摒弃杠杆收购，通过股权投资进行运作。

最终，黑石在阿克西斯的交易中取得了30.2%的年收益率。阿斯潘保险因2005年的卡特里娜飓风而损失惨重，但黑石仍取得了15%的收益率。

2002年底，黑石与托马斯－李公司和贝恩资本以12.8亿美元的价格收购了教科书出版商霍顿－米夫林出版公司（Houghton Mifflin），该交易是自互联网泡沫破灭以来的首批大型收购交易之一，这为其母公司法国的传媒巨头——濒临破产的威望迪（Vivendi）提供了资金。同一时期，黑石继续以47亿美元的价格收购汽车零部件公司天合汽车集团（TRW Automotive），这是当年数额最大的最大一笔私募股权交易。此外，黑石还在2002年中收购了哥伦比亚唱片公司的大部分股权。

当市场下行时，黑石是第一批站出来的投资者之一，为所投项目提供了渡过难关急需的资金，稳定了公司不断下滑的估值。持有大量资金的私募股权公司在特殊时期起到了主流资本市场所无法替代的作用。当然在周期回暖时，黑石与其投资者也得到了丰厚的利润。

2005—2007年，资本市场再次掀起收购狂潮。黑石独立或联合其他投资者共同完成了一些规模最大的杠杆收购，其中包括丹麦电信公司TDC（110亿美元）、房地产投资公司EQ Office（377亿美元）、半导体公司飞思卡尔（Freescale Semiconductor）（176亿美元）、工艺品连锁店Michaels（60亿美元）、信息数据公司尼尔森控股（Nielsen Holdings）、碳酸饮料公司Orangina（18.5亿欧元）、旅游公司Travelport（43亿美元）、英国饼干生产商United Biscuits、医疗设备制造商Biomet（109亿美元）等。

危机四伏

2006年秋的一个周一，苏世民正在带领团队探讨对西班牙几个街区公寓的收购。除了庞大的并购基金，历经近20年的发展后，黑石还已经拥有华尔街最大的房地产投资项目之一。黑石集团的房地产公司经营着伦敦奢华的酒店，在法国大量购买办公楼、货栈，在德国购置物业，并最终在英国成立办事处。

在这次平凡却重要的房产投资会议上，苏世民嗅到了危险的气息。分析人员在会上表示，西班牙南部的房地产建设大大超出了住房需求。负责印度房地产市场的年轻分析师说道，印度未开发土地的价格在18个月内增长了10倍。很显然，房地产开发商已经忽视了最基本的供求规律，全球的房地产投资陷入癫狂，甚至完全无视所有风险。

苏世民当场决定不再推进西班牙的房屋交易，印度和西班牙的情况引起了他的重视，在深入研究后他发现，美国房地产供需之间的基本联系也正在被打破。

两周后的一次私募股权投资会上，一位同事称两家房产建筑公司的出价比黑石给出的最高估值还高15%~20%，即房屋建筑商正试图向私募股权公司出售业务，苏世民当即预感到，这些公司已经看到了房地产市场的潜在危机，他当即决定：公司必须消除一切房地产风险敞口，不仅是西班牙的公寓，而且是全球其他任何国家，包括美国房产在内的黑石在任何时期收购的房产。

在苏世民的警告下，黑石的信贷部门快速减少了所持房地产贷款或抵押贷款支持证券的头寸。对冲基金部门的负责人汤姆·希尔听从其建议，做空房屋次级贷款，最终为投资人赚取收益超过5亿美元。

从黑石整个的业务范围中看，苏世民出售了在2001年科技泡沫破灭后收购的、在经济强劲复苏期持有的周期性资产。黑石将2003年以34亿美元收购的德国化学品制造商塞拉尼斯的总部转移到了美国，2007年5月他们卖掉塞拉尼斯的最后一批股票时，投资回报约为5倍。

2005年，黑石70%的投资都集中在周期性业务，在接下来的一年内，苏世民将这一比例下调到了30%。黑石按预期计划减缓了私募股权交易，把交易量减少了一半。

苏世民的警觉帮助黑石在危机中存活。2007年6月21日，黑石抢在次贷危机爆发前上市，以每股31美元的首发价格筹集了41.3亿美元，成为2002年后美股最大的IPO，加上来自中国主权财富基金的投资，筹款总额超过70亿美元。

苏世民告诫私募股权部门，虽然交易计划被削减，但也不要错失良机。2007年7月，黑石以每股溢价40%的47.5美元收购了希尔顿酒店，交易总价值260亿美元，其中205亿美元（78.4%）通过债务融资，56亿美元通过股权融资。虽然在次贷危机中希尔顿亏损39亿美元，但黑石通过对其进行改革，更换了一大批高管，在亚洲、意大利和土耳其等市场增加客房，扩大现金流使其扭亏为盈，其间黑石一直持有其股份。2013年希尔顿二次上市，黑石在2018年清空股份，回报超过140亿美元约为初始投资的3倍。

2008年9月15日，雷曼兄弟破产，次贷危机演变成全球性的金融危机。由于危机前的上市和积极筹款，黑石的财务状况却非常强劲。苏世民动用了15亿美元的银行额度，他预感很多陷入困境的公司将会抛售资产，届时黑石一定要将现金紧紧抓牢，并随时做好收购的准备。正如他所预料的，由于许多公司需要帮助，黑石的咨询和重组业务蓬勃发展。

但危机还是波及到了黑石的投资部门。2009年2月黑石股价从上市之初的31美元跌至3.55美元的低点。2008年第四季度，黑石的私募股权投资组合的价值减记20%，房地产投资组合价值减记30%，黑石辞掉了150名员工，往后的生意也是悬而未决。2008—2010年，黑石仅进行了为数不多的并购交易，标的包括美国付费电视频道The Weather Channel、海洋世界娱乐集团子公司Busch Entertainment等。

继续创新

2012年，危机发生后的第五年，在美国政府的作用下，金融危机带来的影响渐渐消退，市场逐步回暖。对于黑石来说，募资方面的复苏是业务回暖的标志。黑石关闭了第六只私募股权基金，获得160亿美元投资承诺，规模虽然小于2007年第五只的204亿美元，但仍在当时成为历史规模第六的私募基金。这笔资金无疑向市场发送了强有力的信号：王者归来。

黑石正在加速甩掉竞争对手，筹集更多资金，开展更多交易。在竞争对手们忙于处理残局，收拾2006—2007年交易留下的烂摊子时，苏世民却带领黑石向新的业务领域探索。在其他机构都畏缩退却的时候，黑石率先表现出了对美国经济复苏的信心。

在金融危机后的5年内，美国各地的房价都出现急剧下跌，新建工程几乎全部停止。黑石决定抄底，并开展新的业务线对房屋进行修缮和出租，苏世民将这一新成立的公司命名为邀请家园（Invitation Homes），为流离失所的美国人提供住房。

2012年春天，黑石在凤凰城以10万美元收购了第一套房屋，并开始在全美范围内购买房屋，同月，美国房价触底反弹。从西雅图到拉斯维加斯，到芝加哥，再到奥兰多，邀请家园最终拥有超过5万套房屋，苏世民在收购的同时聘请建筑商对其翻新，最后建立销售部负责房屋的出租和维护。黑石借此成为美国最大的住宅业主，这一举措在危机时期为美国经济提供了大量的就业岗位。

同年黑石开始拓展能源行业。由于水力压裂法的发展，美国的天然气产量迅速增加，谢里夫·苏基[①]找到苏世民为他的天然气出口工厂萨宾帕斯（Sabine Pass）融资，将原来用于进口的设备全部转换为出口设备，这笔融资需要80亿美元。在仔细考察项目可行性，处理来自监管、施工等各方风险之后，苏世民决定拿下这笔交易。最终黑石投入价值20亿美元的股权，剩余的60亿美元进行债务融资。苏世民常年所信

---

① Cheniere Energy联合创始人和前CEO。

守的诚信原则在贷款时起了作用，出于黑石良好的信誉，银行很愿意出借这笔大额贷款，同样地，黑石的品牌形象也在联邦监管层起到了作用。

“只有不断创新才不会被淘汰。”这是苏世民最喜欢对黑石集团员工讲的话。2012年，黑石旗下所进行的交易已经不仅限于股权投资与房地产，从集装船到矿山再到各种复杂的贷款。苏世民认为现有产品已难以满足投资需求，为了吸取教训，黑石设立了一只新的“战略性投资机会基金”，这是跨越所有资产类别的新策略，计划为投资人稳定提供12%左右的年收益。

并购之王

2015年至2022年年中，黑石完成了上百笔并购交易，规模较大的包括汤森路透公司金融与风险部门（200亿美元），并在之后推出了金融数据平台路孚特（Refinitiv）、美国家谱网站Ancestry（47亿美元）、业务外包平台Alight Solutions（43亿美元）等。作为ESG投资的倡导者，黑石的投资组合中也包括纽约清洁能源公司Transmission Developers（TDI）以及女性友好型社交软件Bumble，该公司于2021年上市。

2022年黑石房地产基金持续发力，意图抄底楼市，并购标的包括美国学生公寓开发商American Campus（130亿美元）、美国地产开发商PS Business Parks（76亿美元）、乐高乐园母公司默林娱乐集团（约75亿美元）、澳大利亚赌场运营商Crown Resorts（66亿美元）。

2018年2月，黑石原地产部门负责人乔纳森·格雷（Jonathan Gary）出任集团首席运营官和总裁一职，被视为苏世民的最有力接班人。2019年黑石宣布放弃合伙制转为公司制，在转制的同时，黑石的投资策略也有所转变，从以往的追求被低估资产的超额收益转向追求有较高确定性的高增长资产，并开始关注以往较少涉足的科技板块。

苏世民不仅是一位杰出的投资家，也是一位慈善家、教育家。长期以来苏世民专注于慈善事业，2008年3月11日，施瓦茨曼宣布将向自己担任理事的纽约公共图书馆捐赠1亿美元；2018年10月15日，苏世民向麻省理工学院捐赠3.5亿美元，成立了麻省理工学院史蒂芬·施瓦茨曼计算学院；2019年9月，苏世民向牛津大学捐款1.5亿英镑，是百年来英国大学获得的最大单笔捐款。

早在黑石成立初期，苏世民就曾与中国建立良好的合作关系，中国主权财富基金曾数次注资黑石。2013年4月21日，苏世民宣布个人捐赠1亿美元在中国建立施瓦茨曼奖学金，又被称作苏世民学者项目，清华大学苏世民书院就此成立。同时他发起了一项筹款运动，目标2亿美元，现已向清华大学捐赠超过3亿美元。

与其他资管巨鳄相比，苏世民为私募股权公司开辟了一条独特的道路。他行事温和严谨，富有远见，在数次经济危机中带领黑石脱离泥潭走向卓越。以其为代表的一批投资人对私募股权行业产生影响，私募股权被普遍认为是与传统资本市场并行的不可替代的市场。杠杆收购与咨询业务作为私募股权公司的典型业务将一直存在，但私募股权行业注定会建立更多的新型业务以满足市场需求，从而走向繁荣。

第9章

亨利·克拉维斯：杠杆收购先驱

2021年10月11日，美国私募股权行业的教父级人物、KKR集团77岁的创始人亨利·克拉维斯（Henry Kravis），及其78岁的老搭档乔治·罗伯茨（George Roberts）正式卸任KKR联席首席执行官的职务。

KKR成立于1976年，是美国历史最悠久的私募股权公司之一。成立伊始，KKR的启动资金只有12万美元，截至2021年9月30日，该公司资产规模已达到4 590亿美元，是当今全球最大的私募股权公司之一。

KKR以杠杆收购交易起家，是20世纪80年代以来几次私募股权行业繁荣与衰退周期中最主要的参与者之一，完成的几笔重要交易均创下了收购史上的纪录。与相对内敛的罗伯茨相比，克拉维斯在公众视野中更为活跃，人们也常将他被视为杠杆收购的代名词。随着私募股权行业竞争越发激烈，KKR在2004年开始了转型之路，并于2010年完成了在美国的上市。

上市之后KKR的企业结构变得更加复杂，开始面临前所未有的挑战，但并未放缓扩张的步伐，无论是业务领域的增加，还是投资地域的扩大。亚洲是KKR全球布局中最具增长潜力的地区。在投资过程中，克拉维斯十分看重帮助企业和社会解决实际问题，并要求KKR像实业家一样行动和思考。这种实业家精神贯穿于KKR的每一次扩张与投资战略的部署。

卸任KKR联席首席执行官的职务之后，克拉维斯并没有退出投资领域，而是用多年来积累的个人财富构建起了自己的投资版图。这个版图以科技创新领域的初创企业为主，继续践行着克拉维斯的投资理念。2021年末，克拉维斯向初创企业投资了数百万美元，投资组合涵盖至少25家企业，涉及的领域包括从数字资产到食品和外卖应用软件等各个方面。

结缘贝尔斯登

克拉维斯出生于1944年，在俄克拉何马州塔尔萨一个富裕的犹太家庭长大。父亲雷蒙德·克拉维斯是一位成功的石油工程师，曾担任约翰·肯尼迪（John F. Kennedy）总统父亲的商业顾问。学生时代的克拉维斯十分活跃，在就读鲁米斯查菲高中时期，克拉维斯不仅加入了学生会，还当选成为学生会副主席。

大学时期，克拉维斯就读于克莱蒙特·麦肯纳学院（Claremont Mckenna College），主修经济学，同时还身兼高尔夫球队队长的职务。1967年从克莱蒙特·麦肯纳学院毕业后，克拉维斯进入哥伦毕业大学商学院进修，并于1969年取得了MBA学位。在攻读第二专业期间，克拉维斯还利用业余时间从事股票交易，这为他后来进入华尔街工作打下了基础。

20世纪60年代，美国经济在高速发展的同时，越战、民权运动、流行文化兴起和科技进步等一系列变革，也使美国在社会、政治和文化上经历了动荡的十年。2010年，在克莱蒙特·麦肯纳学院毕业典礼上发表演讲时克拉维斯说，成长于20世纪60年代对他的人生产生了深刻的影响，使他意识到保持灵活对于适应快速变化的环境的重要性。同时，目睹美国经济社会经历的一系列变革，也使他有了更清晰的自我认知，对未来的职业规划也更加明确。

手握常春藤联盟MBA学位、经济学出身的克拉维斯，毕业后成功地在投行巨头贝尔斯登（Bear Stearns）找到了一份工作（现已倒闭）。这份工作改变了克拉维斯的命运，也让他结识了两位对他的事业和人生意义非凡的合伙人。

其中一位是他的堂兄乔治·罗伯茨（George Roberts），另一位是当时担任贝尔斯登企业融资部主管、擅长逆向投资的杰罗姆·科尔博格（Jerome Kohlberg）。三人在1976年共同创立了KKR，但年长20岁的科尔博格于1987年离开了KKR，并于2015年去世。

在贝尔斯登时期，罗伯茨和克拉维斯在科尔博格的带领下工作，从事的主要业务就是杠杆收购。20世纪60年代后期至70年代中期，克拉维斯和罗伯茨跟随科尔博格进行了一系列杠杆收购交易。当时的杠杆收购有另一个名称——“鞋带并购”（bootstrap）。与后来的杠杆收购类似，“鞋带并购”也强调在收购目标公司时，尽可能减少买方的投入资本，尽量使用杠杆，寻找的收购对象也应具备较高的现金流。

三人寻找的目标，许多是第二次世界大战后成立的家族企业。这些企业当时正面临着继承问题，公司创始人缺少退出途径，一方面是由于公司太小而无法上市，另一方面是创始人不愿将公司出售给竞争对手。通过一系列杠杆收购交易，三人为贝尔斯登带来了大笔收入。其中最成功的交易之一是1971年对Incom International的收购。Incom International主要生产工业零部件，当时的收购价为9 200万美元。这笔交易为贝尔斯登带来了95万美元的佣金收入。

克拉维斯和罗伯茨在30岁和31岁时就成为贝尔斯登的合伙人。尽管杠杆收购取得了良好的业绩，但贝尔斯登的管理层对于杠杆收购实现回报所花费的时间并不满意，并多次拒绝了三人成立专门的杠杆收购部门的请求。

这成为KKR成立的契机。1976年，三位合伙人为这家新公司的成立投入了12万美元。KKR的早期投资者还包括希尔曼家族[①]和芝加哥第一国民银行。1982年，KKR获得俄勒冈州、华盛顿州和密歇根州公共养老基金的投资。此后，KKR的投资者基础进一步扩大。1984年，KKR获得了第一笔10亿美元的机构投资。

杠杆收购先驱

20世纪80年代以前，私募股权行业一直发展缓慢，投资规模相对较小、公司组织形式尚不成熟，且大众对于该行业的了解十分有限。直到80年代初，私募股权行业迎来了第一次大繁荣，其中杠杆收购作为私募股权的一种投资策略在此期间经历了快速发展。这个周期持续了大概10年，结束的原因是杠杆收购活动激增最终引发了高收益债券市场的崩溃，一个标志性事件便是华尔街大券商德崇证券（Drexel Burnham Lambert）的倒闭。

将这一周期推向高潮的则是KKR在1988年对雷诺兹—纳贝斯克（RJR Nabisco）公司的收购。这笔交易以超过300亿美元的收购价格成为当时史上最大的一笔杠杆收购交易，直到今天也仍然保持着史上最大杠杆收购交易之一的纪录。这笔交易被标榜为收购史上的经典案例。在超过300亿美元（包括债务）的总收购价格中，KKR只动用了13亿美元的股本，其余资金均通过举债获得。2019年克拉维斯在回忆这笔交

① 美国亿万富翁亨利·李·希尔曼及其家族成员，业务覆盖煤炭、钢铁和各种公共事业，1972年曾为KPCB的第一只风投基金出资。

易时曾表示，如今已经很难在杠杆收购中使用如此高的杠杆比例。

KKR对雷诺兹—纳贝斯克的收购过程，包括与其他竞标者的博弈，被完美地记录在了“门口的野蛮人”一书，以及同名电影中。KKR以杠杆收购起家，是20世纪80年代以来几次私募股权行业繁荣周期中最主要的参与者之一，完成的几笔重要交易均创下了收购史上的纪录。

即使是在垃圾债市场低迷的90年代初期，KKR的收购活动也没有停止。这个时期KKR的工作重点还包括偿还收购雷诺兹—纳贝斯克时产生的大量债务。尽管到1995年KKR已不再持有雷诺兹—纳贝斯克的股份，但直到2004年这笔投资才完全兑现。

20世纪90年代中后期，随着债券市场逐渐复苏，KKR的收购活动开始加速，完成了一系列引人注目的交易，旗下的私募股权基金（KKR 1996 Fund）还完成了创纪录的60亿美元募资。

2000年初，在许多公司因互联网泡沫破裂遭受严重损失之时，KKR是为数不多的能够完成大规模杠杆收购交易的公司之一，例如对Shoppers Drug Mart和Bell Canada Yellow Pages的收购。两家公司分别在2002年和2004年上市，使KKR的投资得以兑现。

随着美国公司不断从互联网泡沫的破裂中复苏，以及得益于宽松的货币环境，美国私募股权行业在2003—2007年迎来了“黄金时代”。KKR的收购活动在此期间再次提速，2007年以超过440亿美元对得克萨斯州电力公司TXU Energy的收购，超越了其上一次收购雷诺兹—纳贝斯克时创下的纪录，成为当今史上最大的一笔杠杆收购交易。不过TXU Energy于2014年申请破产保护，因此对于KKR来说并不是一次成功的投资（见图2-9-1）。

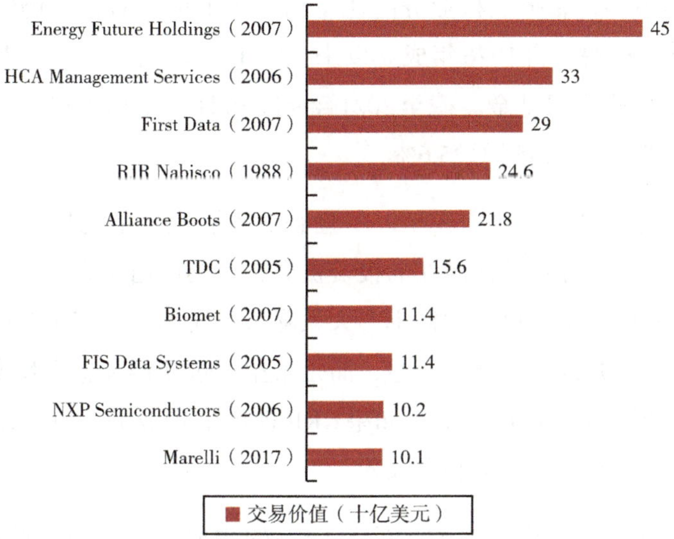

图2-9-1　KKR最大的10笔杠杆收购（截至2022年1月）

资料来源：PitchBook；海投全球绘制

转型——像实业家一样行动和思考

在1976年至1986年，KKR首批5只收购基金的投资回报可以达到4~17倍。但2002年以后，没有一只基金的投资回报能超过所投资金的2.4倍。背后的主要原因之一是行业竞争的加剧。到2019年，市场上已经有数百家私募股权公司，在此之前的5年时间里，有3.7万亿美元的资金流入了私募股权基金。

随着竞争变得越发激烈，转型成了必然的选择。

2004年以前，KKR是一家基于合伙制的私募股权公司，业务种类高度集中于杠杆收购。如今，除了私募股权，KKR的业务领域还涉及信贷、对冲基金，和资本市场业务等。截至2021年9月30日，KKR的资产规模已达4 590亿美元。

到2016年，私募股权业务的比重已降至40%左右，但仍然是KKR的重要业务板块。自1976年成立以来，KKR一共成立了40只基金，其中23只是私募股权基金。截至2021年9月30日，私募股权业务自成立以来的内部收益率达到了25.6%。

业务模式单一的缺陷在于，一旦企业没有出售的意愿，交易便会化为泡影，即使存在其他潜在的投资机会，也会白白失去。但涉足其他业务领域之后，错失机会的概率会大大降低。比如，一家企业可能面临破产风险，但并没有出售的意愿，而是希望通过获得紧急贷款来想方设法渡过难关。在这种情况下，如果KKR提供信贷业务，就可以向企业伸出援手，同时赚取一笔利息收入。

在转型的过程中，收购仍然是KKR的主要业务，但与此前相比，KKR变得更像是一个“问题解决者”，帮助投资组合中的企业解决问题成为“优先事项”。为此，KKR扩大了内部咨询部门（KKR Capstone），为企业提供增长计划和成本节约等方面的专业咨询服务。为了帮助企业及时捕捉风险，KKR还设置了专业团队，专门研究全球宏观经济、颠覆性科技和政治变革等课题。

低价买入—重组—高价卖出通常是私募股权投资常用的逻辑。但在从事了多年的杠杆收购交易后，克拉维斯表示，除了低买高卖，收购更重要的意义还在于帮助被收购企业解决问题。为了改善企业的状况，他要求自己和KKR像实业家一样思考和行动，并且把自己看作是企业管理层的合作伙伴。

2010年，KKR任命皮特·斯塔夫罗斯担任KKR产业收购部门的负责人。斯塔夫罗斯主张为包括生产线上的小时工、卡车司机和其他非管理人员分发股权，因为这样有助于提高企业生产率和盈利能力。这一做法得到了KKR外部投资者的认可。

例如，在2005年，KKR曾以66亿美元收购玩具及婴幼儿用品零售商玩具反斗城（Toys “R” Us）。后者在2017年申请破产，并于2018年关闭了在美国的门店。对此KKR做出的反应是，和其他投资人成立了一只2 000万美元的基金，为因公司倒闭而失业的员工提供离职补偿金。

KKR最大的外部股东之一、对冲基金ValucAct Capital的首席执行官梅森·莫菲特称，“客户通常喜欢投资那些在他们看来为世界做了好事的公司，而不是那些正在破坏地球或劳动力的公司。”

除了更加强调“实业家精神”，KKR的转型还体现在收入来源变得更加多元化。2004年以前，业务单一的KKR收入来源也相对单一，且缺乏能够产生固定收益的业务。在涉足信贷业务以后，信贷管理和交易费用成了KKR的重要收入来源。到2019年，KKR信贷业务的资产规模达到了660亿美元，这使得KKR能够相对从容地应对一些突发性流动性危机。例如，当2018年另类债务和抵押贷款债券（CLO）出现亏损时，KKR启用了约4亿美元的佣金收入。

佣金收入的增加也得益于KKR成立了承销部门。2018年，KKR的承销部门为投资组合公司承销了204笔债务和股票发行，产生了6.31亿美元的佣金收入。同年，KKR总体的佣金收入增长了19%，达到18亿美元。

KKR最大的变革是企业结构的变化。很多年前，罗伯茨在乘坐飞机返回加利福尼亚州的旅途中忽然意识到，如果KKR能够永久性地持有手中的投资，那KKR的市值有一天可能会超过伯克希尔·哈撒韦。为了实现这一目标，KKR决定转变为一家上市企业。

2006年，KKR旗下子公司——KKR Private Equity Investors（KPE），通过在阿姆斯特丹上市筹集了50亿美元的永久性资本。但金融危机期间，KPE的股价从25美元暴跌至2美元之下。克拉维斯和罗伯茨认为，当时KKR的很多交易都被严重低估。于是两位合伙人决定将KKR的核心业务并入KPE，使新的实体能够在纽约证券交易所上市。

KKR最终于当地时间2010年7月15日在纽交所亮相，尽管此前上市计划多次被推迟。在纽交所上市后，随着资产价格不断回升，KKR的永久资本到2019年已扩大至140亿美元。利用在公开市场募集的资金，KKR继续在基础设施、房地产、医疗和科技等领域扩张版图。

上市对于KKR来说是一个重要分水岭，标志着KKR从一家高度依赖个人决策的合伙制企业，成为一家具有法人资格的企业。

随着业务规模不断扩大，企业结构变得更加复杂，如何保持实业家精神是上市后的KKR面临的一大挑战。20世纪80年代，大部分决策都由三位创始人直接做出。到2019年，在KKR上千名员工中，有2/3从事着与投资毫不相关的工作，这在一定程度上会影响决策的效率。

此外，KKR在上市以后还经历了高管们的离职，包括亚洲地区的两位重要投资人，以及美国收购业务的负责人。尽管上市后面临种种挑战，但KKR的扩张步伐并没有放缓。早在1998年，KKR就开始了在欧洲的扩张，目前在全球五大洲16个国家的21个城市设有办事处。在所有地区中，KKR尤其看好亚洲的投资机会。

布局亚洲

KKR于2005年开始布局亚太地区，该地区的资产规模已经超过了300亿美元，涵盖私募股权、基础设施、房地产和信贷等多个领域。

2021年4月5日，KKR宣布第四只亚洲基金（KKR Asian Fund Ⅳ）完成150亿美元的募资。这只基金是专注于亚太地区的最大私募股权基金之一，规模远超KKR的前两只亚洲基金[①]。这凸显出近年来KKR对于

① 第三只基金于2017年关闭，募资规模93亿美元；第二只基金于2013年关闭，募资规模60亿美元。

亚太地区的兴趣有增无减。这只基金的投资重点包括与消费和城市化趋势相关的领域，以及企业分拆与合并等业务。在此之前的1月，KKR关闭了两只分别专注于亚太地区基础设施和房地产领域的基金，规模分别为39亿美元和17亿美元。

在扩张海外业务的过程中，KKR也始终秉持实业家精神，致力于在那些能够为当地企业和社会解决问题的领域寻找投资机会。对于亚太基础设施领域的布局就体现了这一理念。

2021年4月KKR曾表示，未来几年，亚太地区对全球经济增长的贡献将超过50%，基础设施升级资金缺口每年高达9 000亿美元。大量的资金需求加上当地政府的支持性政策，使KKR看到了既能帮助当地社会解决问题，又具备巨大回报潜力的投资机会。

KKR是全球最活跃的基础设施投资者之一，自2008年实施全球基础设施投资战略以来，已在全球部署了约40个基础设施投资项目，价值超过240亿美元。KKR在亚太地区的基础设施投资标的包括印度可再生能源公司Virescent Infrastructure、菲律宾电信基础设施提供商Pinnacle Towers，以及韩国环境服务提供商Eco Solutions Group等，并计划继续探索该区域基础设施领域的更多投资机会。

亚太地区经济的加速线上化也为KKR在该地区的扩张提供了更多机遇。新冠疫情暴发后，KKR在亚洲地区的投资规模达到了70亿美元。针对亚洲不同国家和地区独特的经济特征，KKR的侧重点有所不同。在寻找与消费升级相关的投资项目时，KKR将目光锁定在中国、东南亚和印度等新兴市场。在诸如日本、韩国和澳大利亚等发达市场，KKR则注意到，企业治理改革和对股权回报率的追求正在推动该地区大型企业集团上演分拆热潮。

KKR亚太私募股权投资组合包含来自11个国家和地区的约60家公司，其中几笔重大交易包括2018年领投字节跳动30亿美元融资，以及

2020年对印度电信巨头Reliance Jio进行的15亿美元投资。

KKR亚太区私募股权业务联席负责人平野宏将该地区的私募股权投资机遇称为“现象级”。每个市场都具有独特的优势和潜力，KKR认为亚太地区独特的优势在于一系列能够支持该地区发展的长期基本面因素，包括不断升级的消费需求、快速扩大的中产阶级队伍、不断提升的城市化水平，以及颠覆性技术的发展。

退居二线　拥抱创新

2021年，克拉维斯已经77岁高龄，距离创立KKR过去了45年。在帮助KKR转型成功之后，已步入晚年的他也迎来了人生的转折之年。

2021年10月11日，KKR正式宣布克拉维斯与78岁的罗伯茨卸任联席首席执行官的职务，由45岁的乔·贝和44岁的斯科特·纳托尔担任新的掌门人。贝和纳托尔于1996年加入KKR。早在2017年，二人就已被指定为克拉维斯和罗伯茨的接班人。长期以来，贝一直负责KKR在亚洲的扩张，而纳托尔则主要负责KKR的资本市场业务，包括KKR的上市。

卸任以后，克拉维斯与罗伯茨仍然保持着KKR执行主席的身份。尽管对KKR业务的参与越来越少，但克拉维斯依然活跃在投资领域。

长期以来，克拉维斯一直十分看好科技创新蕴含的巨大潜力，并试图依靠资本的力量走在时代最前沿。过去十年，他将大量个人财富投资给了年轻、快速增长型企业，并逐渐建立起了他个人的投资组合。这个投资组合以科技创新型初创企业为主，已经至少涵盖25家企业，涉及的领域包括从数字资产到食品和外卖应用软件等各个方面。

这个投资组合还在不断扩大。在2021年末的几个月里，克拉维斯向初创企业投资了数百万美元，包括线上押注平台Kalshi、在线培训平台Ethena、加密资产投资基金ParaFi Capital等。2020年，他还投资了加密货币指数基金管理公司Bitwise Asset Management，以及英国在线订餐初创公司Leslie。

为了更好地管理投资组合，克拉维斯还聘请了32岁的风险投资人杰德·伦兹纳。伦兹纳是纽约风投公司Tusk Venture Partners的副总裁，对人工智能领域的投资颇为了解。与KKR动辄数十亿美元的交易相比，克拉维斯用个人财富进行的风险投资相形见绌。但无论这些早期投资最终能否成功，人们都可以从他的布局中看出这位华尔街顶级投资人对于当下趋势的思考，以及他的投资理念对于KKR投资战略的影响。

多年来，在克拉维斯的带领下，KKR一直通过旗下的下一代科技基金（Next Generation Technology Fund，NGT）大举布局科技创新和颠覆领域。2020年初，第二只NGT基金完成22亿美元募资，专注于寻找北美、欧洲和以色列最具成长潜力的科技公司。这只基金的规模远大于2016年关闭的第一只NGT基金（7.11亿美元）。2014年至2019年，KKR对科技成长型企业的投资规模超过了27亿美元。

对于竞争越发激烈的科创行业来说，行业洗牌是不可避免的，这也意味着投资失败的风险不可避免。但除了投资回报，克拉维斯看重的还有这些企业所做的事情，以及他手中的资本如何帮助企业推动行业变革。

正如他在2016年的一次采访中所说，同一个行业不可能同时存在4家估值差不多的竞争对手，因为最终只有一家或两家公司能够生存下来。不过这些公司所做的事情，以及他们对颠覆的看法是惊人的，并且将在很长一段时间内发挥作用。

第10章

大卫·鲁宾斯坦：打造“总统俱乐部”的关系大师

1987年，凯雷（Carlyle Group）作为一家精品投行成立于美国华盛顿，由五位兼具金融和政府背景的创始人——威廉·康威（William Conway）、丹尼尔·阿涅洛（Daniel Aniello）、大卫·鲁宾斯坦（David Rubenstein）、格雷格·罗森鲍姆（Greg Rosenbaum）和斯蒂芬·诺里斯（Stephen Norris）共同创立。创始团队中的罗森鲍姆在公司成立第一年离开，诺里斯在1995年离开，其余三位创始人至今仍活跃在凯雷内部。

在美国私募界，凯雷集团与黑石、KKR齐名。根据PEI 300指数，凯雷在2010—2015年成为世界最大的私募股权公司，但在2020年下滑到第二位。截至2021年12月，该公司在六大洲的26个办事处拥有近1 850名员工。凯雷集团2022财年第二季度财报显示，截至2022年6月30日，凯雷资产管理规模达3 760亿美元，较2021财年第四季度的3 010亿美元增长25%。

凯雷之名来源于纽约市的凯雷酒店（Carlyle Hotel），诺里斯和鲁宾斯坦曾在此探讨成立公司。得益于创始团队浓厚的政治背景，凯雷从早期就积攒了较深的政治资源。

鲁宾斯坦曾任美国第39任总统吉米·卡特的顾问，诺里斯和阿涅洛出身于万豪公司，康威则是电信巨头MCI的财务主管。受此影响，美国前总统老布什、英国前首相梅杰、菲律宾前总统菲德尔·拉莫斯、SEC前主席阿瑟·列维特、金融大鳄乔治·索罗斯甚至本·拉登家族成员都曾在凯雷挂职，因此凯雷也被外界称为“总统俱乐部”，给投资者的年均回报率高达35%。

35年时间里，鲁宾斯坦与其他两位创始人带领凯雷成为华尔街私募股权行业的翘楚，为美国和国际机构投资者管理着上千亿美元资产。在生活中，鲁宾斯坦被媒体塑造为一位生活方式简单、心胸豁达的亿万富翁，他加入了沃伦·巴菲特和比尔·盖茨于2010年共同发起的“捐赠誓言（The Giving Pledge）”计划，承诺将自己一半以上的财富捐赠给慈善事业。

穷小子的美国梦

1949年鲁宾斯坦在美国马里兰州巴尔的摩的一个犹太家庭中出生，他的父亲是一名邮局员工，母亲是家庭主妇。一家三口住在巴尔的摩犹太社区的联排别墅里，日常开支全靠父亲每年约7 000美元的工资。当时巴尔的摩还存在着严重的种族隔离现象，犹太人全部集中在城西北。鲁宾斯坦在回忆中表示，自己13岁时才知道世界上不全都是犹太人。

出身底层的鲁宾斯坦从小就形成了谦逊的性格，他在学校学习刻苦。为了贴补家用，暑假期间他经常挨家挨户地推销杂志，并跟随父亲在邮局打零工。鲁宾斯坦相信天道酬勤，只要努力就能取得成功。

鲁宾斯坦12岁时在电视上观看了约翰·肯尼迪（John Fitzgerald Kennedy）总统的就职演讲，肯尼迪在演讲中发表名言，“不要问你的国家能为你做些什么，而要问你能为国家做些什么”，这句话引起幼年鲁宾斯坦的极大触动，从此他立志进入政府担任公职，此前他的母亲一直希望他成为一名牙医。对鲁宾斯坦成长轨迹产生影响的另一个重要因素，来自当地一个名为“枪骑兵”（Lancers）的俱乐部。在当地法官的组织下，枪骑兵将全市各地的年轻人聚集在一起参与体育比赛，现在观看杰出领袖的演讲，并讲授法律知识，枪骑兵的活动让鲁宾斯坦学会跳出狭隘的生活去思考世界。

天资聪慧的鲁宾斯坦在初中时完成跳级，他14岁进入巴尔的摩城市学院预科高中，16岁毕业。该学院成立于1839年，建校历史排在全美第三。由于家庭收入微薄，鲁宾斯坦在申请大学时不得不依靠奖学金，当时法律学位的学费约为2 000美元。他向多所学校申请经济援助，最终被芝加哥大学法学院录取。

1973年鲁宾斯坦大学毕业后进入纽约知名跨国律所——保罗·魏斯·里夫金德·沃顿·加里森律师事务所（Paul，Weiss，Rifkind，Wharton & Garrison LLP），但他仍抱有强烈的参政意愿。

据他回忆，毕业后的第一份工作带给自己很大收获，这家律所的许多律师如泰德·索伦森（Ted Sorensen）等都是学生时代一直崇拜的对象。泰德·索伦森曾担任肯尼迪的首席演讲稿撰稿人和顾问。“我当时是一名非常年轻的助理，而他是一名非常资深的合伙人，在他身上我学到很多。”

在律所工作两年后，鲁宾斯坦开始重新思考自己的职业道路，他自认为没有成为政治候选人的实力，所以决定像索伦森一样进入政治集团做幕僚。1975年鲁宾斯坦移居华盛顿，时年25岁的他成为美国参议院司法委员会宪法修正案小组委员会的首席顾问。该委员会主席由参议员伯奇·贝赫担任，当时他正在筹备1976年民主党候选人竞选，但在见证了初选的结果后失望退出。

在贝赫放弃竞选后，鲁宾斯坦加入了吉米·卡特的竞选团队。在选举期间，他与竞选顾问斯图尔特·埃森斯塔特一起协作制定国内政策，二人建立了密切的关系。最终卡特在大选中胜出，在其1977—1981年的任期内，27岁的鲁宾斯坦被任命为国内政策副顾问。

转型投资人

随着1981年吉米·卡特的连任失败，鲁宾斯坦的仕途也戛然而止。在经历了6个月的迷茫之后，最终回到律师行业。鲁宾斯坦加入华盛顿一家名为肖·皮特曼·波茨&特罗布里奇（Shaw，Pittman，Potts & Trowbridge）的律师事务所担任高管，并在六年后成为合伙人。

此时鲁宾斯坦发现自己对法律行业的热情已经消耗殆尽，在一期媒体采访中他曾打趣道："当我对客户和其他合伙人提出辞职时，没有任何一个人说要挽留我，那时我才意识到自己可能不是一名合格的律师。"

在律所任期内，鲁宾斯坦偶然在报纸上读到一篇关于美国前财政部长威廉·西蒙的报道。1982年西蒙在政府任期结束后，用自己的100万美元积蓄和高达7 900万美元的债务收购了吉布森贺卡公司[①]，并在担任公司董事时优化其运营结构，交易后仅18个月，吉布森就通过2.9亿美元的IPO套现，当时股价升至27.50美元。这是鲁宾斯坦第一次听说杠杆收购。

创立投资公司的想法在鲁宾斯坦的心中萌芽，最初他计划加入一个金融创业团队，以合伙人的身份为其担任法律顾问，但身边有创业想法的人寥寥无几。于是在1987年，鲁宾斯坦和史蒂芬·诺里斯决定成立一家自己的私募股权公司，踏上投资人的道路，凯雷就此诞生。

作为凯雷与政界最重要的联系纽带，大卫·鲁宾斯坦通过关系为

---

① 1895年创立的美国第三大贺卡制造商，仅次于Hallmark Cards和American Greetings。

凯雷募集了第一批投资人。成立之初凯雷获得来自投行T. Rowe Price、Alex. Brown & Sons、第一州际证券公司和理查德·金·梅隆基金会的500万美元，其中300万美元用于实际投资，其余用作运营费用。

回顾凯雷的发展轨迹，鲁宾斯坦毫不避讳地在媒体面前透露，“把有钱的人和有权的人聚到一起，有权人能得到钱，有钱人能得到权。”

早期凯雷便深刻践行这一准则，在鲁宾斯坦的操作下，凯雷在国防领域的一系列交易中赚到第一桶金，并从此发迹。政治资源充裕的鲁宾斯坦瞄准了美国国防预算这个大蛋糕，并做了影响凯雷命运的一次决定。在鲁宾斯坦的拉拢下，美国前国防部长弗兰克·卡路西（Frank Carlucci）[①]进入凯雷。从此凯雷开始介入大宗军火生意，弗兰克帮助凯雷拿到了200亿美元的军火合同，迅速完成原始积累。

1989年，成立仅两年的凯雷成为美国第11大军火商。时任国务卿的詹姆斯·贝克（James Addison Baker Ⅲ）担任凯雷高级顾问并成为其大股东之一，前白宫预算主任理查德·达尔曼（Richard Darman）也曾担任顾问。作为布什家族的财富工具，凯雷的崛起也成为布什家族发展为世界巨富的标志。

20世纪90年代凯雷在国防领域完成一系列交易。1992年，凯雷以近6 000万美元完成了对军用电子系统生产商——通用动力公司（General Dynamics Corporation）电子部门的收购，并更名为GDE Systems。1994年10月，凯雷将该业务以9 800万美元出售给了Tracor[②]，两年内回报超63%。1993年，凯雷从荷兰电子巨头飞利浦集团手中收购了Magnavox军事通信部门，并在两年后以3.7亿美元的价格出售给休斯

① 1987—1989年担任罗纳德·里根政府国防部长，此前曾任吉米·卡特政府中央情报局副局长。

② 北美国防电子承销商，1998年被通用电子的子公司Marconi Electronic Systems收购。

飞机公司（Hughes Aircraft Company）[①]。

这一阶段凯雷在国防工业最大的一笔收购发生在1997年，凯雷举高杠杆以8.5亿美元收购了美国联合国防工业公司（United Defense）。2001年12月，凯雷在纽约证券交易所将该公司上市筹集了4亿美元。禁售期结束后，凯雷陆续清空该公司股票，并于2004年4月全部出售完毕。

尽管独特的政府背景在业务上给予凯雷诸多便利，但在私募股权的募资活动中，凯雷仍然表现得不温不火，1990年凯雷募集的第一只基金规模为1亿美元，远低于鲁宾斯坦的预期。面对这一难题，20世纪90年代中期，鲁宾斯坦请来乔治·索罗斯担任凯雷的有限责任合伙人，索罗斯的影响力为凯雷打通募资通道，1996年凯雷的第二只基金Carlyle Partners Ⅱ规模直接达到了13亿美元。

21世纪初，凯雷已在国防领域赚得盆满钵满，市值也飙升至130亿美元，投资人回报高达36%。鲁宾斯坦为凯雷打造的政商网络效应显著，虽然此后凯雷逐渐退出了国防与军事领域，但这些资源仍为凯雷持续带来强大影响力，并延续至今。

权钱模式的有效复制

2000年鲁宾斯坦聘请已经卸任的老布什担任凯雷亚洲顾问委员会主席，凭借自己的政治关系，老布什亲自前往韩国，帮助凯雷联合摩根大通以4.3亿美元的价格收购了韩国第七大商业银行韩美银行。2004年凯雷转手以27亿美元的高价把韩美银行卖给了花旗集团。

---

① 1932年由霍华德·休斯创立，美国空军主要导弹AIM-4、AIM-120的供应商之一，20世纪80年代被并购拆分。

为打开欧洲市场，鲁宾斯坦同样聘请了英国前首相约翰·梅杰为凯雷欧洲公司主席。梅杰游走欧洲，使法国里昂信贷银行、世界银行养老基金、美国国际集团共同投资，在欧洲设立了第一个由凯雷管理的基金，规模达11亿美元。

此后菲律宾前总统、泰国前总理、德意志银行前行长等高官；IBM、雀巢、波音、宝马、东芝等世界行业巨头的董事长、总裁们，都在凯雷拥有了各种职位。与KKR、黑石相比，年轻的凯雷通过一种独特的商业模式，编织出了一张覆盖全世界的金钱权力网，凯雷的投资范围也逐渐扩大至能源、消费、医疗、科技、电信与媒体等行业。

2000年凯雷募集了第三只私募股权基金，规模为39亿美元。在互联网泡沫破裂之后，美国杠杆收购业务受到打击，借贷成本走高，这一衰退持续至2002年底。凯雷坐拥大量资金蓄势待发，以一笔大额交易强势回归。

凯雷联合威尔士·卡森[①]于2002年底和2003年以两笔总价75亿美元的交易完成对美国电信巨头QwestDex的收购。2002年11月，凯雷以27.5亿美元收购Dex Media在美国东部的资产，2003年又以43亿美元收购Dex Media的西部资产。这笔交易成为1989年以来美国第三大收购交易，得益于过往的良好业绩，凯雷共从摩根大通、美国银行、德意志银行、雷曼兄弟和美联银行获得债务融资共23.73亿美元，标志着资金成本的放宽以及私募股权行业的复苏。

私募股权的合纵连横

2005年3月当凯雷集团结束两只新基金的募集时，资金规模达100

① Welsh，Carson，Anderson & Stowe（WCAS），1979年成立的私募股权公司，专注技术与医疗领域。

亿美元，凯雷的梦幻董事会和业绩为其募资提供了保障。鲁宾斯坦在2006年初的一次演讲中表示："当人们回首这个时期将不得不承认，这确实是私募股权的黄金时代，因为资金都是准备好的。"

同一时期，美国私募股权行业逐渐由单打独斗转向合作竞争，行业巨头联手达成的交易越来越多。2005年，贝恩资本、凯雷集团和托马斯-李以24亿美元收购了甜甜圈和冰激凌连锁店邓肯甜甜圈（Dunkin'Donuts）和美国31冰激凌（Baskin-Robbins）；同年，凯雷、克莱顿-杜比利埃-赖斯公司[①]和美林证券以150亿美元[②]收购了福特汽车旗下的汽车租赁公司赫兹公司（The Hertz Corporation）。

2011年凯雷将邓肯甜甜圈和美国31冰激凌上市，首发价19美元，收盘价27.85美元，市值升至35亿美元，筹得4.228亿美元用于偿还债务，当时凯雷持有该公司26.1%的控股权。2020年，该公司以113亿美元的价格被美国餐饮集团Inspire Brands私有化。

2006年5月，凯雷联合瑞通和高盛私募部门完成对金德·摩根公司价值275亿美元的收购，成为当时的第二大收购交易。

同一时期，由于"黑天鹅"事件的出现，凯雷的杠杆收购业务遭遇滑铁卢，几笔失败的大型交易让凯雷损失惨重，声誉也受到影响。夏威夷电信通信公司是夏威夷当地主要的电信公司，在2005年被凯雷集团收购后出现了严重的经营问题，最终于2008年12月申请破产，凯雷损失了投入该公司的4.25亿美元。

2006年，凯雷受黑石邀约以176亿美元从KKR手下抢得飞思卡尔半导体公司的收购权，其他参与者还包括珀米拉和得克萨斯太平洋集团。据媒体报道，4家私募股权在这笔交易中共付出了价值70亿美元的

---

① Clayton，Dubilier & Rice，CD & R，1978年成立，资管规模超300亿美元，CD&R近一半的投资涉及企业资产剥离。

② 包括23亿美元现金，27亿美元贷款并承担100亿美元的债务。

股权，每家17.5亿美元。但在该交易完成后不久，飞思卡尔的前母公司和主要客户摩托罗拉的手机销量开始急剧下降。在2008年至2009年的经济危机中，飞思卡尔对汽车制造商的芯片收入也大幅下降，公司面临巨大的财务压力。

2011年5月黑石将飞思卡尔上市，受困于沉重的债务负担，飞思卡尔股价仅18美元，正好是收购价格的一半，凯雷只能将上市融得的7.5亿美元中的一部分用于还债，并继续持有股份。直到2015年恩智浦半导体（NXP Semiconductors）承诺以118亿美元（包括债务共167亿美元）收购飞思卡尔，以私募股权公司持有飞思卡尔65%的股权计算，各自回报仅19亿美元。凯雷在这笔周期长达9年的交易中回报趋近于0。

除了杠杆收购，凯雷在其他业务的拓展上也遭到阻碍。2009年凯雷在阿姆斯特丹交易所筹集了9亿美元的房地产抵押债券投资基金，并用这笔资金杠杆交易融得220亿美元资金。但受金融危机影响，出资方要求凯雷追加保证金并冻结了这一交易的所有资产，这一投资计划彻底泡汤。2006年8月凯雷集团成立了凯雷资产管理有限公司（Carlyle Capital Corporation）专门用于投资次级贷款，由于危机爆发，凯雷资管无法支付166亿美元的次级贷款，该公司于2008年3月宣告破产清算。

缓慢的业务扩张，失败的权力交接

2011年凯雷领导了对荷兰母基金Alp Invest的收购，用于投资私募股权公司。当时Alp Invest管理的资产总额为460亿欧元，其中包括323亿欧元的私募股权资产，荷兰养老基金管理公司APG和PGGM是其最大的两家LP，作为交易承诺，他们保证在未来4年里会对Alp追加投资100亿欧元。借此机会，凯雷集团的资管规模达到1 500亿美元。

同年，凯雷完成的另外两笔重要交易包括收购香港数字影院GDC以及法国宽带通信集团Sagemcom。Sagemcom在全球拥有6 000多名员工，2010年的销售额为14亿欧元。得益于早期的持续回报，这一年凯雷向投资人返还了创纪录的188亿美元现金，可分配收益同比增长了152%。

随着黑石、KKR等私募股权巨头纷纷上市，凯雷也于2012年5月正式登陆纳斯达克。凯雷在IPO中以每股22美元的价格发售了3 050万股普通股，占比10%，共筹得6.71亿美元。鲁宾斯坦参与筹备了凯雷漫长的IPO之旅，在2011年9月向SEC提交招股书后，由于市场持续波动进度缓慢，直至2012年4月才正式发布上市计划。

IPO前鲁宾斯坦帮助凯雷采取各项措施吸引潜在投资者，向其告知该公司与目前正处于艰难窘境的竞争对手并不相同，并在上市的最后时刻下调IPO发行价区间，以避免破发。正如管理层所预测，当日收盘凯雷股价仅略高于首发价，收于每股22.05美元。

相比于KKR、黑石等老牌竞争对手，凯雷股价处于落后。但上市之后的凯雷资管规模在另类投资行业中一直名列前三甲。在PEI 300指数中，凯雷分在2007年、2008年、2014年和2015年力压高盛、TPG、贝恩资本等其他对手，成为全球最大的私募股权公司。但在2015年之后，凯雷的扩张速度被黑石等竞争者超越。

鲁宾斯坦曾在一则采访中谈及对私募股权行业的看法，他表示在凯雷创立之初，“私募股权”这一名词还没有普及，凯雷通常被称为杠杆收购公司，后来这一名词通常被认为怀有恶意，为与收购标的顺利达成交易，这些公司才被广泛称为私募股权。随着时代的发展，美国的私募股权实际上囊括了所有类型的私募市场交易，包括收购、风险投资、成长型投资，甚至一些房地产、不良债务等。

作为一家全球性的投资公司，凯雷也在不断拓展自己的业务范围，包括房地产基金，对冲基金和信贷业务，但其中有些没有达到预期。

2012年凯雷买下Vermillion Asset Management 55%的股份，Vermillion是一家于2005年创立的专注于大宗商品投资的对冲基金。此后，凯雷又将持股比例提高到85%。但仅三年后Vermillion的大宗商品对冲基金就从20亿美元资产缩减至不到5 000万美元。因此，凯雷还遭遇诉讼官司，两位创始人也在2015年6月离开凯雷，凯雷此后关闭了所有对冲基金业务。

自1997年开始凯雷就募集了自己的第一只房地产基金，规模47亿美元，用于欧洲、亚洲、北美的房地产投资。此后凯雷陆续筹集了8只地产基金，2021年12月，凯雷的第九只地产基金以80亿美元规模结束募资。凯雷官网数据显示，2021年凯雷地产基金的资产管理规模为180多亿美元，而黑石这一数据为3 200亿美元。

缓慢的业务拓展计划成为凯雷落后于顶级竞争对手的主要原因，同时该集团的权力交接也出现问题。2017年，68岁的鲁宾斯坦、威廉·康威和71岁的丹尼尔·阿涅洛三位辞去公司日常领导职务，但将继续担任董事会执行主席，他们任命李揆晟（Kewsong Lee）与格伦·扬金（Glenn Youngkin）共同担任首席执行官。

据媒体报道，李揆晟在加入凯雷后，经常涉及派系斗争，同时试图为高层补充新鲜血液。2020年李揆晟与格伦·扬金产生分歧，李揆晟成为凯雷的唯一首席执行官。李揆晟于2013年从华平跳槽至凯雷，他认为凯雷需要大刀阔斧地改革以追上昔日的竞争对手。在李任期内，凯雷不断增加信贷业务比重，开拓保险业务，持续重组业务团队架构。在他的带领下，凯雷的信贷业务从2021年的22%增长至2022年的38%。这些理念与凯雷创始人团队的经营理念出现较大分歧，后者依然希望凯雷专注私募股权业务，实现业务增长。同时，创始人们对凯雷多年来落后于黑石、KKR的股价不满。

双方矛盾不断激化，直到2022年6月斯坦福大学举办的一次晚宴上，李揆晟在十多位同事面前，对凯雷的发展方向以及第一代领导团体发出批判。李在发言中表示，由于创始人们过于谨慎，凯雷业绩有所下滑，失去了私募股权行业的领导地位。这次演讲的两个月后，李揆晟离开了凯雷。

截至2022年第二季度，凯雷3 760亿美元的资管规模依旧增势迅猛，较第一季度增加25%，旗下拥有120只基金和133只母基金，其中三大核心业务——全球私募股权、全球信贷和全球投资解决方案分别占比44%、38%和18%。黑石资管规模从2017年底的4 341亿美元增长至2022年第二季度的9 408亿美元；凯雷资管规模从2017年底的1 950亿美元增长至2022年第二季度的3 760亿美元，被黑石落出一个身位。

与昔日对手相比，凯雷已难以望其项背。在2022年PEI 300排名中，凯雷跌落至第六位，前五名分别为KKR、黑石、EQT、CVC和Thoma Bravo。

凯雷在中国

对于凯雷的全球性扩张，鲁宾斯坦曾表示“每次旅程都始于小小的一步”。凯雷是最早进入中国的全球性私募股权投资公司之一，自2000年开始一直活跃于中国市场。2004年4月，凯雷在上海开设首个中国办事处。

2000年11月，凯雷以直接投资的方式以800万美元获得携程30%的股份，此前携程刚刚收购了国内最大的宾馆预订公司现代运通和北京最大的散客票务公司——北京海岸航空服务公司，初步建立起酒店预订和票务业务。仅1年后，携程宣布盈利，2002年携程全年营收超1.5亿美元。2003年12月携程在纳斯达克上市，首发价18美元，收盘价为34美元，遗憾的是凯雷在回报为3~4倍时选择退出，错过了超14倍的超额回报。

2005年10月凯雷集团击退卡特比勒、美国国际投资集团、摩根大通等国际知名机构和企业，以3.72亿美元购入徐州工程集团85%的股权。2005年12月，凯雷集团联合中国太平洋保险集团以4.09亿美元购入太保人寿24.975%的股权。这两个月内凯雷在中国投入近7.8亿美元，而当时其在亚太地区三只基金的总规模不过10.5亿美元。

在一系列的成功之后，凯雷加大了在中国的投资力度。参与蚂蚁集团、字节跳动、阅文集团、房天下、火花思维、特步、完美日记、怪兽充电、麦当劳等中国知名企业的投资，在消费与互联网红利中取得回报。

2022年5月，媒体报道凯雷正在为最新一只亚洲收购基金筹集85亿美元，这是该基金有史以来的最大规模。鲁宾斯坦同样在2022年的世界经济论坛年会中表达了凯雷继续投资中国的意愿，面对中美的竞争与合作关系，凯雷对中国的信心丝毫没有减弱。

鲁宾斯坦的投资哲学

在2022年福布斯富豪排行榜上，鲁宾斯坦以33亿美元的净资产排名世界第859位。2021年鲁宾斯坦在与前携程创始人，红杉中国CEO沈南鹏的对话中谈到自己30余年投资生涯中最大的三个错误：一是在Facebook刚创立时拒绝了马克·扎克伯格的融资需求；二是在亚马逊IPO之后过早卖出其股票；三是虽然早早投资携程，但却没有邀请沈南鹏负责凯雷的风险投资业务。

对于凯雷成功的秘诀，鲁宾斯坦坦言：首先，要学会利用好身边的环境；其次，同时运作多只不同的基金，将组合全球化；最后，凯雷创始集团内部在工作时绝对信任，从不会想着如何去削弱对方。鲁宾斯坦表示：“我们一起共事了近40年，各自聚焦自己最擅长的领域，在需要时给予其他人帮助，这是我们做事的方式。”

同时，鲁宾斯坦也强调了做投资时靠心与直觉的重要性，“一份500页的投资报告不代表一个好的投资决策，如果一个人只会读投资报告，就不会成为一个成功的投资人。预测未来的能力并不来自于商学院里，更多靠的是经验和直觉。”最终成为商业领袖的人都有着不畏挫折，敢为人先，突破障碍的特质。

关于投资，鲁宾斯坦也在自己的著作《How To Invest》中总结了四点经验。第一，坚持长期投资，减少交易次数和成本实现复利；第二，优秀的投资者不会拘泥于过去的失败，而是迅速寻找下一个机会；第三，对于那些能为社会带来正向效应的企业，永远不要吝啬你的资金；第四，投资与贪婪无关，真正赚钱的投资者都曾经放弃过唾手可得的回报，信誉与品牌价值更为重要。

第11章

大卫·邦德曼：离经叛道的并购艺术家

美国时间2022年1月13日，成立近三十年的私募股权公司德州太平洋集团（Texas Pacific Group，TPG）在纳斯达克上市，管理规模超过1 090亿美元。根据福布斯的数据，公司上市后TPG掌门人大卫·邦德曼（David Bonderman）身家超过45亿美元，在福布斯富豪排行榜上排名第705位。

得益于创始人们的古怪秉性，TPG钟情于离经叛道，它所处的地理位置、风险偏好均体现了其与众不同的气质。成立近30年，TPG达成的交易超过640笔，有人将TPG比作感恩节晚宴上坐在身旁的一位传奇老兵——身上藏着丰富的经历，却永远猜不到他将如何开口。

与TPG的另一位创始人吉姆·库尔特（Jim Coulter）的激情洋溢相比，耄耋之年的邦德曼则对外显得更加沉稳和内敛，但他们有着基本的共同点，那就是独特的投资逻辑和嗅觉——在不可能之处挖掘潜在的收购交易，然后对企业进行拯救或彻底的改造。

伯乐相马

像巴菲特的合伙人查理·芒格一样，大卫·邦德曼职业生涯前期也是一位成功的律师。1942年邦德曼出生于洛杉矶的一个犹太家庭。1963年，他从华盛顿大学毕业后进入哈佛法学院进修。在哈佛学习期间，邦德曼曾前往埃及钻研伊斯兰法律，掌握了流利的阿拉伯语。回国后邦德曼搬到了新奥尔良，在杜兰大学教了一年法律，之后在美国司法部民权部门做了一年助理。1971年，他被全球知名的律师事务所阿诺德波特（Arnold & Porter）聘用，专职处理商业、证券、破产和反垄断诉讼。

在阿诺德波特，才华出众的邦德曼很快就被业界熟知。他处理了很多备受瞩目和有争议的案件，其中以1982年布拉尼夫（Braniff）国际航空公司复杂的破产重组案最为著名。在专业领域之外，邦德曼还热衷于历史遗迹的保护，为纽约中央火车站和华盛顿威拉德酒店遗址的保存提供过无偿的法律服务。如果不是这一"爱好"，邦德曼可能一辈子都会做个律师，这些公益案件对他的职业生涯产生了极大的影响。

20世纪80年代，德州沃斯堡的一个居民团体以破坏历史遗迹为由，对拟建中的一条高速公路向联邦政府发起了抗议。这一团体由石油大亨巴斯家族的罗伯特·巴斯领导，他在当时拥有数十亿美元的财富。邦德曼受雇帮巴斯打赢了官司，他的能力给后者留下了深刻的印象。作为巴斯家族四兄弟中的老三，在目睹大哥席德·巴斯在投资官理查德·雷恩沃特[①]的帮助下，将5 000万美元的遗产扩张到40亿美元之后，罗伯特·巴斯一直都想组建自己的投资团队。他想复刻席德的成功，但又不想接受其帮助。

1983年，罗伯特·巴斯正式邀请41岁的邦德曼担任投资总监，管理自己的家族资产。邦德曼欣然接受，在为老东家打赢最后一桩官司后，邦德曼收拾行装，搬到了沃思堡，主管杠杆收购公司——罗伯

① Richard Rainwater，1970—1986年担任巴斯家族的首席投资顾问。1986年与席德·巴斯联手成立了投资公司Bass Brothers Enterprises。

特·M.巴斯（Robert M. Bass）的投资事务，开启了自己的投资生涯。

刚进入投资界，邦德曼便展示出了超强的资本运作能力，1984年联邦政府解除对有线电视定价的管制后，巴斯集团开始进入有线电视市场。两年后，邦德曼完成了他在有线电视领域的第一笔交易，收购了Wometco有线电视公司。生涯第一笔投资，邦德曼就启用了超高的杠杆，这笔总价6.45亿美元的交易中，他仅投入6 200万美元。到20世纪90年代初，有线电视市场已如邦德曼所预料的那样成熟，巴斯集团的投资收益达6倍之多。

同一时期，邦德曼还进行了多笔成功的交易，1988年他以2.5亿美元收购了纽约广场酒店，仅7个月后该酒店以4.1亿美元的价格卖给了唐纳德·特朗普。同年，当时美国最大的储贷银行——美国储蓄银行破产被政府接管，邦德曼推动以4亿美元收购了这家银行，后将其与华盛顿互助银行合并，此案被称为美国20世纪80年代最著名的两大收购案之一。这桩并购案让邦德曼跻身一流投资家之列，同时还让其结识了TPG的另一位合伙人科尔特。等到1997年，巴斯集团投资价值已经增长到20亿美元。

20世纪90年代，邦德曼完成了另一笔震惊投资界的交易，以3.88亿美元收购美国再保险公司。该公司两年后就完成了IPO，巴斯集团因此获得了高达7倍的收益。

TPG的诞生

1993年，10年内第二次陷入破产泥潭的大陆航空公司（Continental Airlines）进入邦德曼的视野。这笔收购成为其职业生涯中最经典的案例之一，成为TPG成立的催化剂。除了自身严重的财务问题，大陆航空还卷入了旷日持久的劳资纠纷，再加上当时美国航空业过度竞争的局面，每当油价上涨，航空公司净利润都将遭到重创，这使得大多数投资者都对大陆航空敬而远之。邦德曼却不以为意，坚持推进交易，但遭到巴斯的强烈反对。对此，邦德曼以辞职作为回应，他确信这笔收购具有丰厚的收益潜力。

为了推进对大陆航空的收购，邦德曼创立了TPG的前身——Air Partners。为了竞标，邦德曼得到了前同事库尔特的帮助，两人很快筹集了6 600万美元，并在1993年4月获得大陆航空42%的控股权。邦德曼通过90亿美元的重组，将大陆航空从破产边缘拉了回来，挽救了公司的命运。措施包括引入新的管理团队、提高飞机上座率和开发利润丰厚的航线。最终，大陆航空的营收从1992年的-1.08亿美元飙升至1997年的7.16亿美元。

邦德曼一战成名，为未来的募资打下基础，更重要的是他成为大陆航空的救星。1998年，邦德曼将自己和投资者们的股份卖给了西北航空公司，这笔交易令他们获得了11倍的回报。在Air Partners成立后不久，邦德曼和库尔特都想建立一个更稳定的投资机构，TPG就这样诞生了。邦德曼在沃思堡设立了办公室，库尔特则在旧金山设立分部，这也是TPG（德州-太平洋）名字的由来。同年，曾在通用电气投资部任职的威廉·普莱斯（William S. Price Ⅲ）加入了TPG。

凭借邦德曼的声望，TPG第一只基金就募集了7.2亿美元，比预期多出2.2亿，他们对出资者承诺，这笔钱将被投入到“正在颠覆的新兴行业”中。

收购狂潮

1996—1999年，TPG完成了对十余家企业的收购，其中包括通信设备公司AT&T Paradyne、雀巢旗下的葡萄酒公司贝灵哲、意大利摩托车制造商杜卡提和当时美国第二大的罐头和果蔬分销商德尔蒙特（Del Monte Foods），交易金额分别为1.75亿美元、3.95亿美元、2.25亿美元和8亿美元。总体来看，TPG在90年代是非常成功的，他们的第一只基金回报率为440%，第二只（1997年）为200%，第三只（1999年）则达到了330%。

这一时期最具代表性的是邦德曼对服装巨头J Crew的收购，它是TPG历史上唯一重复收购过的企业。1997年，TPG举高杠杆以5.6亿美元（其中现金1.9亿美元）收购了J Crew 88%的股份。

虽然TPG很善于让企业起死回生，但零售服装行业对他们来说很难掌控。直到2003年从Gap挖来米拉德·德雷克斯勒①担任CEO之后，公司业绩才真正开始改善。德雷克斯勒提高了J Crew的价格和质量，并抵制大幅折扣，试图将J Crew从此前低价休闲的定位转向高档精品店。

2006年，TPG以每股20美元的价格将J Crew上市。2007年，该公司的营收达到13亿美元，与TPG收购时相比翻了一倍。同年，当时的美国第一夫人米歇尔·奥巴马在参加《今夜雷诺秀》时身着J Crew使其名声大噪，J Crew开始走高。锁定期一到，TPG就开始抛售股票。2007—2008年，他们以33~44美元的价格出售了J Crew的大部分股份，获得超过7倍的回报。

2008—2010年，受金融危机带来的长期影响，J Crew的定位不再符合消费者的需求，股票一路下跌。TPG故技重施，在2010年再次以43.5美元的价格将其买入，这一价格较当时公开市场的交易价格高出约30%。但这次并不像之前那样顺利，由于定位差异，J Crew的市场逐渐被Zara和H&M抢占，2020年2月，J Crew负债17亿美元，同年5月J Crew申请破产保护。

---

① Millard Drexler，1983年加入GAP并采取了一系列的革新措施，帮助其在20世纪90年代迅速崛起。

滑铁卢之战

步入21世纪，邦德曼和他的团队在2000年募集了40亿美元，大举进军消费、通信、能源等多种行业。收购标的包括宠物用品零售商Petco、数字安全设备公司Gemplus SA、跨国电信公司Telenor Media、奢侈品公司Neiman Marcu、电力公司Energy Future等。

2002年，TPG以15亿美元从英国酒业帝亚吉欧（Diageo）手中收购汉堡王。2006年，汉堡王上市。2010年TPG将其以33亿美元卖给了巴西3G集团。在汉堡王上市那年，TPG也迎来了自己的高光时刻，完成了17宗并购交易，总价值超过1 010亿美元，击败黑石、KKR等，成为2006年全球交易额最高的PE巨头，一度成为国际私募界中的霸主。

危机四伏的2008年，华盛顿互助银行申请破产，对资产重组驾轻就熟的邦德曼立即产生了兴趣——这家银行正是让他一战成名的美国储蓄银行案的收购方。但令他没想到的是，这次交易成为他人生中也是私募股权历史上最失败的一笔交易。TPG在当时大举收购华盛顿互助银行，令13.5亿美元化为灰烬。

2007年，美国房地产市场下滑后，华盛顿互助银行在次级抵押贷款方面的投资被信用损失、非法拍卖地产及次贷市场中的坏账严重拖累，价值大幅下跌。

2008年4月，TPG联合其他投资方，以每股8.75美元、总金额70亿美元入股华盛顿互助银行，其中TPG以13.5亿美元的价格获取将近9%的股权。当时，TPG预料到华盛顿互助银行可能还需要再增资，因此还签订了补充协议，华盛顿互助银行后来若以低于8.75美元的价格增资，就要补偿TPG的损失。

但出乎邦德曼意料的是，次贷危机愈演愈烈，雷曼兄弟的破产引发了华尔街金融机构的大崩盘。华盛顿互助银行在抵押贷款上损失惨重，资金入不敷出。2008年9月，美国储蓄管理局宣布，“华盛顿互助银行处于不安全、不稳固的状态，不适合做交易”，指定美国联邦存款保险公司（FDIC）正式将其接管。之后FDIC以19亿美元的价格将该行银行业务出售给了摩根大通。

TPG在给投资者的信中写道，“自1986年以来，我们一直成功地投资于受监管的行业，但从未遇到过现在这样监管和市场双重混乱的情况。”不到5个月，邦德曼投入的13.5亿美元全部损失殆尽。这笔交易严重影响了其第五只、第六只基金的收益，大卫·邦德曼备受指责，TPG的现金流也一度陷入困境。幸亏当时在中国深圳发展银行的一笔股权投资得以套现，才帮他们度过危机。

多元化发展

在经济危机之后，TPG逐渐从这笔失败的交易中恢复，并长时间保持低调，2008年至2015年他们没有募集过任何基金。近几年，他们加快了融资和投资的脚步。截至2022年初其管理的1 090亿美元资产中，约有45%来自2018 年以来募集的资金。其中也包括一些影响力基金，TPG是这一领域的龙头之一。

2010年TPG开始开辟成长型股权业务。2013年优步进行融资时，创始人特拉维斯·卡兰尼克邀请TPG加入。对卡兰尼克来说，TPG不光可以为优步带来资金，更重要的是更广阔的关系网。邦德曼的加入对优步的后续融资产生了积极影响。TPG从优步大赚了一笔，邦德曼以低价从联合创始人加内特·坎普（Garrett Camp）手中拿到了价值8 800万美元的股票，加入了优步董事会。正是在他的带领下，优步退出中国市场，并最终解雇了卡兰尼克。到2019年优步上市时，TPG的投资回报率约为20倍。

自2007年募集第一只成长型基金以来，TPG已向其投入了221亿美元，规模相当于他们PE基金的1/2。除了优步，其他备受瞩目的交易还包括Airbnb和Spotify。这一基金的回报率一直相当不错——截至2021年9月底为190%，而PE的回报率为200%——尽管其中大多数项目仍未兑现。在成长基金所创造的价值中，未兑现的比率达57%，而在传统的PE中，这一比例为22%。

发展至今，TPG的业务模型逐渐发展成为私募股权、成长型投资、影响力投资、房地产和市场解决方案5种类别。截至2021年9月30日，这些业务的管理规模分别为526亿美元、221亿美元、126亿美元、115亿美元、103亿美元。

从成立之初，TPG就开始进军中国。1994年，TPG在中国设立了办事处，投资了和睦家医疗、中金公司、物美等企业。截至2022年9月30日，该公司管理的资产中有220亿美元专门用于或投资于亚太地区。

在一次颇为复杂的交易——TPG资助联想收购IBM PC部门中，邦德曼一直看空这笔交易，但合伙人库尔特的理性分析最终战胜了他的直觉。2005年5月联想集团以12.5亿美元收购IBM PC业务时发行了3.5亿美元可转换优先股，TPG认购了其中2亿美元。5年后，TPG不断减持，收益为2~3倍。在面向中国的影响力投资方面，TPG已经投了中和农信、度小满金融、绿客盟和美术宝等，同时也正在气候变化、普惠医疗、普惠金融等领域寻找更多的机会。

邦德曼不喜欢被称作“华尔街的家伙”，TPG的总部也不在纽约。从旧金山办公室向下俯瞰，是壮丽的旧金山湾，橘红的落日映照着雄伟的金门大桥，再向远处瞭望就是连接旧金山和奥克兰两市的海湾大桥，邦德曼经常说，“神是我们的装饰者。”

从大陆航空到巴斯集团的遗风，从没落到重启再到上市，邦德曼一手造就了TPG的辉煌。虽然邦德曼在面对媒体时表现出的刻意低调甚至被误解为缺乏自信，但在行业演讲或经验分享中，他丰富的经验和见解往往让人心生敬佩。在TPG，邦德曼非常强调会议的公开性和统一性：任何级别的投资人员都可以报名参加TPG的任何投资委员会议。如今，他更加渴望为自己寻找接班人，多听到“年轻人的声音”。

第12章

里昂·布莱克：晚节不保的垃圾债大师

阿波罗全球管理公司（Apollo Global Management，以下简称阿波罗）坐落于美国纽约市曼哈顿西57街9号的索罗大厦，是当今世界上最大的另类资产管理公司之一，资产规模达5 130亿美元①，旗下业务主要分为信贷、私募股权和实物资产三大板块，其中信贷业务的比重高达70%。

阿波罗诞生于1990年，同一时间美国私募股权行业第一个繁荣周期正式宣告结束，标志性事件是投资银行德崇证券的破产。在这个持续了10年的周期中，德崇占据了美国垃圾债②市场的半壁江山，是20世纪80年代杠杆收购狂潮的重要幕后推手，为多起大型杠杆收购交易提供了债务融资。德崇的倒闭一方面造成了垃圾债市场泡沫的破灭，使杠杆收购市场陷入萧条，另一方面也使一些新的公司在一片废墟中崛起，使德崇的策略继续被复制和演化。

阿波罗就是其中之一，其创始人里昂·布莱克（Leon Black）在创立阿波罗以前，曾在德崇工作13年，主要从事企业兼并收购业务，是

① 截至2022年1季度。

② 又称高收益债、劣等债券，是信用评级甚低的债券。由商业信用较低的中小企业、新兴企业发行，商业风险高，因此需要通过提高债券利息来吸引投资者。

“垃圾债之王”迈克尔·米尔肯在德崇的得力助手。

领导阿波罗走过30年后，2021年3月布莱克因被曝出与已故美国亿万富翁、因犯罪被判入狱的杰弗里·爱泼斯坦（Jeffrey Epstein）有不当利益往来而辞去首席执行官一职。在布莱克的带领下，阿波罗的资产规模从4亿美元扩大到了超过5 000亿美元，并从一家以收购垃圾债起家的投资公司，发展成为一家业务遍及全球的另类资产巨头。

从莎士比亚到华尔街

布莱克出生于1951年，父亲伊莱·布莱克（Eli M. Black）是著名的犹太商人，掌管美国饮料业巨头联合品牌公司，母亲是一位画家。在父母的影响下，布莱克从小对文学和艺术就有着浓厚的兴趣，每年都会和家人参加史特拉福莎士比亚戏剧节，还帮助母亲评估哪些水彩画值得装裱。

1973年布莱克从达特茅斯学院毕业，获得历史和哲学学位。尽管在父亲的说服下布莱克就读了哈佛商学院，但他最初的梦想是成为一名作家或电影制片人。即使在金融行业工作多年以后，布莱克对艺术和文学的热爱依然没有减退，并以自己的名义资助了达特茅斯学院的莎士比亚研究院。

作为一位名副其实的富二代，布莱克年轻时的生活平静且富足，直到1975年2月3日，他的父亲从位于曼哈顿泛美大厦44层的办公室窗户一跃而下跳楼身亡。当时联邦监管机构正在就联合品牌公司贿赂洪都拉斯政府官员一事对伊莱·布莱克展开调查。

就在父亲自杀的同一年，布莱克取得了哈佛大学商学院MBA学位。父亲的死对布莱克的影响是双重的。一方面，父亲去世后布莱克一家人在经济上几乎破产，这是布莱克下定决心从事金融行业的直接原因。另一方面，父亲究竟为何会选择自杀，以及自己究竟是怎样一个人成了日后一直困扰布莱克的问题，因为在他心中，父亲一直是上帝一样的存在，而上帝是不可能自杀的。

布莱克的职业起点是在会计师事务所Peat Marwick[①]和出版商Boardroom Reports担任会计。他还曾接受雷曼兄弟的面试，但被无情地告知他不具有在华尔街取得成功的头脑和品格。

此后，布莱克经友人介绍认识了当时在德崇证券的后起之秀——弗雷德·约瑟夫。尽管与高盛等投行相比，德崇只能算是二流机构，但当时它已经是华尔街最赚钱的投资银行之一了。在约瑟夫的引荐下，1977年布莱克被德崇录用，并在4年后成为合伙人，掌管企业并购业务。在此过程中，布莱克逐渐成为美国大型并购领域最具影响力的金融家之一，同时也遇到了对自己的职业生涯产生了深远影响的人。

垃圾债之王的左膀右臂

布莱克加入德崇的3年后，美国资本市场迎来了第一次私募股权行业的繁荣周期，这个周期最主要的特点就是杠杆收购交易的激增。许多私募股权公司通过债务融资来对企业进行收购，从而夺取公司的控制权，之后他们对公司进行重组，有时甚至导致公司破产和大幅裁员。因此杠杆收购也被认为是一种恶意收购，一种企业掠夺者的圈钱游戏。据统计，1979—1989年美国完成的杠杆收购交易超过2 000笔，价值超过2 500亿美元。而推动20世纪80年代杠杆收购交易狂潮的最大动力就是垃圾债券市场的爆发。

---

① 毕马威前身，四大国际会计师事务所之一，提供审计、税务、管理顾问及法律服务。

20世纪70年代末80年代初，德崇控制着美国大约25%的垃圾债券市场，承包了当时美国杠杆收购交易的大部分垃圾债融资业务，资助完成了多笔大型杠杆收购交易，包括历史上最大的杠杆收购交易之一、私募股权巨头KKR在1988年对雷诺兹—纳贝斯克（RJR Nabisco）公司的收购。这主要归功于当时德崇高收益证券业务的负责人迈克尔·米尔肯。米尔肯凭借一己之力创造了美国垃圾债券市场，是公认的美国垃圾债之王。

德崇公司由两家历史悠久的公司——博纳母公司（Burnham and Company，成立于1935年）和德雷克塞尔·费尔斯通公司（Drexel Firestone，成立于1938年）于1971年合并而成；1976年与比利时Groupe Bruxelles Lambert公司在美国的分支机构Lambert Brussels Witter合并后正式改名为Drexel Burnham Lambert。20世纪70年代初期，德崇公司尽管名声显赫，却只能勉强挤进华尔街二流公司之列，年总收入只有120万美元，资本十分薄弱，与高盛等顶级投资银行完全不能相提并论，不过德崇的业务非常激进，特别是由米尔肯负责的垃圾债业务。

在20世纪70年代中期，垃圾债券市场是美国金融体系中的边缘市场，主流投资银行和投资者考虑到声誉和风险通常不喜欢涉足这种非投资级债券。但米尔肯对华尔街这种无人问津的垃圾债券却非常感兴趣，并不断向客户宣扬垃圾债的投资信条。起初他开发的客户大多数是以犹太人为主的保险公司富豪，没有一个是华尔街精英，但渐渐地米尔肯用垃圾债不断为德崇创造利润奇迹，1986年德崇净赚5.455亿美元，超越了当时华尔街上的所有其他公司，相当于2020年的11.1亿美元。

为了最大化挖掘垃圾债的价值，米尔肯把垃圾债业务扩展到了每一个盈利领域，从承销、交易到兼并和收购。随着20世纪80年代杠杆收购市场的不断扩张，德崇的并购业务也越做越大。布莱克就在此过程中逐渐成长为德崇以及美国金融市场上的并购明星。

布莱克在德崇时给人的印象是安静、内向、暴脾气、开会常常迟到、衬衫衣角经常从裤子里外露，但他的介绍人约瑟夫却发现他比华尔街上的许多银行家都更有头脑和战略能力。布莱克还得到了米尔肯的赏识，是米尔肯在并购业务方面的得力助手，也是最受米尔肯尊重的银行家之一。布莱克参与了德崇资助完成的多笔大型杠杆收购交易，包括Trans World Airlines、RJR Nabisco Inc.、Beatrice Cos.和Phillips Petroleum，为卡尔·伊坎、亨利·克拉维斯和鲁伯特·默多克等企业掠夺者策划的交易提供了债务融资服务。

20世纪80年代末，随着多家通过垃圾债完成杠杆收购交易的企业宣告破产，杠杆收购市场出现了明显的过剩迹象；同时，美国监管也开始加大力度整治垃圾债市场的各种乱象，包括内幕交易、股价操纵等非法行为。而作为整个80年代杠杆收购狂潮最主要推动者的德崇也迎来了自己的尾声，最终向法院承认6项重罪，并同意支付6.5亿美元罚金[①]，米尔肯则因违反证券法被判入狱。1990年2月13日，德崇正式申请破产。

不过在这场席卷整个德崇和金融市场的监管风暴中，布莱克几乎毫发无损，不仅没有被指控任何不当行为，就在德崇宣告破产的几个月前，他还因为握有公司最重要的大客户而获得了当年最大的一笔奖金，价值高达1 660万美元。

作为米尔肯的门徒，布莱克与他最大的共同点之一就是坚持对垃圾债进行布局。如果说在德崇工作的13年使布莱克领悟到了一些道理，其中最重要的一点便是在其他人都不愿意触碰的领域寻找机遇。德崇的倒闭与米尔肯时代的落幕为新时代另类资产帝国的诞生埋下了伏笔。

---

① 在当时是大萧条时期出台证券法以来规模最大的一笔罚款。

在“垃圾”中发掘宝藏

1990年离开德崇后，布莱克和几个德崇前同事共同创立了阿波罗全球管理公司，并且在6个月之内就成立了第一只私募股权基金——Apollo Investment Fund L.P.。凭借布莱克在德崇和20世纪80年代杠杆收购中建立的名声，这只基金募集了约4亿美元。

德崇破产后，美国信贷市场急剧萎缩，杠杆收购交易骤停；同时，有大量企业由于背负巨额债务无力偿还而破产或陷入困境。于是，布莱克决定利用当时债券市场的低迷，以低价收购破产企业的债务，等待债券市场复苏之时大赚一笔。这些企业中有很多曾在20世纪80年代通过德崇发行了大量垃圾债。

阿波罗最早且最成功的一笔交易是收购保险公司Executive Life Insurance Company的高收益债券组合。Executive Life是米尔肯的大客户，购买了当年德崇发行的几十亿美元垃圾债。德崇倒闭后，由于债券价格暴跌，Executive Life被加州监管部门接管，以保护投保人的利益。在加州监管部门看来，Executive Life的投资组合是一堆没有任何区别的“垃圾”，但布莱克却在这堆“垃圾”中看到了宝藏。他非常清楚这些债券的价值，一旦债券市场复苏，这些廉价债券的价格也将上涨。事实上，这些债券组合中隐藏着很多有潜力的公司债券，比如山区度假村运营商Vail Resorts、沃尔特工业、水处理公司康丽根和箱包生产商新秀丽。

1991年，布莱克连同法国里昂信贷银行旗下的子公司Altus Finance，以32.5亿美元的价格收购了Executive Life的整个债券组合，价值超过60亿美元。在布莱克购买这些债券的两年里，他的初始投资增长至超过50亿美元，许多债券后来转换成了股权，阿波罗也因此取得了这些公司的控制权。收购Executive Life的债券组合后，阿波罗继续从陷入困境的储蓄、贷款和保险公司手中收购高收益债券，还从美国政府所有的清算信托公司收购了多个大型资产组合。

当2005年前后美国并购市场迎来新一轮繁荣之时，布莱克又带领阿波罗开展了一系列大型杠杆收购交易，例如2008年与TPG一同对全球最大赌场Harrah's Entertainment的收购，包括债务在内的交易价值达到274亿美元，是史上最大的杠杆收购之一。

最成功的一笔交易是2008年对石化产品和燃油巨头利安德巴赛尔工业公司20亿美元的投资。阿波罗在利安德巴赛尔陷入困境时购买了其债务，随后通过重组获得该公司股权，2013年退出时，当年20亿美元的初始投资变成了120亿美元，取得了6倍回报，成为当时华尔街史上最赚钱的一笔私募投资。

2006年，阿波罗完成了第六只杠杆收购基金的募资，规模达到102亿美元，收购的企业涉及不同行业，从邮轮公司到造纸公司和连锁杂货店，例如，挪威邮轮公司Norwegian Cruise Line、热水浴缸制造商Jacuzzi、饰品零售商Claire's和英国房地产公司Countrywide等。

这些企业的一个共同特点就是它们都属于周期性行业，容易受经济周期的影响。金融危机期间，许多企业陷入困境或破产，导致第六只基金遭遇了大幅亏损。其中最大的一笔亏损来自对于家居用品零售店Linens'n Things的投资。巨额债务和疲软的消费者需求迫使Linens在2008年申请破产保护，阿波罗对其进行的3.65亿美元投资全部付诸东流。阿波罗第六只基金在2006年1月至2008年9月期间的亏损则达到12.8%。

在2008年底的采访中布莱克坦言，他和阿波罗低估了美国房地产市场危机的严重程度。

快速扩张，从私有到上市

尽管布莱克在德崇时期并没有参与垃圾债的发行业务，但阿波罗成立初期，他正是利用当年德崇发行的垃圾债帮助阿波罗实现了快速发展。在整个20世纪90年代和21世纪初，阿波罗一共募集了5期基金，每期基金相隔的时间为2~3年，且规模递增。

1993年阿波罗关闭第二只基金，承诺资本5亿美元，主要投资美国房地产市场；第三只基金在1995年关闭，承诺资本15亿美元，投资者包括美国最大公共养老金加州公共雇员退休基金和通用汽车公司养老基金；第四只基金在1998年互联网泡沫期间完成募资，承诺资本36亿美元，截至2008年4月8日，这只基金创造了10%的内部收益率（扣除费用后）；第五只基金在2001年关闭，规模达到37亿美元，截至2008年4月8日，这只基金扣除费用后的内部收益率高达54%，投资组合包括AMC Entertainment，Berry Plastics，Cablecom等知名企业。

金融危机期间，尽管阿波罗未能躲过冲击，但和许多私募股权公司一样，那场危机同样给阿波罗创造了前所未有的机遇。2009年1月，阿波罗完成了第七只并购基金的募资，规模接近147亿美元，用于收购金融危机中陷入困境的企业，到2019年，这只基金的净内部收益率达到了25%。在2010—2020年的10年里，阿波罗的资产规模扩大了6倍至超过3 000亿美元，布莱克的个人财富则逼近100亿美元。

这在一定程度上要归功于布莱克在10年前做出的一个重要决定，使阿波罗成为一家上市公司。这一决定在帮助阿波罗实现快速扩张的同时，也将其一举一动暴露在了监管和公众的视野中。2011年3月29日，阿波罗以每股19美元的发行价登陆纽约证券交易所，募资5.654亿美元，使阿波罗的市值达到70亿美元。布莱克个人拥有公司26%的股份，他和另外两位合伙人的持股比例之和超过半数。

不过上市后的几年里，阿波罗的股价表现并不是很好，尽管整体上涨，但远远低于标普500指数。截至2019年6月初，阿波罗股价上涨69%，而标普500指数则上涨了255%。布莱克甚至坦言后悔当初做出让阿波罗上市的决定，他说，阿波罗的股价与它的实际价值相比被低估了一半，因为公众无法理解像阿波罗这样的企业所做的事情。

为了拯救低迷的股价，布莱克采取了私募股权公司常采用的方式，将公司从合伙人制转型为股份制。成为股份制企业最直接的好处就是能够被纳入指数基金和共同基金，被更多投资者买入，从而有利于股价的提升。另一个好处则是企业所得税率从35%降至了21%。事实证明布莱克做了正确的决定。2019年9月完成转型后，阿波罗的股价加速上涨，特别是在疫情期间宽松货币环境的助推下，一度达到每股81.07美元的历史高点。

千亿美元另类资产帝国

在刚刚建立阿波罗时，布莱克努力让自己与20世纪80年代参与杠杆收购的恶意收购者形象保持距离。在1993年的一次采访中他说，阿波罗希望成为像巴菲特那样的长期投资者，而不是只追求短期利益的企业掠夺者。从那时起，阿波罗的业务种类就不仅仅只是收购困境企业的债务，也对优质企业进行股权投资。多年来，私募股权一直是阿波罗业务的重要组成部分。截至2021年12月31日，阿波罗的业务由三大板块构成，分别是信贷、私募股权和实物资产，信贷业务资产规模高达3 501亿美元，占阿波罗总资产的比重达到70%；私募股权资产规模为866亿美元；实物资产管理规模为608亿美元。

以高收益债券和杠杆融资为代表的信贷业务在早年间曾帮助阿波

罗在资本市场上开疆扩土。随着规模的不断扩张，阿波罗的信贷业务不断细化至涵盖企业信贷、结构性信贷和直接贷款等多种模式。信贷业务和私募股权有很多重合部分，在发展过程中相辅相成，投资理念也都坚持价值导向，主要关注那些价值被严重低估的企业。而实物资产是阿波罗业务的重要补充，主要投资房地产和基础设施领域。

2011—2021年，阿波罗的资产规模以21%的年复合增长率扩大至了4 976亿美元，传统的私募股权业务产生的净内部收益率高达24%。到2022年1季度，阿波罗的资产规模同比增长11%，达到5 130亿美元，一年里就增长了520亿美元。

阿波罗资产规模快速增长的原因在很大程度上得益于布莱克非常善于与客户建立关系，能够让客户放心地把钱交给他管理。目前阿波罗最大的客户是美国的公共养老基金，如Calpers。这些养老基金是阿波罗资产规模不断扩大主要源泉，其中最大的客户是保险公司Athene。截至2021年12月31日，阿波罗管理的Athene资产规模达到2 126亿美元，且这些资产都是可产生管理费的资产。2022年1月1日，阿波罗与Athene正式完成合并。

在过去的30年里，布莱克在带领阿波罗不断扩张的过程中始终伴随着各种争议。其中最常见的批评就是使被收购的企业背负巨额债务，有时甚至导致企业破产和大面积失业，但在此过程中，阿波罗却是承担风险最小的一方，并能从中获取巨额利润。布莱克认为，这种批评是对他和阿波罗的一种误解。他说，他投资的大部分企业都是他喜欢的，尽管并不是所有投资都是成功的，但作为投资人，要懂得从风险和收益的角度进行考量，在保持耐心的同时能够抓住机会。

除了争议和批评，快速的扩张还伴随着各种道德和法律风险。比如在2002年，布莱克和阿波罗因为连同法国里昂信贷银行购买Executive Life的资产，被加州监管指控违反了当地禁止外国政府收购美国保险公司的规定。2006年法国里昂信贷银行向美国监管部门认罪，但没有证据表明布莱克违法。2016年，阿波罗又因员工违规操作向SEC支付了5 270万美元的罚款。不过这些问题都没有对布莱克和阿波罗造成致命伤害。自1990年成立以来，阿波罗从收购垃圾债起家，中途穿越几次经济衰退和金融市场的大动荡，最终发展成为5 000亿美元规模的另类资产帝国，似乎在无形中也形成了一种对各种风险免疫的能力，这在很大程度上要归功于布莱克总能摆脱泥潭的能力。

当他被发现在2012—2017年向已故美国亿万富翁、因犯罪被判入狱的杰弗里·爱泼斯坦支付了高达1.58亿美元的金融服务费，并因此节省了13亿美元的税收支出后，布莱克在2021年3月决定辞去CEO一职。尽管这一次看上去布莱克是带着忏悔之意离开了这家他奉献了大部分人生的公司，但事实上他只是换了一种姿态继续活跃在资本市场上，且依然通过手中持有的股份控制着阿波罗。

阿波罗上市以后，布莱克从未出售过手中的阿波罗股票，持股价值总计约56亿美元，且多年来一直通过他的家族办公室Elysium Management对阿波罗股票产生的数十亿美元股息进行再投资。2022年3月，布莱克通过抵押1 667万股价值11亿美元的阿波罗股票获得了一笔未公开数额的贷款，用于个人投资。这意味着他在不需要出售股票的情况下就获得了一笔资金，从而保住了自己对于阿波罗的控制权。这一做法恰好印证了了解布莱克的人对他的评价："里昂就是阿波罗，阿波罗就是里昂。"

第13章

罗伯特·史密斯：打造科技并购帝国的黑人首富

Vista Equity Partners（Vista）成立于2000年，是美国增长速度最快的私募股权公司之一，截至2022年6月，该公司资产规模已从成立之初的10亿美元扩大至960亿美元。

Vista与其他私募股权公司最大的不同是，在长达20多年的发展历程中，只专注于收购软件公司，这也是它取得成功，实现快速增长最重要的原因之一。自成立以来，Vista完成了超过570笔交易，总价值超过2 550亿美元。

Vista的创始人罗伯特·史密斯（Robert F. Smith）不仅是一位投资人，还是一位化学工程师，以及活跃的慈善家。除了一些华尔街成功人士专属的标签外，史密斯最常被人提起的标签是当今世界上最富有的黑人之一。根据福布斯的数据，截至2022年4月5日，史密斯的资产净值为67亿美元，是美国财富最多的黑人，同时也是全球最富有的亿万富翁之一。史密斯的职业生涯本可以是一个典型的"美国梦"成为现实的励志故事，但2020年的逃税丑闻成了他人生中的一处污点。

美国梦的化身

1962年12月1日，史密斯出生在科罗拉多州丹佛市一个以非裔美国人为主的中产阶级社区。史密斯的父母——威廉·罗伯特·史密斯（William Robert Smith）和西尔维亚·默娜·史密斯（Sylvia Myrna Smith）都是大学老师，十分重视教育，从小就向史密斯灌输准备、努力和奉献对于成功的重要性。

在史密斯未满一岁时，他的母亲带他见证了一场历史性事件。1963年8月28日的一天，西尔维亚·默娜·史密斯抱着他参加了华盛顿的一场大游行，在这次游行中，黑人牧师马丁·路德金发表了主题为“我有一个梦想”的伟大演讲。

史密斯的小学和高中都在丹佛市就读。高中时，他曾申请在贝尔实验室（Bell Labs）实习，但被告知只有大学生才能申请。史密斯并没有因此而放弃，而是在此后的每个星期一都坚持给对方打电话。5个月后，由于麻省理工学院一名学生的缺席，史密斯得到了实习机会。实习期间，他还开发了一种针对半导体可靠性的测试方法。

1981年，史密斯前往康奈尔大学学习化学工程专业，每到暑期再重新回到贝尔实验室工作。1985年，他获得康奈尔大学化学工程学士学位后开始从事工程方面的工作，先后在固特异轮胎公司和空气化工产品有限公司工作。1990年，史密斯跳槽到卡夫食品公司，专注于咖啡机技术，还赢得了两项专利：一项是不锈钢过滤器，另一项是制作crema（意式浓缩咖啡上的一层泡沫）的酿造工艺。

工作几年后，史密斯于1992年到哥伦比亚大学商学院进修，并于1994年取得工商管理硕士学位，专注于市场营销。康奈尔大学和哥伦比亚大学的学习经历为史密斯接下来的职业生涯提供了必要的知识储备。

与许多华尔街精英一样，史密斯也有着超群的智商、学习能力，以及对成功的迫切渴望。但作为少数族裔，成长过程中难以避免的种族歧视问题使他要想取得成功还需要具备比其他人更加强大的内心、更高的情商，以及过人的智慧。

即便是在今天，史密斯也常常会在有意和无意间面临种族歧视。比如有一次当他和一位华尔街高管共进晚餐后想去买单时，这位银行家阻止了他并笑着说，自己“不能让一个黑人请客吃饭。”这些细节，无论是明面上还是背地里，都对史密斯产生了影响，让他意识到，少数族裔如果想要在美国取得成功，必须加倍努力。正是这样的信念使他最终将“美国梦”延伸到了金融业，并成为华尔街上最成功的非白人金融家之一。

借势互联网革命

史密斯的成功离不开贵人相助。在康奈尔大学读书期间，史密斯加入了美国首个黑人学术联盟Alpha Phi Alpha，并得到了很多支持。他的一位重要导师——约翰·尤滕达尔是Utendahl Capital Partners的创始人。通过一次偶然的机会，Utendahl说服了史密斯到华尔街工作。在一次采访中Utendahl回忆道，“世界上有一种活力、沉稳和智慧是无法被教授或学习的，而有些人却幸运地被赋予了这些品质”，比如年轻时的史密斯。

不仅得到了前辈的支持，史密斯初入华尔街便加入了顶级投行高盛，主要从事科技领域的并购业务，先后在纽约和旧金山两地工作。史密斯加入高盛的时间是1994年，就在前一年，互联网史上的第一个获得普遍使用的浏览器Mosaic诞生，极大地提高了互联网的普及，并缩小了“数字鸿沟”。在随后的几年里，美国互联网行业进入快车道，诞生了许多新的互联网公司，如eBay等。

在硅谷工作期间，史密斯为众多知名科技公司提供咨询服务，包括苹果、微软和eBay，但在他所有的客户中，最吸引他眼球的却是一家专门为汽车经销商提供软件的公司——通用计算机系统公司。通用计算机系统公司的利润比史密斯服务的任何一家企业都要高，当他得知该公司的老板把大量现金投入定期存单时，他感到非常震惊。史密斯建议该公司用这笔资金收购其他成熟的软件公司，并把它们最好的商业实践引入自己的公司。通用计算机系统公司的创始人罗伯特·布罗克曼最终同意了这一提案，但前提是史密斯需要成立一家私募股权基金，且通用计算机系统公司将作为唯一的投资者为该基金提供10亿美元的承诺资金。

几番挣扎之后，史密斯于1999年决定离开高盛，并开始为新基金做筹备工作。史密斯找到他在商学院的同学斯蒂芬·戴维斯（Stephen Davis），以及在高盛工作过的年轻分析师布莱恩·谢斯（Brian Sheth）担任新基金的联合创始人。谢斯和史密斯都是美国的少数族裔，两人在工作上形成了完美的互补：谢斯专注于收购和剥离业务，史密斯则专注于管理投资者和投资组合公司。

离开高盛的决定令史密斯的同事感到惊讶，因为当时他极有可能晋升为高盛的合伙人，且高盛上市在即，意味着史密斯有望即将获得数百万美元的意外之财。更重要的原因是，由于软件公司没有硬件资产，当时的主流银行不愿为软件公司提供抵押贷款。没有银行贷款，杠杆收购基金将很难运作。不仅如此，投资于单一的软件领域也意味着集中化风险很高。在快速迭代的软件行业，竞争对手的几行创新代码就可能让一家企业在一夜之间被淘汰。

但史密斯超前地预见到了软件行业的颠覆性意义。他坚信当时的商业世界正在被软件吞噬，每个公司最终都将转向数字化。如果一个投资组合涵盖服务于50个行业的软件公司，不仅可以分散风险，还将有源源不断的经常性收入。史密斯还打赌称，华尔街将很快意识到，软件公司不仅能够产生现金流，软件合同还将成为比传统抵押物更好的优质资产，因为无论一家公司能否在贷款到期时偿还利息，都必须支付软件维护费和订阅费。

千亿美元软件帝国

2000年，Vista在硅谷所在的旧金山正式成立。在起初的几年里，Vista的交易以股权收购为主。随着盈利交易不断增多，史密斯渐渐获得了更多外部投资者的信任。2004年，Vista在债权人的资助下完成了对保险软件制造商Applied Systems的收购，这也是Vista的第一笔杠杆收购交易。

在成立后的10年里Vista快速扩张，相继成立了多只基金，一跃成为华尔街增长最快的私募股权公司，并引起了越来越多机构投资者的注意。2008年11月，美国金融市场仍然弥漫在金融危机的恐慌情绪之中，但Vista依然为其第三只旗舰基金完成了13亿美元的募资，专注于收购中型市场的企业软件业务。这也是Vista第一只面向机构投资者的基金，投资者主要为养老基金、企业投资人、母基金和高净值个人。

对于新基金的成立，史密斯在一份声明中称，尽管金融市场存在诸多问题，但投资者对经验丰富和策略成熟的投资团队仍然有着浓厚的兴趣。

2011年，为了躲避新一轮互联网泡沫，Vista将总部从硅谷搬至得克萨斯州奥斯汀。同一年，Vista被PitchBook评为“顶级‘软件即服务’投资者”（Top SaaS Investor），并被伯克利诺伊斯投资银行评为“软件业最活跃的金融投资者”。在接下来的10年里，Vista的投资和融资业务并驾齐驱，资产规模快速扩大的同时，也在不停地收购软件公司，在2018年以前共收购了超过200家软件公司，成为全球最大的软件帝国之一。在此过程中，Vista还在私募股权业务之外开拓了其他投资策略，包括永续资本、信贷和上市股票。

根据Palico的数据，2010—2019年，Vista共完成了9只基金的募资，最大的一只私募股权基金规模高达160亿美元。2013年，Vista引入信贷策略，并于2017年推出第二只信贷基金——Credit Opportunities Fund Ⅱ，募资规模高达9.35亿美元，主要为其投资组合公司提供债务融资，投资者包括养老基金、保险公司、大学基金以及家族办公室。

Vista推出的所有基金均专注于软件企业，但不同基金的侧重点略有不同，比如基金会基金（Foundation Fund）主要投资于那些因规模太小而无法被纳入到其旗舰基金中的企业。此外，Vista还推出了一只永续资本投资基金（Vista Equity Partners Perennial），致力于扶持垂直市场的软件企业（见表2-13-1）。

2018年，Vista再次被PitchBook评为“过去10年里的顶级软件投资者”，它在当年将营销软件公司Marketo出售给Adobe的交易还被Buyouts杂志评为“年度交易”。

表2-13-1 成立以来Vista旗下的几只主要基金及规模

基金名称	规模（百万美元）	发起年份
Vista Equity Fund Ⅱ	1 000	2000
Vista Equity Fund Ⅲ	1 300	2007
Vista Foundation Fund Ⅰ	400	2009
Vista Equity Fund Ⅳ	3 500	2012
Vista Foundation Fund Ⅱ	1 100	2013
Vista Equity Fund Ⅴ	5 780	2014
Vista Credit Opportunities Fund Ⅱ	935	2017
Vista Equity Endeavor Fund	500	2017

续表

基金名称	规模（百万美元）	发起年份
Vista Equity Fund Ⅵ	11 000	2017
Vista Foundation Fund Ⅲ	2 750	2017
Vista Equity Endeavor Fund Ⅱ	850	2019
Vista Equity Fund Ⅶ	16 000	2019
Vista Credit Opportunities Fund Ⅲ	2 300	2021

资料来源：Palico；海投全球整理

截至2022年3月31日，Vista的资产规模达到960亿美元，成立以来共完成超过570笔私募股权交易。在2000—2020年的20年里，Vista的年化收益率达到22%。Vista的成功一方面要归因于史密斯为公司确立的简单而纯粹的定位，即只投资软件企业；另一方面也与史密斯独特的管理理念有着密切关系。

与其他私募股权公司主要依赖于发现低效和估值被低估的企业的做法不同，史密斯相信，即使是运营良好的企业，也可以在Vista的改造下取得更好的业绩。史密斯的这一想法主要来自于他对软件行业的一个重要观察：许多软件公司的老板大多是程序员和技术人员出身，没有接受过正式的商业培训，将公司的发展单纯地押注在产品开发上。

于是，基于自己的工科背景以及在高盛的工作经验，史密斯决定为Vista的投资组合企业撰写专门的用户手册，内容不仅涉及如何提高企业运营效率，还包括成本管理和提高收入的方案。这个手册最终发展成为Vista的“标准操作程序”（Vista Standard Operating Procedures），后来又被更直白地命名为“Vista最佳实践手册”（Vista Best Practices），内容细化到如何管理合同，以及确保公司为其所提供的代码和服务得到及时付款所需的所有步骤。为了更好地落实操作手册，史密斯还在Vista内部建立了“麦肯锡”—Vista咨询集团，以帮助投资组合企业改善运营。

随着越来越多的私募股权公司进入软件领域，Vista面临的竞争压力也越来越大。不过虽然廉价交易越发难找，但史密斯为每一次收购制订的目标都是一样的，即投资所得需要达到初始投入的3倍。在2018年的采访中史密斯声称，新世纪的18年里，Vista从未在收购交易中亏损过，而这正是得益于Vista独特的管理理念。成立至今，Vista收购的企业涉及20多个行业，从能源到法律、高等教育以及农业等。

人设“崩塌”

Vista的成功帮助史密斯成为人生赢家。根据福布斯的数据，截至2022年4月5日，史密斯的身价为67亿美元，是全球第三富有的黑人，以及美国最富有的黑人。

除了投资，长期以来史密斯还是一位积极的慈善家。2016年，他成为卡内基音乐厅的董事会主席，是第一位担任该职位的非洲裔美国人。同一年，他向美国非洲历史文化国家博物馆和母校康奈尔大学分别捐赠了2 000万美元和5 000万美元。和许多私募股权投资人一样，史密斯也是美国两党竞选活动的定期捐赠者。

2017年，他还签署了由“股神”巴菲特和微软创始人比尔·盖茨发起的“捐款誓言”（Giving Pledge），并承诺在他的有生之年将自己一半的净资产捐赠给致力于支持非裔美国人机会平等的慈善事业。

史密斯还因为在慈善方面的大胆表态登上过各大媒体的头条。2019年5月，他在莫尔豪斯学院的毕业典礼上宣布，他将还清2019届莫尔豪斯学院毕业班396名学生的全部学生贷款。几个月后，史密斯将这笔捐款的范围扩大到了偿还毕业生父母的教育贷款上。

作为美国最成功的黑人，以及掌管近千亿美元资本帝国的华尔街资本大鳄，史密斯还常常为黑人遭遇的种族不公问题直言不讳。他的故事本可以以典型的“美国梦”成为现实作为结尾，但2020年被披露出的逃税问题却成了他职业生涯中的一个污点。

2020年8月有媒体报道称，由于涉嫌躲避税款，通过离岸实体转移约2亿美元资产，史密斯在此之前被美国联邦机构连续调查了4年。当年10月，他与美国司法部达成不起诉协议，同意支付1.39亿美元罚款。史密斯的税务问题源于20年前他在成立Vista时，通用计算机系统公司的创始人罗伯特·布罗克曼在同意投资10亿美元的同时，还要求史密斯成立一家离岸公司，用于向美国税务当局隐藏收入，避免缴纳税款。

2021年10月，国际调查记者同盟公布了揭露财务丑闻的“潘多拉文件”（Pandora Papers），涉及全球超过330名政治人物，以及100多位亿万富翁、名人和商界领袖，共涵盖1 190万份机密文件，参与的记者人数多达600多人，来自117个国家的150家媒体，堪称史上规模最大的金融揭秘文件。史密斯和布罗克曼也在这份名单中。

步履不停，疫情之年持续扩张

在创始人面临信任危机的同时，Vista并没有停止扩张的步伐。尽管2020年新冠疫情暴发给美国经济和金融体系造成了巨大冲击，但Vista在这一年依然募集到了94亿美元，资产规模达到730亿美元，共完成68笔交易，私募股权和永续资本投资规模和回报均达到73亿美元。2010—2020年的10年里，Vista的员工人数从36名大幅增长至超过450名，其中大多数为投资及运营专业人员。

2021年，这些数字均进一步增长。其中资产规模扩张至超过860亿美元，交易数量增至101笔，私募股权和永续资本投资规模和回报分别达到119亿美元和74亿美元，员工人数增加140人。

不过在经历了逃税风波后，2021年对于史密斯本人来说并不轻松。为了重获投资人的信任，史密斯一改此前很少与投资人直接接触的作风，开始频繁地与投资人通过电话和会议等方式交流，还为自己卷入的丑闻表达歉意，并承诺以后不会再出现类似的失误。

事实证明这些努力发挥了很大作用。2021年10月初，Vista的第三只信贷基金（Vista Credit Partners Fund Ⅲ）完成23亿美元的融资，远远超出15亿美元的目标规模。这只基金仍然专注于软件、数据和科技领域，投资者包括美国公共养老基金、主权基金、跨国企业、保险公司、母基金、大学捐赠基金和家族办公室。对募资内幕有所了解的人曾对媒体表示，这表明尽管投资者对史密斯的税务问题有所顾虑，但他们对Vista的新基金依然有着浓厚兴趣。

2021年10月底，Vista又公布了其第八只收购基金（Vista Equity Partners Fund Ⅷ LP）的募资计划，目标融资规模高达200亿~240亿美元，这也是Vista成立以来规模最大的一只基金，预计进行18~25笔投资，平均每笔交易规模为7.5亿美元。2022年5月，在短短半年的时间里，这只基金就募集了超过90亿美元。

Vista能够在如此短的时间内募集到如此大规模的资金，一方面是由于2022年上半年美国股市大幅下跌，导致私募股权基金受到热捧；另一方面也突显了史密斯在软件和科技投资领域的优势和地位。

实际上，“逃税”风波对Vista和史密斯本人的影响十分有限，这主要得益于多年来史密斯在投资和慈善界为自己搭建的声誉。在2021年11月于柏林举行的超级回报（SuperReturn）研讨会上，史密斯与加拿大私募股权公司Whitehorse Liquidity Partner的董事总经理扬·罗巴德（Yann Robard）进行了长达30分钟对话。在此过程中，罗巴德多次称赞史密斯和Vista取得的成功，税收问题自始至终却从未被提及。

第三篇

对冲基金

对冲基金的英文名称为hedge fund，其中“hedge”一词的主要意思是围绕在草坪、花园或田地边缘的一排灌木或小树，长期以来一直被用来比喻对风险的防备，同时也体现了早期对冲基金希望通过做空策略来对冲市场下行风险的初衷。但随着越来越多的投资策略不断涌现，对冲基金的使命也不再只局限于对冲风险。

世界上公认的第一家对冲基金由社会学家阿尔弗雷德·琼斯（Alfred W. Jones）于1949年创立。当年他在撰写一篇关于投资趋势的文章时受到启发，并决定尝试通过卖空其他股票来降低他所持有的股票的风险。这一创新之举就是当今对冲基金最常使用的多空股票策略。

除了多空策略，琼斯还使用了杠杆工具来提高回报，1952年，他又将他的投资公司从普通合伙企业转型成为有限合伙企业，并为管理合伙人设置了基于投资表现的20%的奖励费。作为第一位将卖空、杠杆、有限合伙制，以及基于投资业绩的薪酬体系结合起来的基金经理，琼斯在投资界被视为“对冲基金之父”。时至今日，各种类型的对冲基金不胜枚举，但基本上都沿用了琼斯开创的这一架构。

对冲基金是一种集合投资工具（pooled investment），其主要使命是使投资者收益最大化的同时最大限度地降低风险。这是对冲基金与共同基金的共同之处，不同之处在于对冲基金更加激进，采用更加复杂的投资策略和金融工具，且对投资者的资质有更严格的要求。

对冲基金策略一般可以分为全球宏观策略、方向性策略、事件驱动策略和相对价值策略等。宏观策略主要基于对全球宏观事件和趋势的判断进行投资决策。方向性策略主要依靠市场波动和趋势在不同市场中选股，多空股票模型就属于该策略。事件驱动型策略主要在企业交易事件中寻找投资机会，如合并、收购、资产重组、破产和清算。相对价值策略属于套利交易，主要通过捕捉证券之间的价格差异获利，如固收套利、权益市场中性策略、可转债套利、波动性套利和风险套利等。此外，另一种比较流行的策略是母基金策略，该策略旨在提供比单个基金更稳定的长期投资回报。

根据投资决策方式的不同，这些策略又可以被分为基于基金经理个人决策的“自由裁量或定性”分析法，以及依靠计算机程序发掘价格信号的“定量”分析方法。根据对灵活性、风险管理和分散化的不同需求，对冲基金可以采用单一或多种策略。

20世纪70年代，大多数对冲基金专注于单一策略，多空策略是最常被使用的策略。许多对冲基金在1969—1970年的经济衰退期间和1973—1974年的股市崩盘期间因巨额亏损而倒闭。

90年代，随着美国股市的持续上涨，对冲基金的数量显著增加，对冲基金的策略也不断扩展到了信贷套利、不良债务投资、固收、量化以及多策略等多个领域。同时，养老基金、捐赠基金等大型机构投资者也开始将更大比例的资金配置给对冲基金。一些知名基金经理为了名利而离开共同基金，转行成为对冲基金经理。

许多当今著名的对冲基金都诞生于美国对冲基金行业兴起时期，如乔治·索罗斯于1973年成立的量子基金、瑞·达利欧于1975年成立的桥水基金、保罗·辛格于1977年创立的艾略特投资管理公司、詹姆斯·西蒙斯于1982年创立的文艺复兴科技公司，以及大卫·肖于1988年创办的D. E. Shaw。而更多的对冲基金诞生于20世纪90年代，包括史蒂文·科恩于1992年创办的SAC Capital、约翰·保尔森于1994年创立的Paulson & Co.、约翰·梅里韦瑟于1994年创办的美国长期资本管理公司（2000年初解散）、丹尼尔·勒布于1995年创办的第三点资产管理公司，以及肯·格里芬于1990年创立的城堡投资集团。经过三四十年的发展，这些机构发展成为千亿美元规模的资本帝国。

在21世纪的第一个十年里，对冲基金在全球范围内越来越受欢迎，到2008年第二季度，全球对冲基金行业的资产规模达到1.93万亿美元。2000年初美国互联网泡沫的破灭为对冲基金行业的进一步发展起到了助推作用，例如老虎环球管理基金就诞生于美国的互联网和科技浪潮中，并已发展成为当今世界上最著名的科技投资者之一，投资组合遍及全球多个国家和地区。

2007—2008年全球金融危机爆发，许多对冲基金的资产规模大幅缩水，由于采取了限制投资者撤资的举措，对冲基金的受欢迎程度也受到了负面影响。不过仍有一些对冲基金由于提前预见到了危机的到来，通过使用各种复杂的金融工具躲过了危机，并因此赢得了更多投资人的信赖。而这在很大程度上要归功于这些对冲基金掌门人们过人的投资嗅觉。比如由比尔·阿克曼于2003年创办的潘兴广场资本管理公司曾因大举做空美国债券市场而大赚数十亿美元；约翰·保尔森更是因做空美国房地产市场为自己和投资人暴赚200亿美元。

随着金融危机得到平息，对冲基金的资产规模也恢复增长态势，到2011年4月已达到近2万亿美元的水平。截至2011年2月，全球对冲基金61%的投资来自机构。同一年底，美国最大的241家对冲基金资产总规模就达到了1.335万亿美元。根据对冲基金研究公司（Hedge Fund Research）的数据，2021年底全球对冲基金行业资产总规模首次突破4

万亿美元，已成为整个资产管理行业的重要组成部分。

在全球最富有的人群中也不乏对冲基金经理的身影。截至2022年10月初，《福布斯》亿万富翁榜上身价最高的前十位对冲基金经理资产总和达1 626亿美元，其中詹姆斯·西蒙斯以286亿美元的身价稳坐对冲基金经理榜首，排在其后的是肯·格里芬、瑞·达利欧和史蒂文·科恩。目前美国对冲基金经理的平均年薪超过20万美元，尽管对冲基金经理的工作内容对从业者智商和抗压能力都有着高于其他行业的要求，但仍是许多人最向往的职业之一。

得益于疫情期间的宽松货币政策，对冲基金行业在2020年和2021年分别取得了13.1%和10.4%的投资回报，这是十余年来对冲基金行业首次连续两年取得两位数的投资回报。而2022年，在全球资本市场剧烈动荡的背景下，对冲基金的表现急转直下，全年跌幅超过7%。即便如此，对冲基金的表现也远好于大盘标普500指数在2022年下跌约18%，是金融危机以来表现最糟糕的一年。

进入2023年，在持续高利率的背景下，美国股市得益于生成式人工智能投资热潮强劲反弹，对冲基金行业整体业绩也随之好转，HFRI基金加权综合指数在截至8月底的2023年上涨4.5%，表现最好的策略分别是股票和事件驱动策略，涨幅分别为6.6%和5.2%。

经过几十年的发展历程，目前对冲基金行业已经达到了相当成熟的阶段，且行业竞争越发激烈，对冲基金倒闭的速度甚至超过了新基金成立的速度，在危机爆发期间，千亿美元级别的大型机构往往比小机构更能取得投资者的信赖。

尽管对冲基金也面临诸多风险，但在市场波动性上升时仍然能够通过采用不同策略降低风险，并确保收益的稳定。Preqin的一项研究显示，2020—2025年，对冲基金的资产规模将以3.6%的复合年增长率持续增长，并继续保持其第二大另类资产类别的地位。

第14章

约翰·保尔森：做空次贷一战封神

Paulson & Co.是成立于1994年的一家美国对冲基金，创始人约翰·保尔森（John Paulson）因在2007年做空美国房地产市场为个人和投资者大赚200亿美元成为华尔街传奇投资人。

Paulson & Co.专注于事件驱动的套利交易，在全球金融危机期间，资产管理规模从创立伊始的200万美元扩大至超过300亿美元，成为全球最大的对冲基金之一。在2011年巅峰时期，Paulson & Co.的规模达到380亿美元。

然而也是在同一年，保尔森经历了投资生涯的滑铁卢，一年资产规模缩水132亿美元。在接下来的十年里，Paulson & Co.也未能再创金融危机时期的辉煌，投资业绩喜忧参半，同时面临投资者的持续撤资，资产规模不断缩水，到2019年底已经不到90亿美元。"经过一番深思熟虑"后，保尔森决定将他的对冲基金转型为家族办公室，专注于管理他个人的资产，以一种更灵活的方式继续活跃在资本市场。

尽管在2011年的巅峰之后保尔森的投资业绩一直不尽如人意，但时至今日，他在2007年对美国次级贷款市场的做空，依然被视为华尔街史上"最伟大的交易"。

精明的商人和冒险家

1955年，保尔森出生于纽约皇后区的一个移民家庭，在家里四个孩子中排行老三，父亲阿尔弗雷德·保尔森（Alfred Paulson）是厄瓜多尔人，16岁那年移民至美国洛杉矶，随后入伍并参加了第二次世界大战，母亲则来自一个犹太移民家庭。

学生时期的保尔森学习成绩优异，1973年，他进入纽约大学工商和公共管理学院，以优异的成绩毕业，并获得金融学学士学位。1980年，他获得哈佛商学院工商管理硕士学位，以"贝克学者"（Baker Scholar）的身份从哈佛毕业。这一头衔通常只授予成绩排名前5%的学生。2015年6月，哈佛大学宣布保尔森为母校捐赠4亿美元，这是该校379年历史上最大的一笔捐赠。

除了学术上的成就，年轻时的保尔森还是一个精明的商人和冒险家。20世纪70年代，保尔森曾休学前往厄瓜多尔创业，在基多创立了自己的第一家企业，向纽约的百货公司出口童装。在意识到这门生意的利润前景不佳后，他重新回到纽约大学继续学业。

从哈佛毕业后，1980年保尔森加入波士顿咨询集团（Boston Consulting Group）从事研究工作，在那里开启了自己的职业生涯，但他的志向却是进入华尔街。于是离开BCG后，他加入了投资公司奥德赛合伙投资公司（Odyssey Partners）。此后，他还加入知名投行贝尔斯登公司（Bear Stearns），主要从事并购业务。在创立Paulson & Co.以前，他的最后一份工作是担任格鲁斯伙伴基金（Gruss Partners LP）合伙人。G格鲁斯是一家以并购交易为主的对冲基金。

1994年，保尔森在贝尔斯登的26层租了一间办公室，用200万美元的启动资金和仅有的一名员工创立了自己的对冲基金Paulson & Co.,

专注于事件驱动的套利交易，包括企业并购。

关于套利交易策略，保尔森在2003年的一次采访中曾表示，Paulson & Co.追求的目标是在低波动性和低相关性的前提下产生高于平均水平的回报。具体的操作方法包括，尽量减少交易破裂带来的损失；在投资组合中对可能获得更高报价的交易进行加权；关注具有更高回报潜力的独特交易结构；以及做空完成概率较小的交易。1994—2003年，Paulson & Co.与标普500指数的相关性一直保持在0.07。

长期以来，价值投资领域一直流传着两句广为人知且有着异曲同工之妙的金句。一句是“管理好风险，收益自然就有了。”（Watch the downside，the upside will take care of itself.）另一句是，“风险套利不是为了赚钱，而是为了不赔钱”。保尔森曾透露，自己的投资理念也深受这两句话的影响。2003年，Paulson & Co.的规模达到了3亿美元。

华尔街“黑马”，靠做空次级贷款获利200亿美元

Paulson & Co.是一家合伙企业，总部设在纽约，在伦敦和都柏林都设有办事处。该公司主要管理集合投资工具（pooled investment vehicles），同时也为银行、企业和养老金计划等提供账户管理服务。

截至2013年，Paulson & Co.管理着8只对冲基金，分别是Paulson Advantage Fund（旗舰基金）、Paulson Advantage Plus Fund、Gold Fund、Paulson Partners、Paulson Enhanced、Paulson Recovery、Paulson Real Estate Recovery，以及Credit Opportunities Fund。

Paulson & Co.还设有一个由知名经济学家组成的外部顾问委员会，每个月举行一次会议，讨论投资主题、宏观经济风险以及全球财政和货

币政策。美联储前主席艾伦·格林斯潘（Alan Greenspan）就曾是该委员会的成员之一。

早年间，Paulson & Co.投资了许多被低估的公司，这些公司通常是其他企业的收购目标，保尔森的主要目标就是作为这些公司的大股东，尽量提高这些公司的收购价格。例如1997年，持有保险公司Washington National Corp. 6.2%股份的Paulson & Co.曾反对另一家保险公司PennCorp Financial Group Inc.以4亿美元对前者进行收购。后来，当时的金融保险巨头Conseco Inc.以4.1亿美元收购了Washington National Corp.。

在21世纪第一个十年里的大部分时间，Paulson & Co.在华尔街上一直相对低调，直到2007年，保尔森因预见到次贷危机，并通过投资信用违约互换（CDS）做空抵押贷款支持证券（mortgage-backed securities，MBS），为投资人和自己取得了大约200亿美元的投资回报，他本人从中获利37亿美元。

美国人将这笔交易称为"史上最伟大的交易"，保尔森本人也从一位默默无闻的基金经理一夜之间成为华尔街上的金融传奇人物，以及"华尔街历史上创造过最多财富的人之一"。

早在2005年，Paulson & Co.的分析师保罗·佩莱格里尼（Paolo Pellegrini）就告诉保尔森美国金融机构杠杆率过高，且房地产市场信用风险定价严重错误，于是保尔森买入CDS，并做空了那些他们认为将因信贷承销标准过低而价值下跌的债券。2005—2006年，美国楼市泡沫继续扩大，直到2007年破裂。

2008年，保尔森继续看空美国信贷市场，并断定信用问题将从次级抵押贷款领域扩大到消费、汽车、商业和企业信贷领域，并将导致一系列机构的破产与倒闭。这一信念促使保尔森对几家全球大型金融机构进行做空，包括巴克莱银行（空头头寸约3.5亿英镑）、苏格兰皇家银行（空头头寸约2.92亿英镑）以及劳埃德银行（空头头寸约2.6亿英镑）。

据报道，在2009年1月减持苏格兰皇家银行空头头寸后，保尔森共获利2.8亿英镑。

但到了2008年底，随着雷曼兄弟破产以及金融市场动荡持续，保尔森开始选择性地看多部分领域，并相应地成立了致力于将投资银行、对冲基金、保险公司和酒店等实体进行资本重组的基金。这些实体的价值因为与房地产市场相关的不良资产而减计超过3 450亿美元。

保尔森为这些处于“估值低谷”的公司提供资金，不仅能帮助这些公司度过危机，也可以因成功抄底而获利。保尔森当时持有的公司包括高盛、美国银行以及花旗银行。通过投资花旗银行，保尔森在2009年至2010年底获利10亿美元。

押注黄金，一年赚50亿美元

2010年，保尔森的对冲基金创下了另一项投资纪录，一年大赚近50亿美元，收益大部分来自对黄金的投资。

保尔森看多黄金背后的逻辑是，金融危机期间美联储和其他央行采取的逆周期宽松货币政策使央行资产负债表大幅扩张，而这必将导致美元和其他一些法定货币的贬值。在当时的背景下，保尔森将黄金看作货币，而不是大宗商品，随着世界多国央行持续印钞，黄金的重要性会继续上升。

2009年，保尔森成立专注于黄金矿业股和黄金相关投资的基金——Paulson Gold Fund。2009年第一季度，保尔森以每股89.56美元的价格买入3 150万股黄金ETF——SPDR Gold Trust（GLD）股份。截至2011年4月，GLD的股价上涨至每股133美元。他持有的第二大黄金股是AngloGold Ashanti，截至2011年12月31日持有40 949 437

股，自2009年一季度以大约30美元的价格首次买入后，其价格上涨了64.5%。

保尔森还买入了黄金相关公司的股票，如Gabriel Resources。该公司由于种种问题当时股价一直处于低迷状态，2009年一季度保尔森以每股2美元左右的价格首次买入该股，截至2011年4月，该公司股价上涨超200%至每股7.22美元。

Paulson Gold Fund的首次亮相便取得了超过35%的净回报率。在2011年4月以前的5年时间里，黄金价格上涨了131%。然而在2011年第一季度，他的黄金基金损失了1.26%。

2020年百年一遇的新冠疫情席卷全球金融市场，在全球央行释放了天量流动性的背景下，保尔森再次看多黄金。

在2021年9月的一次采访中他说，通胀的上升将促使美联储加息，并使投资者从现金和债券转向黄金，而黄金需求的上升及其有限的供给会推高黄金价格。保尔森的这一预期也反映在了其投资组合中。根据公开资料，截至2021年6月底，保尔森投资组合中有10多家矿业公司，包括巴里克黄金（Barrick Gold）和诺华黄金资源（Novagold Resources）。矿业股头寸总价值约8亿美元，占其投资组合总价值的20%。

遭遇滑铁卢，一年资产规模缩水130亿美元

到2010年，保尔森的对冲基金资管规模超过300亿美元，位于世界前列，2011年顶峰时期达到380亿美元。这在一定程度上是新投资者涌入的结果，另外也来自公司员工自有资金的投入，包括保尔森本人。2012年保尔森的个人资金约占公司资产规模的60%。

然而同样在2011年，保尔森遭遇了投资生涯的滑铁卢，Advantage

Fund和Advantage Plus两只基金的亏损分别达到36%和52%，第二年的损失率也高达两位数。对Sino-Forest Corporation（简称“嘉汉林业”）的投资失败和金价下跌是导致巨额亏损的主要原因。

嘉汉林业于1995年在加拿大多伦多证券交易所上市。根据保尔森在2011年6月发给投资者的一份备忘录，他在2007年读到一篇暗示嘉汉林业可能被收购的文章后对该公司产生了兴趣。到2011年5月，Advantage Fund已成为嘉汉林业最大的股东，持有3 100万股，占该公司股份的12.5%。同年6月，著名做空机构浑水调查公司（Muddy Waters Research）创始人卡森·布洛克（Carson Block）发布有关嘉汉林业的研究报告，对该公司的财务报表提出质疑，并指出该公司伪装在中国拥有林地的假象。在做空报告的影响下，嘉汉林业股价也随之暴跌。就在浑水发布报告同月，保尔森对全部头寸进行平仓，但结果还是损失了大约1亿美元。

在经历了大幅亏损后，曾经在2007年大举投资保尔森的投资者开始变现手中的持股，其中包括全球的养老基金、非营利机构以及多家对冲基金。一些投资者指责保尔森在投资以前没有对嘉汉林业进行充分的尽调，有人甚至认为保尔森的投资策略出现了风格漂移。

根据一份投资者报告，Paulson & Co.的资产规模在2011年底比2010年底减少了132亿美元。保尔森本人的资产净值也从2011年3月的160亿美元跌至125亿美元，保尔森经历了对冲基金历史上最严重的损失之一，但该基金生命周期内赚得超200亿美元的投资收益。

在2011年11月致投资者的一封信中，保尔森说，他的对冲基金经历了成立以来“最糟糕”的一年，并向投资者致歉。在信中，保尔森指出了导致亏损的主要原因是对宏观经济形势的误判，包括低估了欧债危机、高估了美国经济，以及对于一些股票的错误押注。

转型：从对冲基金到家族办公室

在遭遇了2011年的滑铁卢之后，保尔森并没有起死回生，2014年Advantage Plus亏损36%，Advantage Fund亏损29%，Paulson & Co.的资产规模则跌至了190亿美元。在2011年之后的十年里，投资者不断从Paulson & Co.撤资，到2019年底，公司的资产规模已不足90亿美元，其中大部分是保尔森自己的钱。

在公司经历了多年的亏损后，2020年7月保尔森决定将他的对冲基金转型成为一家私人投资公司，以家族办公室的形式管理自己的资金。实际上，保尔森并不是唯一一个近年来转型成为家族办公室的对冲基金经理。包括利昂·库珀曼（Leon Cooperman）、埃里克·明迪奇（Eric Mindich）和乔纳森·雅各布森（Jonathon Jacobson）在内的知名投资人在过去的几年里都向客户返还了数十亿美元，并将投资公司转型为家族办公室。

转型成为家族办公室赋予了基金经理更多的灵活度。卡尔·伊坎（Carl Icahn）、乔治·索罗斯（George Soros）、斯坦利·德鲁肯米勒（Stanley Druckenmiller）等知名投资人更是美国对冲基金行业转型成为家族办公室的典型代表。

有数据显示，2008—2016年，对冲基金投资组合的回报率为25%，而股票和债券投资组合的回报率高达70%，尽管金融危机期间股市大幅下跌。

退出对冲基金行业后，保尔森通过他的家族办公室继续活跃在资本市场上。除了黄金，疫情之年保尔森预期大宗商品价格将走高，并相应地押注了能源公司，包括英国石油公司（BP）、荷兰皇家壳牌集团（Shell）、西方石油公司和埃克森美孚公司。此外，保尔森还将目光转向了中国。截至2021年9月初，保尔森持有价值约1.57亿美元的滴滴股份，以及400万美元的阿里巴巴和百度股份。

根据13F持仓报告，截至2023年一季度，Paulson & Co.的投资组合价值超过12亿美元，前五大持仓分别是制药公司Bausch Health、资管公司Brightsphere Investment、矿业公司NovaGold Resources、Perpetua Resources，以及制药公司Horizon Therapeutics。

第15章

丹尼尔·勒布：号称“小巴菲特”的积极投资者

第三点资产管理公司（Third Point Management，TPM）成立于1995年，是一家事件驱动和秉持价值投资理念的美国对冲基金。截至2021年二季度，TPM的资产规模从创立伊始的300万美元扩大至173亿美元，平均年化收益率为15.1%。由于2022年和2023年全球资本市场剧烈动荡，TPM的资产规模在2023年第三季度末下降至了108亿美元。

创始人丹尼尔·勒布（Daniel Loeb）是华尔街出了名的“毒舌”投资人。作为一位激进的价值型投资人，勒布最擅长且最为人所熟知的投资策略是寻找陷入困境的企业，公开批评并更换在他看来拖累了公司业绩的管理层，从而帮助公司扭亏为盈。

多年来TPM一直坚持价值投资，但在2018年第二季度勒布表示，TPM的投资风格已从纯粹的事件驱动和价值导向更多转变为寻找成长型股票。截至2021年第二季度末，TPM投资组合中权重最大的股票类别分别为科技（27.52%）、金融服务（22.21%）以及通信服务（11.84%），均为高增长、颠覆性企业聚集的行业。

为了获得公司高速成长带来的回报，TPM近年来扩大了早期投资的业务版图，还成立了专门的风险投资基金。2021年TPM投资组合中表现最好的两家公司均为其在早期就投资的初创企业。

在投资之外，勒布有着广泛的个人爱好。在某程度上，正是这些在成长过程中不经意间形成的个人爱好为勒布的投资生涯提供了源源不断的养分。

从芭比娃娃、艺术、文学、冲浪到投资

1961年勒布出生于圣莫尼卡（Santa Monica），一个坐落于美国加利福尼亚州的沿海城市。父亲是一位律师，母亲是一位历史学者，9岁那年父母离异后，勒布和父亲一起生活，两个姐妹则跟随了母亲。

在海滩长大的勒布从小就找到了一生的热爱——冲浪。他曾透露，自己在加勒比海有一个“秘密据点”，印度尼西亚则是他第二个最爱的冲浪地点，甚至连Third Point这个名字也是他在马里布的萨弗里德海滩（Surfrider Beach）冲浪时想出的。

勒布“毒舌”的风格由来已久。上中学时，他因为说话口无遮拦给自己惹了不少麻烦。在12岁就读Paul Revere中学期间，还专门雇佣了自己的同班同学罗伯特·施瓦兹（Robert Schwartz）做自己的保镖，每天支付给他25美分。施瓦兹后来成了勒布的合伙人。

勒布人生中的第一次投资经历来自高中。由于酷爱炒股，他的老师给他起了“Milo Minderbinder”的外号，这是小说《第二十二条军规》（Catch-22）中一个黑市投机商的名字。

他的伯祖父艾略特·汉德勒（Elliot Handler）和伯祖母露丝·汉德勒（Ruth Handler）是因芭比娃娃而闻名的美国最大玩具公司美泰公司（Mattel）的创始人。他常常将自己对投资的热爱及成功归功于充满创业精神的家庭环境。在2009年的一次演讲中他说，自己的成功与风火

轮和芭比娃娃密不可分，它们是促使他与商业结缘的强大驱动力。

在加州大学伯克利分校就读两年后勒布转校至哥伦比亚大学学习经济学，但真正吸引他的并不是经济学，而是文学和艺术。关于文学，勒布曾表示，尽管对于经济学课程的记忆已经所剩无几，但《堂吉诃德》《李尔王》中的情节至今仍然生动地呈现在眼前。

勒布还十分痴迷于艺术品收藏，这个爱好无形当中变成了一笔好的投资。他收藏的艺术品大多以战后和当代艺术为主，其中许多艺术品出自理查德·普林斯（Richard Prince），巴斯奎特（Basquiat），安迪·沃霍尔（Andy Warhol），麦克·凯利（Mike Kelley）和辛迪·舍曼（Cindy Sherman）等艺术家。

在哥大读书期间，勒布还切身体会了一回什么是糟糕的投资。读大四时，他靠炒股赚了12万美元，但随后他把这笔钱投给了一家名为Puritan-Bennett的医疗呼吸机制造商，这家公司在其呼吸机导致数人死亡后损失惨重，勒布的投资也蒙受了损失。这次的失败经历使勒布意识到投资过度集中所带来的后果。

闯荡金融圈，用一只股票帮华平赚了2 000万美元

1983年从哥大毕业后，勒布开始在金融圈闯荡，但他的择业范围并没有仅仅局限于金融机构。

1984年勒布加入私募股权公司华平（Warburg Pincus）。学生时期的炒股经历使勒布在选股方面十分在行。在华平期间，他看中了位于芝加哥的CNW公司（Chicago and North Western Transportation Company），认为其股价被严重低估。华平最终听从他的建议入手这只股票，从中赚了2 000万美元。

在华平工作不到3年之后，1987年勒布转行进入音乐行业，加入由克里斯·布莱克威尔（Chris Blackwell）创建的小岛唱片公司（Island Records），但依然从事金融业务，担任企业发展部总监，负责债务融资。

离开小岛唱片公司之后，勒布加入对冲基金公司Lafer Equity Investors担任风险套利分析师，但很快便收到了华尔街著名投资银行杰富瑞（Jefferies）CEO里奇·汉德勒（Rich Handler）伸出的橄榄枝，被邀请到杰富瑞洛杉矶办公室担任卖方分析师。1991年勒布加入杰富瑞，一直工作到1994年，在此期间他晋升为不良债务部门的高级副总裁。

勒布自立门户创立TPM之前的最后一份工作也颇为光鲜，在花旗银行担任副总裁，主管高收益债券销售。

1995年TPM成立。起初，勒布本打算筹集1 000万美元，但最终在五位亲朋好友的慷慨解囊之下，加上自掏腰包的钱，只筹集到330万美元。勒布从未上过商学院，对于如何领导、管理一家公司、搭建企业文化并不了解，但在第一个月取得8%的收益率后，最初的疑虑被打消了。

“毒舌”激进投资人

TPM专注于事件驱动型和价值导向型投资。2012年，TPM实现21.2%的投资回报，超过标普500指数的16%，成为当年表现最好的对冲基金之一。截至2021年第二季度末，TPM的资产管理规模（AUM）扩大到了173亿美元，平均年化收益率为15.1%，同一时期标普500指数的平均年化收益率为9.3%。

TPM的成功在很大程度上来自勒布“彪悍”的投资风格。勒布最擅长以及最成功的投资策略是收购陷入困境的公司，替换低效的管理层，从而帮助公司扭亏为盈。2013年他被《福布斯》评为全世界最富有的40位对冲基金经理之一，截至2023年8月初，他的身价（资产净值）为35亿美元。

勒布是华尔街最成功的激进投资人之一，他的“彪悍”体现在他常常以尖刻犀利的语言致信公司董事会，敢于开门见山地指出公司CEO的失误，并指责管理层常常做一些没有明确目标的事（tool around）。之所以攻击这些高管，是因为他认为这些高管的贪婪损害了股东利益，有人认为他表达了许多对冲基金的心声。

体现勒布激进投资风格的案例有很多，其中最为人所熟知的就是揭发Yahoo！前CEO大学学历造假，并对其管理层进行大换血。

2012年，勒布通过TPM持有Yahoo！5.8%的股票为自己和其他几位投资人争取到了Yahoo！董事会的席位。那年5月，勒布称Yahoo！的新任CEO斯科特·汤普森（Scott Thompson）并没有计算机科学学位，最终导致汤普森被解雇，同时勒布和其他几位投资人被提名为董事会成员，前谷歌高管玛丽莎·梅耶尔（Marissa Mayer）被任命为新任CEO。

在2013年7月勒布辞去Yahoo！董事会职务时，Yahoo！的股价已从他买入时的每股13至15美元上涨至了28美元。同时Yahoo！同意从TPM回购4 000万股股票，价值高达16亿美元。

勒布“彪悍”而“毒舌”的风格不只体现在投资方面。2005年，他注意到对冲基金城堡集团（Citadel）的创始人肯·格里芬（Ken Griffin）试图用高薪从其他对冲基金挖走人才。勒布在一封邮件中称城堡集团是“古拉格劳改营”（gulag，前苏联一个负责管理全国劳改营的政府机构），并禁止城堡集团在任何情况下接近任何一位TPM的员工。勒布还声称城堡集团名不副实，且不懂得如何管理人才。

勒布的“毒舌”再一次引爆媒体圈是其与华尔街另一位对冲基金大佬、潘兴广场资本创始人比尔·阿克曼（Bill Ackman）在康宝莱（Herbalife）事件中的多空对战。阿克曼在2012年曾因押注美国营养品巨头康宝莱的业务模式是一场金字塔式骗局，对其进行公开做空，并建立了10亿美元的空头头寸。然而阿克曼的公开做空遭遇了轧空，上演了一场激烈的多空大战。站在他对立面的不乏华尔街顶级投资人，例如金融大鳄乔治·索罗斯（George Soros）、伊坎资本创始人卡尔·伊坎（Carl Icahn），勒布也在其中。

勒布通过TPM持有康宝莱8.2%的股份，价值3.5亿美元。在2013年1月致股东的一封信中他声称，阿克曼做空康宝莱十分“荒谬”，坚信康宝莱股价会继续上涨。这场从2012年持续到2018年初的多空大战最终以阿克曼的失败告终，使其损失数亿美元。

投资策略的转变：成长即价值所在

多年来TPM一直秉持事件驱动（如剥离、破产等）、价值导向的投资理念，主要投资于全球上市股票、固定收益和ADR（美国存托凭证），管理多只基金，包括Third Point Partners、Third Point Opportunities Master Fund、Third Point Ultra Master Fund和Third Point Resources。但随着时间的推移，TPM也根据时代背景和市场环境的变化对投资组合的风险敞口进行调整以实现投资者价值最大化。

在2018年第二季度致投资者的信中勒布表示，在此前的5年里，TPM的投资风格已从纯粹的事件驱动和价值导向转变为更多地寻找成长型股票。这标志着TPM投资策略的转变，不过其并没有完全放弃此前的价值投资理念。

在名为“成长即价值所在”（Growth Is Where the Value Is）的章节

中勒布表示，TPM并没有将全部投资组合转向高增长高倍数的股票，但在几乎每个行业都在经历颠覆性变革的时代，TPM的投资策略也需要不断进化。

事实上，价值理念在TPM的投资策略中一直占有重要地位。不同的是，在注重估值的同时，TPM对企业的分析比过去更加侧重于业务质量、差异化、创新、颠覆性和市场结构等因素。这是与此前基于事件（剥离、重组、合并等）寻找被低估股票的策略最大的不同之处。

截至2023年第三季度末，TPM投资组合中权重最大的股票类别分别为非必需消费品（24.2%）、工业（22.9%）、科技（20.9%）以及公用事业（16%）。前5大持仓分别为宝洁公司（14.01%）、微软（10.73%）、丹纳赫公司（9.2%）、亚马逊（9.09%）和BATH&.BODYWORKS（7.15%）。

TPM投资策略的转变还体现在早期投资业务版图的扩大。早在20年前TPM就通过旗下的Third Point Ventures对金融科技、移动设备、医疗创新等领域的初创企业进行早期投资。在取得一系列成功后，TPM将早期投资业务进一步扩大，成立了专门的风投基金。2020年12月有媒体首次披露，TPM正在准备为其首个专门的风险投资基金募资，目标融资规模为3亿美元。

在勒布看来，TPM传统的“主动型”（activism）投资策略和早期风险投资业务是确保TPM能够为投资者持续创造超额收益的两个重要互补性因素。一方面，长期以来的“主动型”投资风格使TPM成为一个能够积极参与到企业经营中的投资者，这对于风险投资的成功来说是一个重要因素。另一方面，风险投资对于TPM长期以来以公开市场股票交易为主的投资组合来说是一个有益的补充。

Upstart和SentinelOne是2021年TPM投资组合中表现最好的两只股票，二者均为初创公司。TPM对这两家公司的首次投资都发生在其产品和收益处于起步阶段时。

SentinelOne是一家网络安全软件公司，2015年TPM对其进行首次投资，以9 800万美元的投后估值领投了其B轮融资。SentinelOne于2021年6月上市，截至当年第二季度末，其市值约为140亿美元，是TPM股票组合中的第二大持股，持仓占比为6.3%①。

Upstart是一家金融科技公司，2016年TPM对其进行首次投资时的估值为1.45亿美元，到2021年9月达到了210亿美元。在Upstart于2020年12月上市之前，TPM投入了6 600万美元，在IPO期间再次投入2 400万美元，使持股增至1 340万股。按照IPO时每股20美元的价格计算，TPM的投资价值达到2.67亿美元。上市后Upstart的股价一路飙升，一直到2021年10月中旬390美元的高点。

SEC的文件显示，TPM在2021年8月底出售了近100万股Upstart股票，约占其对Upstart总持股数的7%，从中获利约2亿美元。在2021年第四季度以前，Upstart一直是TPM投资组合中最有价值的投资，但随着其股价从2021年10月下旬开始大幅回调，TPM也大幅抛售其股票，到2022年一季度末全部清仓。

勒布表示，早期投资能够确保他们以远远低于上市时估值的价格买入公司大量股权，同时享受公司高速成长带来的回报。与其他风投公司不同的是，TPM更加专注于“生命周期投资”（lifecycle investing），而不会将IPO视为退出的标志。他说，他和他的团队会继续参与到投资组合公司的管理当中，并且在完成IPO之后也继续对这些公司进行投资。但从披露的股票组合报告来看，控制下行风险依旧是勒布作为投资人的首要目标，无论一家公司的长期潜力如何。

---

① 2022年TPM逐渐削减了对SentinelOne的持股，13F文件显示，截至2023年一季度末，TPM已经不再持有SentinelOne。

开辟新领域，拥抱加密币

在勒布看来，另一个蕴含着颠覆及超高增长潜力的领域是加密货币。尽管以价值投资著称，但勒布从不排斥可能为投资者创造回报的新鲜事物。

尽管在许多传统价值投资人眼中加密货币常常被视为一种投机工具，但勒布认为加密货币是一种能够产生广泛经济影响的颠覆性技术。它的魅力在于，更大的包容性和可及性、去中心化模式带来的透明度、高速度带来的低成本，以及为用户和开发者带来的独立感。

2021年数字资产市场一片火热，TPM投资了多家加密货币领域的非上市公司，包括加密货币情报公司CipherTrace、加密货币资管公司Bitwise以及当时全球最大的数字资产交易平台之一FTX[①]。

早在2021年3月，勒布就曾在Twitter上表示自己一直在深入研究加密货币。他说，加密货币可以考验一个人能否在思想上对全新的、有争议的观点持开放态度。

在2021年第二季度致投资者的信中他说，TPM会继续增加对加密货币的投资，尽管他预见到加密货币的价格和投资者情绪将发生剧烈波动，但这些担忧与加密货币所蕴含的颠覆性潜力相比显得微不足道。

关于监管对于加密货币的影响，勒布认为从长期来看是利好的，因为清晰的监管规则可以为未来更多资本流入加密货币领域铺平道路。

① 美国时间2022年11月11日，FTX申请破产保护，红杉资本、软银、淡马锡等众多知名投资机构曾向FTX投资近20亿美元。

第16章

肯·格里芬：数学神童到顶级对冲基金经理

城堡投资集团（Citadel Investment Group，LLC，以下简称“城堡”）是一家美国对冲基金和金融服务公司。从1990年肯·格里芬（Ken Griffin）创立这家公司到2023年9月1日，其城堡的资产管理规模（AUM）从460万美元扩大到了610亿美元，是当今全球最大的对冲基金之一。

城堡的两大主营业务分别是侧重资产管理的城堡基金，和专注于经纪业务的城堡证券（Citadel Securities），后者是美国最大的零售和机构客户做市商之一，其自动化股票交易平台处理大约27%的美国股票交易量。

福布斯的数据显示，截至2023年8月7日，格里芬的资产净值为324亿美元，在美国富豪榜上排名前50。

与许多华尔街投资人不同，格里芬对于自己的交易策略守口如瓶，不过他对于量化投资的偏爱在业内已不是秘密，这源于从小在数学方面展现出的过人才华。这也使他具备了带领城堡发展成为定量研究领域佼佼者的潜力。

作为华尔街的代表性人物，公众对于格里芬的关注点不仅在于他如何通过投资为自己积累了巨额财富，还在于他如何对这些财富进行“二次分配”。在投资之外，格里芬还是美国最活跃的慈善家之一，向各种慈善机构捐赠了数亿美元。他对豪华地产和昂贵艺术品的投资也常常是媒体和公众关注的焦点。

数学神童，19岁创办人生第一只对冲基金

格里芬出生于1968年的佛罗里达州代托纳比奇市，并在该州的博卡拉顿市长大。格里芬从小就展现出了过人的数学才能，读高中时，还担任过数学俱乐部的主席。

不仅如此，格里芬还有着超越同龄人的商业头脑。高中时在自己的寝室里创办了人生的第一家公司，名为“EDCOM”，主要向教授们出售低成本的教育软件。在个人电脑刚刚开始普及的1986年，格里芬在《Sun-Sentinel》的一篇文章中就大胆预言，未来十年计算机程序员的就业市场将大幅缩小。

格里芬的投资生涯则起源于大学时期。天资聪颖的格里芬在1986年被哈佛大学录取。同一年，他购买的家庭购物网（Home Shopping Network）的看跌期权为他带来了5 000美元的收益。而这只是他首批投资中的一笔。

他还投资了可转换债券，利用可转债市场的系统性低效从中套利赚钱。尽管当时学校禁止学生经商，但格里芬还是说服学校管理人员允许他在宿舍屋顶安装一个卫星天线，用来接收股票报价。不仅如此，他还请求波士顿美林证券公司（Merrill Lynch）的可转债经理Terrence J. O'Connor为他开了一个10万美元的经纪账户（brokerage account）。

1987年，在格里芬刚刚过完19岁生日的几天后，他用25.6万美元

创立了人生的第一只对冲基金。在1987年10月19日，也就是著名的“黑色星期一”，美国股市崩盘时，这只基金从其空头头寸中大赚了一笔。

1989年，格里芬从哈佛大学毕业，并取得了经济学学位。25年后的2014年，格里芬向哈佛大学捐赠了1.5亿美元，创下当时该校历史上最大单笔捐赠纪录。

从哈佛毕业以后，格里芬来到芝加哥，在弗兰克·迈耶（Frank Meyer）管理的格伦伍德资本投资公司（Glenwood Capital Investments）工作。格里芬在哈佛期间使用的投资策略受到了迈耶的赏识，他甚至把100万美元交给格里芬进行管理。格里芬也的确没有令迈耶失望，一年内就获得了70%的收益。这一成绩也帮格里芬吸引了其他知名金融家的关注。

1990年，格里芬自立门户，用460万美元的启动资金创立对冲基金Wellington Financial Group，其中就包括迈耶的注资。1994年，Wellington Financial Group更名为Citadel，中文译为“城堡”，这一名字的由来是“基于希望在动荡时期为资金提供一个安全场所”的理念。

30年，带领“城堡”从460万美元扩大到380亿美元

城堡的首次亮相不负众望，1991年和1992年分别取得了43%和40%的收益率。在创立后仅8年时间里，城堡的资产规模就扩大到超过20亿美元。2003年，年仅34岁的格里芬以6.5亿美元的资产净值成为“福布斯美国400富豪榜”（Forbes400）白手起家榜单中最年轻的人。

从创立开始城堡就增长迅猛，经常高调收购不良资产或不被看好的资产。2002年，在安然（Enron）破产后，城堡进入能源交易领域。

2006年，在Amaranth Advisors因天然气投资失误而陷入困境时，城堡以极低的利率向Amaranth Advisors发行了20亿美元的投资级债券。到2008年中期，城堡的管理资产规模已达到200亿美元。

尽管格里芬有着高超的数学能力，但他还是未能预见到2008年毁灭性的全球金融危机的爆发，这也使城堡一度濒临破产的边缘。

金融危机期间，城堡的资产规模曾在16周内迅速缩水，在危机最严重的时候，公司“每周损失数亿美元”，这引发了恐慌情绪，而格里芬不得不想方设法禁止投资人撤资。城堡的投资人在将近一年的时间里都被禁止撤资，尽管这一做法引来了一些批评，但也给格里芬改变策略争取了足够的时间。

2008年底，城堡最大的几只基金下跌55%。然而，在2009年，它们以62%的回报率强势反弹。有别于其他对冲基金，城堡在格里芬的领导下，在后金融危机时期“积极扩张”。2012年1月17日，城堡旗下的旗舰基金Citadel Kensington Global Strategies Fund Ltd和Citadel Wellington LLC双双突破各自的高点，挽回了金融危机期间50%的资产损失。

从2014年初开始的18个月时间里，得益于其主要基金29%的增幅，城堡的AUM暴增100亿美元，从160亿美元增至260亿美元。

格里芬个人更是通过城堡赚得盆满钵满：2009年他从城堡赚了9亿美元，2014年赚了14亿美元，2016年赚了6亿美元，2017年赚了14亿美元，2018年赚了8.7亿美元，2019年赚了15亿美元，2020年赚了18亿美元。2015年，他甚至自费请来顶级歌星Katy Perry和Maroon 5为公司员工表演。

2020年11月，由于城堡的价值增加，格里芬的净资产超过了200亿美元，他持有的城堡股票价值112亿美元。

截至2021年9月初，城堡的资产规模达到了380亿美元。在当年9月美国股市持续波动的1个月里，城堡旗下的旗舰基金Wellington取得7.8%的收益率。而同一时期，标普500指数下跌了4.8%，道琼斯指数和纳斯达克指数分别下跌了4.3%和5.3%。Wellington在的出色表现使其在2021年前9个月的投资回报率达到18.5%。城堡的另一只多策略基金Tactical Trading在9月上涨3.9%，2021年前9个月累计上涨14.1%。

城堡在2021年的良好表现，在一定程度上反映了当年对冲基金行业的整体表现。根据eVestment的数据，2021年8月，有120亿美元的资金流入对冲基金，使其管理的总资产达到创纪录的3.622万亿美元。对冲基金研究公司HFR的数据显示，截至8月底，对冲基金行业在2021年的收益率达到约10%。

不过2022年美国股市大幅下跌，HFR的数据显示，该行业取得2018年以来的最差表现，总体上亏损了4.25%。但城堡却成一枝独秀，取得了160亿美元的投资回报，成为当年对冲基金行业最大的赢家，并且超越瑞·达利欧创办的桥水基金，成为有史以来最赚钱的对冲基金。进入2023年，城堡的势头继续保持，旗舰基金Wellington在前9个月取得12.6%的投资回报，小幅领先标普500指数的11%。

偏爱量化投资，不限制自己对投资策略的选择

与许多其他著名的投资人不同，格里芬对自己的投资策略通常守口如瓶。不过格里芬对于量化投资的偏爱在业内已不是什么秘密，而这又源于他对数学的热爱。

作为量化研究领域的先驱，格里芬擅长利用复杂的数学模型对资产进行有效配置。格里芬远远早于他的竞争对手意识到了量化投资策略的重要性，这种重要性在计算机技术快速发展的过程中进一步凸显出

来。在实际操作过程中，格里芬也努力确保城堡的所有业务都得到先进技术的支持。

格里芬是一个风险爱好者，在有数学模型支持的情况下，他的风险偏好会更高。金融危机期间，城堡的杠杆率高达7：1，即每1美元的资产对应7美元的负债，到2011年中，尽管已经降到了4：1，但也仍然处于很高的水平。

尽管格里芬偏爱量化投资，但他并不局限于某一领域的投资。城堡目前的投资策略包括股票、债券、大宗商品、货币和宏观策略，他甚至还公开表达了对于比特币的兴趣。

格里芬对量化投资的偏爱还体现在人才选拔上。他的选择对象不仅包括经济学和金融学，甚至还包括物理学、精算师和工程师等各个高门槛学科的顶尖人才，以便能够帮助他制定复杂的数学模型。

有趣的是，格里芬也曾因为挖其他对冲基金的“墙角”而被公开批评。第三点资产管理公司创始人丹尼尔·勒布曾在2005年的一封邮件中将城堡称为“古拉格劳改营”（gulag，苏联一个负责管理全国劳改营的政府机构），还禁止城堡在任何情况下接近任何一位Third Point的员工。

目前城堡集团有两大主营业务，一个是侧重资产管理的城堡基金，另一个是专注于经纪业务的城堡证券，2009年又成立了城堡科技（Citadel Technology），向企业和基金提供由城堡内部开发的投资管理技术。

城堡是目前世界上最大、最成功的对冲基金之一，总部设在芝加哥。在美国之外，城堡在英国伦敦、新加坡、加拿大多伦多、法国巴黎、中国上海和中国香港均设有办公室。2014年，城堡还成为首家完成人民币融资的外国对冲基金，从而使中国投资者可以对海外对冲基金进行投资。

城堡证券成立于2001年，是美国最大的做市商之一。根据公司官网介绍，城堡证券的自动化股票交易平台处理大约27%的美国股票交易量，涉及11 000多家美国上市证券和16 000多家场外交易证券。城堡证券还为4 000多家美国上市期权公司提供做市业务，占美国期权交易总量的99%，是美国主要期权交易所最大的流动性提供者。

在城堡证券发展壮大的过程中，也遇到了不少监管上的麻烦，包括被指与城堡的资产管理业务存在利益冲突。最近的一次指责就是针对城堡证券在2021年1月游戏驿站（GameStop）逼空事件中扮演的角色。城堡证券执行Robinhood的大部分交易，而城堡为游戏驿站的主要做空方Melvin Capital投资了20亿美元。由于格里芬持有城堡证券85%的股份，有人担心，城堡证券可能会与做空方的利益一致，从而损害了做多游戏驿站的投资者的利益。

不过城堡证券的地位和业绩并没有因此而受到严重的打击。2020年上半年，得益于新冠疫情期间波动性和零售交易的增加，城堡证券收益翻了一番，暴赚40亿美元。

热衷于慈善、房地产、艺术品

格里芬是美国最活跃的慈善家之一，向各种慈善机构捐赠了数亿美元，其中仅对芝加哥的非营利组织就捐了大约3亿美元（截至2020年1月）。这些接受过格里芬捐赠的芝加哥机构包括菲尔德博物馆（Field Museum）、芝加哥艺术学院（Art Institute of Chicago）和芝加哥儿童医院（Ann & Robert H. Lurie Children's Hospital of Chicago）等。

格里芬的捐助对象还包括教育机构，例如2014年向母校哈佛大学捐赠的、用于为学生提供财务支持的1.5亿美元。他还向芝加哥大学经济系捐赠了1.25亿美元，以奖励该校在研究和理解经济学以及全球金融市场方面发挥的重要领导力作用，尽管他本人并没有就读过该校。

格里芬对于豪华房地产的投资也吸引了媒体和公众的眼球。他在美国，乃至全世界的多个城市里都创下过房地产投资的纪录，其中包括他在2019年1月在中央公园南220号购买的一套大型公寓。这一位于中央公园南部亿万富翁街附近、面积2.4万平方英尺的豪宅花了格里芬2.38亿美元，打破了美国有史以来最昂贵住宅的销售纪录，并为曼哈顿房地产市场树立了新的标杆。

据当地媒体报道，格里芬在美国最著名的富人区棕榈滩（Palm Beach）拥有至少20英亩的私人地产，他的富豪邻居中还包括美国前总统唐纳德·特朗普。据《棕榈滩邮报》报道，2019年9月，格里芬以9 900万美元购买了一座有着八间卧室的海滨豪宅，是该市有史以来第二大单笔买卖交易。

除此之外，格里芬还热衷于收藏世界上最昂贵的艺术品。2015年，他仅在两件作品上就花了5亿美元，包括威廉·德·库宁（Willem de Kooning）的《交错》（Interchange）和杰克逊·波洛克（Jackson Pollock）的Number 17A。

根据公开报道，截至2020年1月，格里芬收藏的艺术品价值超过了20亿美元，其中的一些还借给了博物馆，以便能让公众欣赏他拥有的这些艺术品。在某种程度上，这一方面进一步反映了格里芬对于慈善的热衷，另一方面也说明，慈善似乎是投资以外少有的能够激励格里芬的领域。

第17章

保罗·辛格：秃鹫基金之王

艾略特资产管理公司（Elliott Investment Management，以下简称“艾略特”）成立于1977年，是美国历史最悠久的对冲基金之一。创立之初，它的资产管理规模（AUM）为130万美元，截至2023年6月底的AUM约为592亿美元，是目前世界上最大的对冲基金之一。

创始人保罗·辛格（Paul Singer）被视为对冲基金行业“最聪明、最强硬的基金经理”之一。艾略特因早年间专注于投资企业不良债务和濒临破产的国家主权债务而有着“秃鹫基金之王”的称号，辛格本人则被称为“秃鹫资本家”。为了迫使阿根廷还债，律师出身的辛格与其打了长达数十年的官司，甚至还曾扣押其军舰。

辛格还是一位出了名的激进投资人，通过持有的公司股份，提出令公司感到措手不及的要求，如替换管理层、资产剥离、股票回购等。艾略特的激进股权头寸从2010年开始激增，最近几年随着管理资产规模的不断扩大，艾略特的收购对象逐渐转向科技巨头。

2020年2月，在大多数美国人还没听说过COVID-19的时候，辛格就提醒艾略特员工为可能到来的疫情做好准备。这种先见之明也帮助艾略特避免了可能出现的巨额损失，全年取得了12.7%的回报率，是艾略特2012年以来表现最好的一年，同时也使艾略特的资产规模在2020年底突破了450亿美元。

专注收购不良资产，注重资本保值

辛格出生于1944年，成长于新泽西州的一个犹太家庭。1966年辛格获得罗切斯特大学心理学学士学位，随后又在1969年取得了哈佛大学法学博士学位。毕业后，辛格当了7年律师，但并不满意这份职业，于是转而做投资，一开始和作为药剂师的父亲一起涉足投资领域，交易科技和矿业股。

3年后，辛格创立Elliot。Elliot是辛格的中间名，这家对冲基金的启动资金是辛格从家人和朋友那里筹集的130万美元。

成立之初，艾略特专注于可转换套利（convertible arbitrage），即利用可转换证券定价的无效性赚取无风险收益的一种对冲基金常用的投资策略。但在经历了1987年股市崩盘和20世纪90年代初的经济衰退后，艾略特的重点转向了对不良债权（distressed debt）的投资。

到2009年，艾略特的投资组合中有超过1/3的资产集中在不良债务上，主要为破产或濒临破产的公司债务。2008年全球金融危机爆发后，艾略特又参与了许多重大企业重组交易。在2011年，雷曼兄弟（Lehman Brother）的债务是艾略特最大的头寸，占其投资组合的10%以上，价值约20亿美元。

不良债务投资通常指投资于那些财务上陷入困境的公司的资产，最常见的不良资产是债券和银行债务。投资人通常可以以低于这些资产内在价值的价格买入这些资产，一方面投资于不良债权有着巨大的回报潜力，但另一方面也面临着一定风险，对风控能力有着较高的要求。因此，不良债权并不是所有投资者都敢于触碰的领域。

辛格在不良债权投资方面并不完全是激进冒险的，尽管他的目标是获得高回报，但首要目标却是保本。

这主要是因为辛格在刚刚投资股市时经历的损失让他对风险产生了极大的厌恶。这种对风险的厌恶后来一直伴随着他的投资生涯。其中一个体现就是他很少依赖加杠杆的方式来提高回报。

在某种程度上得益于这一理念，1977年到2012年，艾略特只有两年出现了下跌——一次是在1998年，损失7%，另一次是在2008年，损失3%。2011年，在大多数对冲基金亏损的时候，艾略特取得了4.2%的回报率。到2012年，艾略特已是美国第九大对冲基金。

秃鹫资本家

除了收购企业的不良债务，艾略特从20世纪90年代开始通过艾略特旗下的其他子公司对主权国家的不良债务进行投资，并竭尽所能地从中攫取巨额收益。

辛格的做法是，以极低的价格买入陷入困境的国家的主权债务，当其他投资者接受这些国家因无力偿还债务而提出的重组方案时果断予以拒绝，并积极地与这些国家讨价还价，如果对这些国家提出的方案不满意，就向法庭提出上诉，甚至是其他威胁。这种做法也使辛格有了“秃鹫资本家”的称号（vulture capitalist）。

艾略特瞄准的国家通常是一些他认为仍有偿付能力的国家。他的第一次重大成功是对秘鲁主权债务的追讨。1996年Elliot买入1 140万美元的秘鲁违约债务，为了让秘鲁政府还债，辛格不仅将秘鲁政府告上了美国法庭，还没收了秘鲁前总统阿尔韦托·藤森（Alberto Fujimori）的私人飞机。当时阿尔韦托·藤森因腐败等问题正试图逃离秘鲁，辛格告诉阿尔韦托·藤森必须偿还5 800万美元才能离开秘鲁。最终艾略特于2000年胜诉，追回了5 800万美元的债务。

刚果政府也领教过辛格的厉害。2008年，艾略特旗下子公司Kensington International Ltd.与刚果政府达成和解，后者向艾略特偿还约9 000万美元，而艾略特当初购买这些债务时只花了不到2 000万美元。在追讨债务的过程中，艾略特还揭露了刚果政府的腐败问题。

艾略特与阿根廷长达15年的持久战则是辛格作为“秃鹫投资人”最著名的一个案例。2001年阿根廷发生债务违约，由于无力偿还近千亿美元的债务，阿根廷提出债务重组，采取折价支付的方式进行偿还。尽管大多数债主接受了这一提案，但持有6亿多美元的辛格坚决反对。于是辛格将阿根廷告上法庭，要求其全额偿还债务。

这场官司一打就是十余年，辛格的耐心最终为自己和其他少数几家坚持到最后的对冲基金赢得了胜利。2016年2月，阿根廷同意向包括艾略特在内的四家对冲基金支付46.5亿美元，艾略特旗下的NML Capital获得了24亿美元，几乎是初始投入的4倍之多。为了追回债务，艾略特中途动用了各种能想到的手段和国际资源，包括扣押阿根廷的军舰和船上的官兵。

辛格追讨主权债务的策略同样吓坏了希腊政府。尽管希腊政府债券头寸在艾略特业务中的占比不大，但为了避免阿根廷的遭遇，希腊还是发表了声明称，希腊央行的钱不能用来还债，任何其他被认为是希腊文化遗产的东西也不能用来还债。

值得一提的是，艾略特之所以能够在和这些国家的较量中取得成功，在很大程度上得益于辛格对于政治活动的热衷，他是美国共和党的有力支持者，曾资助小布什竞选总统。这使他在与这些国家打官司时能够得到美国政府的支持。

从陷入困境的国家购买不良债务，并通过法庭寻求全额偿付的做法使辛格和他的艾略特得到了褒贬不一的评价。在批评者眼中，辛格是“讨厌鬼”，支持者认为辛格的做法“有助于遏制腐败政府”。辛格和艾略特则认为，自己是在对抗那些“拒绝按市场规则行事的江湖骗子”。

全世界CEO最畏惧的激进投资人

除了被一些主权国家视为“秃鹫”，辛格还被全球各地区公司CEO和董事会成员视为世界上最令人畏惧的激进投资人。辛格领导下的艾略特多年来十分热衷于对所投公司发起维权行动（activist campaign），即为了捍卫自身权益，利用手中持有的公司股权，敦促这些公司做出各种改变，甚至插手企业决策，如提高派息、回购股票、调整管理层、拆分重组公司等。

根据公开资料，艾略特的激进股权头寸从2010年开始激增，被辛格瞄准的企业来自全球各个国家和地区。其中一家企业在遭到艾略特的“攻击”后，甚至牵引出了一系列与艾略特毫不相关的事件，并最终导致该国总统被弹劾。这个企业就是韩国三星集团。

辛格的激进策略有时被指责为“欺凌”策略，但他并不担心这种评价给自己的声誉造成不好的影响，相反，他将这种评价视为作为投资人的一个卖点。

尽管艾略特瞄准的企业并不局限于某一特定行业，但在其多元化的投资组合中一个非常重要的板块就是科技公司。在一些其他知名激进投资人如纳尔逊·佩尔茨（Nelson Peltz）和比尔·阿克曼（Bill Ackman）因科技投资的高波动性尚未涉足的时候，辛格就已经在这一领域声名鹊起了。2004年至2015年，艾略特针对科技公司展开的维权行动有40多次。艾略特还被美国主流财经媒体称为“对科技公司进行激进主义投资方面的专家”。

艾略特在科技领域取得的成功在很大程度上归功于辛格的一位80后高级助手、程序员出身的杰西·科恩（Jesse Cohn）。在2004年加入艾略特以前，科恩曾在摩根士丹利担任兼并收购分析师。科恩投资科技股的方法与艾略特的整体理念十分类似，即在陷入困境的行业中寻找价值被低估的企业，并推动这些企业进行变革。

一开始科恩采用的一个惯用手法是，在收购了一家企业以后，广泛接触那些现金充裕，并且渴望收购这些企业的私募股权公司，最终以更高的价格卖出这些公司。科恩会筛选那些私募股权公司可能感兴趣的估值相对较低的公司，这样，交易达成的可能性会更高。随着被收购企业价值的飙升，艾略特和这些私募股权公司（包括Thoma Bravo、Vista Equity Partners和Francisco Partners）也从中得到了丰厚的回报。

例如2012年，艾略特买入了Compuware 8%的股份，后来又提出要收购其控股权。Compuware拒绝了艾略特的收购要约，但在2014年，Compuware被私募股权公司Thoma Bravo收购。2015年，艾略特入股Informatica，几个月后，私募股权公司Permira和加拿大养老金计划投资委员会牵头对后者进行了一项53亿美元的收购。

在与私募股权公司进行了多年合作后，艾略特决定成立自己的私募股权业务部门。于是在2015年，艾略特成立了专注于进行科技投资的私募股权公司Evergreen Coast Capital。Evergreen Coast Capital在2017年以16亿美元收购了网络硬件厂商Gigamon，后又在2019年以43亿美元收购了远程接入软件供应商LogMeIn。

瞄准科技巨头

2020年，艾略特的投资组合中新增了至少16笔激进股权投资，但与早些年相比，艾略特最近几年的风格发生了明显改变，主要体现在收购目标规模的扩大。

2019年，艾略特收购了eBay（市值467.2亿美元）、SAP（市值1 716.2亿美元）和AT&T（市值1 723.1亿美元）的股份。2020年，艾略特又瞄准了Twitter（市值387亿美元）和软银（市值1 034亿美元）（2021年11月22日）。

这种转变在一定程度上是由艾略特资产规模的扩大所导致。2020年底，艾略特的资产规模达到452亿美元，是2012年的两倍以上。2017年5月，艾略特甚至创下过在24小时内募集超过50亿美元的纪录。截至2021年6月30日，艾略特的资产规模已接近480亿美元。随着资产规模的扩大，小规模的交易已不再能够满足艾略特的胃口。

值得一提的是，2020年是艾略特近十年来表现最好的年份之一，全年投资回报率达到12.7%，并且每个月都实现了盈利，包括因新冠疫情暴发导致美股暴跌的3月，尽管那个月的回报率只有0.1%。而在2020年下半年，短短半年的时间里，艾略特的资产规模就从410亿美元扩大到452亿美元，增长了42亿美元。

这在很大程度上要归功于辛格比大多数美国人提前预见到了新冠疫情的影响。2021年2月1日，在许多美国人还没有听说COVID-19的时候，辛格就写信给员工，让他们为可能因新冠疫情而隔离至少1个月做准备。

随着投资标的规模的扩大，艾略特具体的策略也不得不做出调整，不能再像过去对待小公司那样对待世界上规模最大的一些公司。比如在面对那些由于规模过于庞大而没有几个买家敢出手的企业，艾略特就不得不一改过去面对小公司时咄咄逼人的作风，而是采取更加温和的态度。

其中一个例子就是软银。过去的十几年里，艾略特一直在谨慎地交易软银的股票，但考虑到孙正义本人的影响力，艾略特始终没有采取更激进的收购措施。直到2019年艾略特注意到软银的股价远远低于所持资产的价值，艾略特才开始了更激进地增持软银股票的想法。到2020年2月，艾略特持有的软银股份累计超过了25亿美元，相当于当时软银市值的3%左右。

为了说服软银做出有利于提升股价的调整，艾略特会从股票糟糕的表现背后的逻辑和数学原理上给出原因，而不是像过去对待其他收购目标那样提出让软银措手不及的要求。辛格的儿子戈登·辛格（Gordon Singer）还亲自带队和孙正义以及其他软银高管团队频繁地举行电话会议，提出建议。令他们感到惊讶的是，孙正义有时会接受他们的提议。

2020年1月，在东京与戈登·辛格的团队会面时，孙正义承认软银股价被低估了，还公开质疑自己为何没有像传奇价值投资者巴菲特（Warren Buffett）那么受人尊敬。戈登·辛格告诉软银，提振股价的方法是改善公司治理，包括在全男性的董事会中增加女性成员，并对孙正义实施更多制衡，软银后来也采取了这些措施。

此外，艾略特还建议软银回购100亿至200亿美元的股票。软银在2020年3月共宣布了总额接近230亿美元的股票回购，随后股票开始了快速的攀升。但在2021年3月达到顶点以后，软银股价又开始了快速下跌，同时还不得不重新面临投资者要求其进行股票回购的压力，其中也包括艾略特。不过2021年9月下旬有媒体报道称，艾略特已经在低调地减持软银的股份了。尽管如此，软银的投资给艾略特带来的回报仍然高达5亿美元。考虑到2020年和2021年软银过山车式的股价走势，艾略特驾驭风险的能力无疑又一次得到了印证。

从艾略特的发展历程来看，无论它的策略是温和的还是咄咄逼人的，其对于企业的影响都充满了争议。批评人士说，像艾略特这样的激进投资者并不是公司的创建者，而是基于对短期利益的极度关注，推动公司进行资产剥离和领导层变动，对于公司的创新和长期利益毫无帮助。

支持者则辩护称，像艾略特这样的激进投资者可以迫使董事会保持诚实，防止懒惰，甚至是明目张胆地欺诈。

在2018年的一次采访中，辛格曾被问及想如何书写自己的讣告，他回答说，“他曾试图带来改变，并在很长一段时间内保护了很多人的资本，他很稳定，很可靠。”

第18章

詹姆斯·西蒙斯：量化投资之父

说起量化投资，大概很少有人没听说过文艺复兴科技公司（Renaissance Technologies LLC，以下简称“文艺复兴”）的大名。这家成立于1982年的对冲基金是华尔街，乃至全球最成功且最神秘的量化投资公司之一。

文艺复兴旗下最著名的旗舰基金——大奖章（Medallion），自1988年成立至2018年，取得了年化66%的费用前收益，以及39%的费用后收益。截至2023年第一季度，大奖章的资产规模为1 060亿美元。在新冠疫情席卷美国的2020年，大奖章暴涨了76%。2022年内于金融市场动荡，大奖章基金仅上涨19%。

除了大奖章，文艺复兴旗下还有三只对外部投资者开放的公募基金——RIEF、RIDA和RIDGE，但这三只基金都未能超越大奖章的成功。

外界对于大奖章的成功一直充满好奇。竞争对手们将文艺复兴的成功归因为先进的模型、更多更好的数据，以及一群智力超群的建模科学家。

还有一个更加重要的因素是文艺复兴创始人詹姆斯·西蒙斯（James Simons）。2021年9月，西蒙斯正式卸任文艺复兴董事长，将精力更多地放在慈善方面。在创立文艺复兴以前，西蒙斯是美国著名的数学家，在学界已经占有一席之位。

驱使西蒙斯放弃学术投身金融行业的一个重要原因是他对于财富的渴望。尽管西蒙斯一生热爱数学，但他更痴迷于在财富上取得成功。在很大程度上，正是西蒙斯对赚钱的欲望造就了今天这台全世界最成功的“赚钱机器”。

从数学家、密码破解员到投资人

在成为投资人以前，西蒙斯已经收获了很多成功的头衔，包括顶级数学家、MIT和哈佛大学的教授，以及陈-西蒙斯理论（Chern-Simons Theory）的开创者之一。除此之外，冷战期间，西蒙斯还在国防分析研究所担任过密码破解员。

西蒙斯出生于1938年，是一位鞋厂老板的儿子。他从小就是一个既聪明又调皮捣蛋的学生，但同时又有着一种打破砂锅问到底的精神。

西蒙斯很爱读书，经常光顾当地的图书馆，每周借出4本书来读，许多书都超出了他的认知范围，但最吸引他的却是数学。上学时，除了数学课，西蒙斯不愿意在其他课上花太多时间。

对数学的热爱和超群的智力，使他在20岁便获得了麻省理工学院数学学士学位，随后又在23岁时拿到了加州大学伯克利分校的博士学位。不仅如此，在此期间西蒙斯还收获了爱情和婚姻。

西蒙斯在读博期间逐渐产生了对金融投资的兴趣。他用结婚时收到的5 000美元彩礼，通过美林证券公司（Merrill Lynch），买了一些联合水果公司（United Fruit Company）和塞拉尼斯公司（Celanese Corporation）的股票，但收益表现平平。后来经人介绍购买了大豆期货，结果几天之内就浮盈几千美元，这使西蒙斯爱上了赚快钱的感觉，即便他知道投资收益有时会像坐过山车一样大起大落。

博士毕业后，在学术上的造诣为西蒙斯赢得了麻省理工学院的教职职位，后来他还在哈佛任教，但彼时的西蒙斯觉得这样的生活波澜不惊，毫无挑战。尽管在20多岁就成为常人眼里的人生赢家，但西蒙斯却陷入了“存在危机”。他需要一点儿新的刺激。

1964年离开哈佛大学以后，他加入了美国国防分析研究所（Institute for Defense Analyses）。这份工作使他的薪水翻倍增长。他被分在了通信研究组，这个小组的任务是确保美国的通信安全，以及设法破译艰深的他国军方密码。这份工作经历教会了西蒙斯如何用数学模型在看似无意义的数据中捕捉规律，这对他以后的事业产生了重大影响。

1967年，西蒙斯在IDA已经混得风生水起。1968年还发表了一篇名为《黎曼流形中的极小变种》（Minimal Varieties in Riemannian Manifolds）的论文，这篇论文奠定了西蒙斯作为世界杰出几何学家的地位。

西蒙斯在38岁时便达到了职业生涯的顶峰。1968年30岁的西蒙斯加入纽约州立大学石溪分校，并为这所学校建立了世界上顶尖的几何学中心。1974年，他和陈省身教授一起发表了论文《特征形式与几何常量》（Characteristic Forms and Geometric Invariants）。这篇论文使他在1976年获得了美国数学学会奥斯瓦尔德·维布伦几何奖，这是该领域的最高奖项。

尽管西蒙斯非常热爱数学，但他同时也很渴望金钱，渴望在财富上取得成功，并通过财富产生影响。于是在到达人生顶点后，西蒙斯决定攀登另一座高峰。

早在IDA和同事们一起发掘他国军方秘密期间，西蒙斯就开了一家主做股票研究和交易电子化的公司。通过这个名为“iStar”的公司，西蒙斯首次把计算机的算力应用在了股票交易中。

1977年，西蒙斯确信自己看到了外汇市场的获利机会。布雷顿森林瓦解后，美元与黄金脱钩，各国货币的弹性加大。在西蒙斯看来，一个波动加剧的新时代即将来临。1978年，西蒙斯正式脱离学术圈，投身外汇交易，开始经营自己的投资公司。那时他已经40岁。

事业第二春，创立文艺复兴

1978年初夏，离开纽约州立大学石溪分校几周之后，西蒙斯就在同一条街上找了一间办公室，满怀信心地准备征服投资界。与大多数金融人士给外界留下的印象不同，当时的西蒙斯看起来更像是即将退休的样子——“灰白的头发又细又长，直垂到肩，微微的啤酒肚若隐若现，看起来就像一个与现代金融行业格格不入的老教授。”

起初，西蒙斯和大多数人一样，依靠直觉和传统的方法进行交易，交易的主要内容就是大宗商品，不过他逐渐意识到市场的运行方式并不总是理性的。于是西蒙斯决定用数学方法来分析金融数据并做出投资决策，并把公司命名为了“Monemetrics”，即“金钱”（Money）和“计量经济学”（Econometrics）的结合体。西蒙斯还通过自己在IDA和纽约州石溪分校的人脉找来了顶级密码学家和数学家帮助他建模并开发交易系统。

西蒙斯和他的老学究团队试图建立一个由算法驱动的高科技交易系统，一种分步骤执行的计算机程序，来替代人的主观判断。建立这种系统并做出准确的预测需要海量的数据。为了获取更多数据，西蒙斯付出了很多努力，甚至特地雇了一个人频繁地造访位于曼哈顿的美联储办公室，记录当时尚未电子化的利率历史走势等数据。

对于这个系统应该有的样子，西蒙斯曾这样说道，“我不想每时每刻都被市场折磨，我想要在我睡觉的时候都能帮我赚钱的模型，一个完全屏蔽了人类干预的系统。”

由于这个系统的覆盖范围包括了生猪价格数据，所以西蒙斯将其命名为“小猪篮子”（Piggy Basket）。西蒙斯和他的团队采用的很多策略都属于短期动量交易策略，但也会关注不同商品价格之间的相关性。在取得一定成功后，西蒙斯开始将交易范围扩大至了商品和国债期货。

但这个系统并非总能做出正确的预测，在经历了几次惨痛损失后，西蒙斯也曾重回凭借直觉和基本面分析的传统策略，但最终还是将重点放在了计算机交易系统。

1982年，西蒙斯把公司的名字更名为文艺复兴科技公司（Renaissance Technologies）。在此之前西蒙斯渐渐对于支持那些冉冉升起的新兴科技公司产生了兴趣。更名的决定就反映了这一点。

在管理文艺复兴的过程中，西蒙斯通常扮演的角色更像是“蓄水池主管”，他要为基金找到高净值客户，并说服他们参与这种具有高科技含量、对于当时的大多数人来说还比较陌生的投资。

时至今日，文艺复兴已经运行了40余年，是全世界最成功的“赚钱机器”。而使其成功最重要的“功臣”就是其旗下的旗舰基金大奖章基金（Medallion Fund）。这只基金在1988年至2018年取得了66%的费用前年化收益率，以及39%的费用后收益率。在投资界至今无人能比，包括股神巴菲特、金融大鳄乔治·索罗斯、投资大师彼得·林奇，以及世界最大的对冲基金桥水的创始人雷·达里奥。

赚钱机器大奖章

文艺复兴于1988年创立大奖章基金，在接下来的20年里，大奖章是其唯一的关注点。大奖章基金的核心团队由数百名博士、物理学家、统计学家和计算机科学家组成，他们的主要工作就是创建股票、债券、大宗商品和货币交易模型，通过在市场噪声中寻找微弱信号来预测价格走势。

经过几年的反复试验，西蒙斯和他的团队发现，他们的系统从事几秒到几个月的短期交易效果最好。对于他们来说，预测短期内的价格走势就好比预测短期内的天气变化：预测下一个小时下雨的可能性比预测两周后下暴风雨容易得多。聚焦于短期策略，使大奖章取得了巨大的成功。

大奖章的赚钱模式与赌场非常类似。赌场里每天有许多场赌局，只要在超过一半的赌局上盈利，赌场就可以赚钱。类似的，只要保证每天进行的高频交易大多数都能盈利，大奖章基金就能赚很多钱。只需要拥有一点点优势，高频的重复博弈就会确保大数定律站在大奖章这边。

1989年末，这种新的交易方法被用在了对西蒙斯仅剩的2 700万美元基金的管理上，而效果立竿见影。1990年，大奖章基金的收益率达到了55.9%，而上一年的亏损为4%。丰厚的回报使西蒙斯更加确信自动交易系统可以跑赢市场。

但当时西蒙斯面临的一大挑战是募资。20世纪90年代初，华尔街机构对于利用计算机模型进行股票交易的接受度仍然较低，即使是对这种模式有一定了解的少数人也常常抱着嘲笑的态度。像西蒙斯这样完全依赖算法投资的行为，则更令人感到不安。由于这种策略通常难以理解，且暗藏风险，一些人甚至称之为“黑箱投资”（Black Box Investing）。因此，西蒙斯的投资策略常常无法说服潜在投资者。

虽然困难重重，但西蒙斯依然对他的交易系统充满信心。1991年，大奖章基金取得了39%的投资收益，管理规模也达到了7 000万美元。

为了使大奖章的成功能够延续，西蒙斯继续壮大核心团队来完善策略。1992年，大奖章基金连续3年取得30%以上的年化收益率，管理规模也达到了1亿美元。1994年仅6月一个月，大奖章基金就取得了

25%的收益率，当年年底的收益率达到了71%。而1994年刚好是美联储出人意料地连续加息的一年，许多投资者损失惨重。

和大多数投资者一样，在基金表现黯淡的时候，西蒙斯也会紧张。甚至极少数的几次，西蒙斯主动调整了公司的整体持仓。但整体来看，西蒙斯还是忠于交易模型的。西蒙斯和大家有一个约定，即无论大奖章基金的表现如何，都绝不僭越模型，更不能因个人情绪波动而影响基金的操作。

渐渐地，大奖章的成功终于引起了投资人的注意。1993年，伦敦的一家专门服务高净值客户的投资公司、第一批投资对冲基金的机构投资者GAM Holding，向文艺复兴科技公司注资2 500万美元。这一年，大奖章基金的管理规模达到了2.8亿美元。

1997年，大奖章的收益率达到了21%，低于1996年的32%和1995年的38%，且远低于1994年高达71%的年收益率。

尽管此时大奖章的规模已超过9亿美元，追踪的资产包括商品、货币、债券和股指期货，但交易系统仍然会产生严重的问题。彼时的大奖章距离公认的成功仍有一段距离。

赚钱法宝——一揽子期权

大奖章基金赢得业界的广泛认可发生在2000年秋天。

在那一年的3月，美国股市因为互联网泡沫破裂而暴跌，大奖章也损失惨重，单日损失就达到了9 000万美元。不过情况在下半年就发生了好转。2000年，在向客户收取了高达20%的收益和5%的管理费后，大奖章基金飙升了99%，而文艺复兴科技公司的管理规模达到了接近40亿美元。

更为叹为观止的是，在2000年收益暴涨99%之后，大奖章基金的业绩在2001年继续上涨了33%。相比之下，标普500指数在两年中仅取得了0.2%的收益率，其他对冲基金的平均收益率也只有7.3%。

在20世纪90年代的大部分时期，大奖章的夏普比率都高达2.0以上，是同期标普500指数的2倍。随着大奖章将境外市场加入到算法中，夏普比率在2003年初提高到了6.0，是大型量化基金的2倍。

为了进一步提高回报，西蒙斯开始允许大奖章通过提高杠杆率来扩大资本。而稳定的回报、远高于平均水平的夏普比率，以及与市场整体风险相关性较低的属性，使大奖章对于银行来说是一个相对安全的借款者。

在此背景下，德意志银行和巴克莱银行向大奖章基金出售了一种名为"一篮子期权"的产品。"一篮子期权"是提高大奖章基金收益率的妙招，它是一种和一篮子股票挂钩的金融工具，股票价格上升，期权的价值也会上涨。持有"一篮子期权"，大奖章基金可以撬动更多资金杠杆，同时将投资背后的风险转嫁给银行。

得益于"一篮子期权"，2002年大奖章基金的资金管理规模超过50亿美元，但实际控制的金融资产超过600亿美元。2002年标普500指数下跌22.1%，大量互联网企业破产，大奖章则获得了25.8%的年化收益率。

"一篮子期权"的另一个巨大好处是获得更低的长期资本利得税率。几年之后，美国国家税务局（IRS）认定，大奖章基金将来自"一篮子期权"的利润作为长期收益是不合理的做法。2021年，文艺复兴与IRS就这起纠纷达成和解，同意支付70亿美元的补缴税款、利息和罚款，成为美国历史上规模最大的税收和解案。西蒙斯本人则同意额外支付6.7亿美元的和解金。

随着大奖章规模不断扩大，西蒙斯开始担心过于膨胀可能会带来过大的摩擦成本，从而影响收益率。从1993年开始，他就逐渐清退外部投资人，试图把基金的规模控制在100亿美元。到2005年，大奖章基金变成了一只只对内部人士开放的基金。

在此之后，大奖章也继续保持水准，市场越动荡，大奖章的交易信号就越清晰。2007年，大奖章取得86%的收益率。2008年全球经济形势恶化，金融市场暴跌，大奖章仍旧在混乱中蓬勃发展，全年业绩飙升82%，西蒙斯本人则赚取了20多亿美元。

难以复制的成功

除了大奖章基金，文艺复兴旗下还有三只对外开放的公募基金——Renaissance Institutional Equities Fund（RIEF）、Renaissance Institutional Diversified Alpha fund（RIDA），以及Institutional Diversified Global Equities（RIDGE）。不过这三只基金都未能超越大奖章基金。

文艺复兴在2005年推出RIEF。RIEF与大奖章最主要的区别在于，RIEF从事长达一个月甚至更久的长期投资，包括长期债券、货币和其他资产的期货合约，主要捕捉那些被大奖章遗漏掉的交易信号。

RIEF吸纳了大奖章已有的一些常用策略，比如基于不需要人工干预的交易工具，同时也加入了其他基本面分析策略。

RIEF在2005年夏天开始交易，一年后，RIEF的收益率已经比大盘高出好几个百分点，投资者开始排队认购。RIEF很快就吸引了140亿美元。

RIEF的“吸金能力”一开始是得益于大奖章的名声，即便文艺复兴已经告知投资者两只基金非常不同。事实证明，大奖章的模式也许可以被复制，但成功很难被超越。2007年，RIEF的跌幅达到了约10%；2008年，RIEF的收益率进一步下跌约17%；到了2009年，当标普500指数飙升26.5%时，RIEF的收益率下跌超过了6%。与此同时，大奖章却始终保持着火力全开的状态。

看到RIEF的惨淡表现，投资者也开始逃离，RIEF的规模很快缩减到不足50亿美元。2020年4月，有媒体统计，大奖章基金与包括RIEF在内的其他基金之间的差距为17%~19%。

这种对比在新冠疫情暴发的2020年进一步突显。这一年，大奖章基金不负众望暴涨了76%。相比之下，RIEF下跌了19%。大量投资者开始从RIEF赎回资金，使其资产规模在2019年12月至2021年11月之间缩水了40%。同时，RIDA和RIDGE的资产规模分别缩水了67%和49%。2020年12月1日至2021年2月中旬，包括员工在内的投资者从这三只基金中共撤出了至少50亿美元。

2021年，尽管三只基金的表现有所改善，RIEF、RIDA和RIDGE分别实现了20%、15%和10%的回报率，且超过了HFRI对冲基金基准指数7.5%的回报率，但仍不足以弥补2020年的损失，三只基金的赎回规模进一步扩大至146亿美元。

与此同时，西蒙斯本人的财富却在膨胀。在2021年10月初发布的《福布斯》富豪榜上，西蒙斯是身价最高的对冲基金经理，净资产从2020年的235亿美元增长到244亿美元。截至2023年12月底，西蒙斯的净资产已达到307亿美元。

量化投资先驱，最神秘的对冲基金

尽管西蒙斯不是第一个发明量化投资策略的人，但在量化投资从出现到现在长达几个世纪的发展历程中，西蒙斯无疑是一位将被载入历史史册的重要人物。他用超过30年的时间引导了一种全新的投资方式，在金融投资领域掀起了一场量化革命。

今天，几乎所有人都希望利用文艺复兴的方式进行投资并取得成功：消化数据，构建预测不同投资品种走势的数学模型，以及自动化的交易执行系统。量化投资者已经成为金融领域的主要玩家。

到2019年，量化投资已经占有超过30%的市场份额，而基于基本面分析的股票交易只占有15%的市场份额。西蒙斯的开创性方法在政府部门、体育场馆、医生办公室，以及几乎所有需要预测的场所都得到了应用。

在外界看来，文艺复兴一直是比较神秘的存在。20世纪90年代初，在大奖章刚刚开始引起部分投资人注意的时候，西蒙斯和他的团队就开始有意识地避免与外界分享基金的运作机制，主要是由于当时竞争越来越激烈，而西蒙斯不想给竞争对手可乘之机。

文艺复兴的神秘也使其受到了其他公司少有的关注、传言和猜想。每个人都听说过文艺复兴，但几乎没有人知道里面发生了什么。对于局外人来说，文艺复兴最神秘的地方在于其成功的主要原因。文艺复兴的竞争对手们归纳了如下几个因素。首先是文艺复兴拥有全世界最强大的计算机系统。其次，其员工拥有比其他人更多更好的数据，这是比其他人发现更多信号，并据此做出准确预测的重要前提。此外，文艺复兴非常重视交易成本，以及他们自己的交易如何影响市场。

当然，文艺复兴成功最重要的因素在于那些构建、改进和维护大奖章模型的人。其中大多数人都因西蒙斯的关系而集结在了一起。这些人故事的精彩程度并不亚于西蒙斯。文艺复兴的成功也使他们实现了财富自由。据说，他们的财富总和甚至超过了许多国家的国内生产总值。

如果在西蒙斯身上寻找文艺复兴成功的因素，也许与两个长期以来一直驱动他的因素有着密不可分的关系：证明自己解决问题的能力和提升赚钱的能力。尽管他的朋友们从来都不理解为什么西蒙斯想赚这么多钱，但他的这种欲望从来没有停止过。

第19章

史蒂文·科恩：“亿万”原型

Point72 Asset Management（以下简称“Point72”）是一家成立于2014年的美国对冲基金。不过直到2018年，Point72才开始管理外部投资者的资金。2014至2018年期间，Point72一直以家族办公室的形式运作。

尽管成立时间较短，但Point72的历史可以追溯至1992年，它的前身SAC Capital（以下简称“SAC”）成立的那一年。SAC由史蒂文·科恩（Steven Cohen）创立，是华尔街曾经最成功的对冲基金之一。2013年，SAC Capital由于涉嫌内幕交易被罚18亿美元，2016年正式关闭。

美国监管机构对SAC展开了长达7年的调查，导致几名前SAC员工落网，但监管部门追捕的核心人物科恩最终成功躲过了法律的制裁。热播美剧《亿万》（Billions）的男主原型正是科恩。

尽管Point72的锐气远不及当年的SAC，但科恩仍然是当今华尔街最成功、最具传奇色彩的对冲基金经理之一。2019年，Point72取得16%的投资回报率，科恩个人大赚了超过14亿美元。2021年尽管Point72的回报率有所下降（9.5%），且明显低于城堡等同行，但科恩的个人财富却继续膨胀。根据2021年10月初发布的《福布斯》（Forbes）2021年美国400富豪榜，2020年至2021年，科恩的净资产从145亿美元增长到160亿美元，是美国最有钱的十大对冲基金经理之一。截至2023年12月底，科恩的净资产为198亿美元。

少年赌徒，天生的交易员

科恩出生于1956年，在纽约州大颈（Great Neck）一个富裕的中产阶级家庭长大，父亲在服装行业工作，母亲是一位钢琴教师，家中有八个孩子。很多年后，科恩常常将自己从无规律可循的股市中发掘交易信号的本领“归功于”成长于这样一个拥挤的家庭。

科恩在投资方面的天赋，在他儿时的兴趣爱好中就有迹可循。从小科恩就对数字比较敏感，常常会留意报纸上体育赛事的比分。有一天无意中他注意到满是数字的金融版面。当他知道这些每天都在变化的数字是价格时，便对股市产生了极大的好奇。于是，十几岁的科恩就开始在当地一家经纪公司观察股票行情。

此外，科恩还酷爱打扑克牌。上高中时，有时会在玩了一整夜后早上6点才回家。科恩曾回忆说，打扑克牌教会了他如何承担风险。

科恩的大学就读于宾夕法尼亚大学沃顿商学院经济学系。大学期间，科恩对这两个爱好的兴趣日益浓厚，特别是对于股市。他甚至请了一位熟人在Gruntal & Co.帮他开了一个经纪账户，并开始用本应用来支付学费的7 000美元进行交易。最终，科恩的这笔早期投资取得了不错的成绩，还为自己支付了逾期的账单。

1987年从沃顿商学院毕业后，科恩成功地进入了华尔街，在Gruntal & Co.的期权套利部门担任初级交易员。令人刮目相看的是，科恩在Gruntal & Co.工作的第一天就赚了8 000美元，后来还创下了每天大约赚10万美元的纪录。慢慢地，科恩开始管理一个由6名交易员组成的团队，以及价值7 500万美元的投资组合。

在Gruntal & Co.做交易员期间，科恩就展现出了与众不同的投资风格。他可以一次交易5万股，这在当时是很大的交易规模，同时科恩还愿意把大把精力花在观察股市行情上面。

1987年10月20日，也就是股市暴跌超22%的一天后，科恩将公司的5 000万美元押注在了他认为被纽约证券交易所低估了的股票上。事实证明科恩是正确的，当天股市上涨，科恩的押注帮助Gruntal & Co.挽回了此前的损失。

SAC——Point72的前身

1992年，科恩离开Gruntal & Co.，用自己的2 000多万美元创立了SAC Capital，一家以他名字（Steven A Cohen）的首字母命名的对冲基金。

科恩创立SAC的时机可谓恰逢其时。20世纪70年代，对冲基金开始受到一群高净值投资人的关注，大多数基金经理从事的都是单一的多空股票交易策略。到了90年代，对冲基金行业涌现出了朱利安·罗伯逊（Julian Robertson）、乔治·索罗斯（George Soros）和迈克尔·斯坦哈特（Michael Steinhardt）等后来被世人视为传奇的对冲基金明星。

90年代初期，对冲基金行业规模仍然较小。但在接下来的10年里，伴随着美股渐渐展开的牛市周期，对冲基金也迎来了快速发展的黄金期。

成立之初，华尔街交易圈之外的人对于科恩的了解并不多，SAC最初也只吸引了1 300万美元的外部资金。他和十几名交易员背靠背挤在华尔街的一间小办公室里进行交易。不过很快科恩的实力就得到了证实，第一年SAC的资产规模就翻了一番，为投资者取得了17.5%的回报率。

到1995年，SAC的资产增长了3倍多，科恩也将办公室搬到了美国康涅狄格州西南部城市斯坦福，并聘请了量化交易员，利用计算机模型捕捉股市中定价错误的股票。到2010年，SAC的员工规模已达到800人，还在英国伦敦、日本、新加坡和中国香港等地开设了办公室。

科恩的交易风格可以用“一触即发”来形容。他几乎不会放过任何一个股票可能被错误定价的信号，一旦发现股价朝自己预测的方向变动，便立刻出手。在市场下跌时，他又会疯狂抛售股票。科恩独特而激进的交易风格使他很快成为对冲基金界的名人，风投一度盖过乔治·索罗斯和朱利安·罗伯逊。

1998年，当长期资本管理公司（Long-Term Capital Management）倒闭，证券价格大幅下跌时，科恩又一次及时出手，抓住了机会。从当年8月下旬到10月中旬，他通过Globex 24小时交易系统通宵进行交易，大多是做多操作，早上到办公室时常常满脸疲态。不过科恩的付出得到了回报——那一年，SAC取得了49.2%的投资回报，相比之下，对冲基金的平均回报只有2.6%。

到1999年，SAC的资产规模已经扩大至接近10亿美元。科恩扩大了交易员和分析师队伍，引入了新的投资策略和主题，包括医疗保健、债券，以及押注全球经济走势的宏观策略。与此同时，科恩的管理风格也变得更加“狼性”。为了鼓励交易员承担风险，他专门聘请了一位兼职精神科医生，请他帮助交易员们克服害怕承担交易风险的弱点。一些没有达标的投资组合经理甚至直接被解雇。一些交易员甚至将谁能在SAC生存下来当作日常赌注。

1999年和2000年科技大繁荣期间，SAC继续创造辉煌业绩，两年分别取得了68.1%和73.4%的投资回报。突出的业绩表现也给了科恩更多底气收取高于行业平均水平的管理费。通常情况下，对冲基金的管理费和投资回报留存比率分别为2%和20%，SAC采用的比率则分别为3%和50%。

在科恩和SAC的名气不断上升的同时，一群老牌对冲基金，如罗伯逊的老虎管理公司（Tiger Management）和索罗斯的量子基金（Quantum Fund）开始失去光彩。与它们相比，SAC的策略显得更加投机，专注于流动性强的大盘股，进行高频交易，持股的时间可以短到几个小时。据统计，SAC的日交易量可以占到纽交所日交易量的3%，以及纳斯达克日交易量的1%。

1992至2013年之间，SAC的平均年回报率达到30%，成为全球回报率最高的对冲基金，资产规模达到了160亿美元。

华尔街“不倒翁”

不过SAC靠高频交易获得巨额回报的做法很快引来了监管部门的注意。

金融领域有一个被称为“马赛克理论”（Mosaic Theory）的投资策略。这一理论的含义，是指交易员通过各种渠道获取相关公司的信息，并以此为依据做出交易决策。除了公开信息，“马赛克理论”还涉及获取与公司相关的非公开重大信息，而基于非公开重大信息进行的交易通常被视为是非法的内幕交易。SAC被质疑的焦点，正是利用内幕消息进行非法交易，并从中获利。

2013年美国司法部的一份起诉书称，SAC的非法操作从1999年一直持续到了2010年。在此期间，SAC进行了大量的内幕交易，其规模史无前例。

内幕交易通常涉及任何可能对投资者买卖证券的决定产生影响的非公开重大信息。执法和监管人员想要证明存在内幕交易是一件很困难的事，因为交易员可以通过各种方式和手段获取内部消息。

为了避免承担法律责任，科恩向交易员施压，要求他们抢在竞争对手之前获取到重大信息，同时他自己又尽力避免知道这些信息。他要求交易员对交易策略的风险进行从0~10的评分，涉嫌内幕交易的风险越高，分数就越高。通过这种方式，科恩为自己建立起了强大的“护城河”。

其中一个案例就是2008年8月SAC卖出价值1 250万美元戴尔股票的交易。就在执行交易的10分钟以前，科恩被转发了一封声称该公司收益将下降的邮件。这封邮件是由SAC的前员工基于“从戴尔内部员工获取的二手信息”发给另一位SAC员工的。不过科恩的律师表示，科恩从未阅读过这封邮件。

检察机关最终通过几名SAC的前交易员抓到了SAC的把柄。2013年7月，SEC以SAC未能对其交易员的内幕交易行为进行适当监督为由对其提起诉讼。此外，美国司法部还对SAC提出了五项刑事指控，包括证券欺诈和电信欺诈。最终共有8名SAC的前雇员被定罪或认罪。

2013年11月，SAC同意对起诉书中的所有指控认罪，并同意停止为外部人士管理资金，以及支付总计18亿美元的罚款。监管部门对SAC的调查持续了7年，在此过程中，科恩始终是当局想要抓捕的那条大鱼，不过检察机关和监管机构最终由于证据不足未能扳倒科恩本人。

转型——家族办公室

在SAC承认内幕交易后，投资人开始大量赎回资金，SAC的资产规模大幅缩水。由于被禁止管理外部资金，科恩在2014年将SAC转型成为家族办公室，取名为Point72资产管理公司（Point72 Asset Management，以下简称“Point72”），灵感来源于SAC所在的街道名称——72 Cummings Point Road in Stamford，Conn.。

SAC正式关闭后，科恩通过Point72继续活跃在资本市场。不过直到2018年，Point72才开始正式向外部投资者开放。

在此期间，科恩精简了Point72的运营和管理，并减少了投资组合的数量，主要管理他个人的90亿美元资产。Point72还在纽约设立了一个分支——EverPoint Asset Management，主要管理从事多空策略的股票投资组合。

在2016年，科恩还成立了风投基金——Point72 Ventures，专注于亚洲、欧洲和美洲的早期投资。目前，Point72 Ventures投资于包括金融科技、机器学习、人工智能和网络安全等在内的各种新兴科技领域。截至2021年8月，Point72 Ventures进行的私募投资已经达到5亿美元。

作为对内幕交易调查的回应，科恩还聘请了前联邦检察官和证券监管人员来监督Point72的交易。到2018年，Point72已经拥有125位投资组合经理和大约1 000名员工。不过Point72并没有延续SAC曾经创下的辉煌业绩。2016年Point72的投资回报只有1%，远低于标普500指数的9.5%和行业平均5.6%的回报率。这也是科恩在2008年亏损28%以来表现最差的一年。

重出江湖

2018年Point72开始向外部投资者开放，但“运势”并没有立刻好转。对外开放的第一年，Point72的收益率仍然只有1%，尽管得益于科恩的名气，Point72在不到一年的时间里便募集了50亿美元的资金，成为当年新发行基金中规模最大的一只。

不过Point72的整体表现仍然优于当年大盘和同业平均水平（分别为–4.4%和–6.7%），这在很大程度上是由于科恩及其团队的选股能力。在选股方面Point72沿用了SAC的量化投资策略。早在2014年成立Point72时，科恩就将公司的量化投资部命名为了“立体主义”（Cubist），到2020年，Cubist管理着Point72大约20%的资产。

2019年，在对冲基金行业整体上涨的大背景下，Point72取得了13.3%的投资回报，不仅是其成立以来表现最好的一年，而且这是当年回报最高的对冲基金之一，显著高于行业平均8.5%的回报率。

2020年，Point72的业绩继续上涨，全年取得了16%的投资回报，资产总规模为190亿美元。2020年Point72的大部分收益是在下半年取得的，上半年仅取得了4%的收益率，而最主要的收入来源之一便是其对梅尔文资本管理公司（Melvin Capital Management）的投资，后者在2020年的前11个月里取得了47%的投资回报。

不过众所周知，Melvin Capital在2021年初的游戏驿站逼空事件中损失惨重，Point72也成为这场逼空大战的受害者，在2021年上半年仅取得了1.2%的投资回报，明显低于两家同行——城堡（Citadel）和千禧管理公司的同期表现（回报率分别为4.4%和6.5%）。对Melvin Capital的投资在一定程度上也影响了Point72在2021年全年的表现。与城堡的26.26%相比，其9.22%回报率显得逊色许多。

进入2022年，对Melvin Capital的投资进一步拖累了Point72的业绩。1月Point72的回报率为负1.3%，Melvin Capital的股价则下跌了15%。不过据媒体报道，科恩果断采取了止损措施，赎回了价值约7.5亿美元的Melvin Capita股票。截至2023年10月1日，Point72的资产规模达到了314亿美元。

Point72的股票组合有众多知名的大型科技和互联网企业，例如亚马逊、阿里巴巴集团、Alphabet、Meta（原Facebook）、PayPal和微软。根据gurufocus的数据，截至2021年12月31日，科技股占Point72投资组合的比重超过了20%。

布局加密货币

由于近年来传统资产创造超额回报的空间被大幅挤压，越来越多的对冲基金已经开始布局加密货币来取得超额回报，例如管理400亿美元资产的千禧管理公司通过Grayscale的比特币信托基金涉足加密市场。全球最大对冲基金桥水（Bridgewater）也开始研究加密货币。

尽管2022年全球数字资产市场经历了两次“黑天鹅”事件的冲击——一次是5月初全球第三大稳定币UST的崩盘，另一次是11月全球最大数字资产交易平台FTX的破产，对冲基金对数字资产的兴趣却有增无减。Point72在布局加密货币方面也明显提速。

2021年8月，Point72通过旗下的风投基金Point72 Ventures领投了加密货币数据初创公司Messari 2 100万美元的A轮融资。这是Point72在加密货币赛道的首笔投资。作为交易的一部分，Point72 Ventures的运营合伙人亚当·卡森（Adam Carson）加入了Messari的董事会。而早在此前的5月，Point72就曾表达过对于大举进军这一领域的野心，并计划通过Point72 Ventures和专注于多空策略的对冲基金两个部门同时进行部署。

就在领投Messari A轮融资的1个月后，科恩再次同意对加密货币交易平台Radkl进行投资。这笔投资的具体数额并未公开，不过此次投资是以科恩个人，而非Point72的名义进行的。

事实上科恩本人也曾公开表达过对加密货币的兴趣。在2021年6月接受媒体采访时科恩曾表示，他对加密货币的态度已经完全转变，同时还赞扬了区块链技术的颠覆性潜力。不过一位Point72的发言人曾表示，该公司对于加密货币赛道的布局仍处于早期阶段。随着Point72在这一新兴领域的版图逐渐扩大，曾经的对冲基金之王能否成为未来的加密货币投资之王值得拭目以待。

第20章

蔡斯·科尔曼：老虎基金接班人

2022年老虎环球的日子并不好过，根据LCH的数据，2021年老虎环球让投资者损失了15亿美元，其对冲基金亏损约7.5%，这也是其自2016年以来首次出现年度亏损。在这之前的2020年，掌管老虎环球的蔡斯·科尔曼（Chase Coleman）为投资者大赚104亿美元，使老虎环球成为该年度最赚钱的对冲基金。

2020年榜首2021年反而开始亏钱，数据显示老虎环球在2021年前10月表现都非常平稳，共斩获13%的收益。然而11月和12月出现“滑铁卢”，跌幅分别达到8%和10.7%。受随后到来的利率冲击，重仓科技使老虎环球遭到反噬。据媒体报道，老虎环球旗下某只股票多头基金2021年下跌4.2%，两只重仓股——京东和DocuSign Inc.成为“罪魁祸首”。

然而2021年只是不幸的开始。随着美联储开启加息周期和俄乌冲突的影响席卷全球金融市场，老虎环球在2022年再次遭受了打击——对冲基金业务亏损56%，多头基金亏损67%，资产规模缩水至510亿美元，与上年相比下降约41%。好在2023年在科技股表现意外强劲的背景下，老虎环球对冲基金在截至11月底的YTD回报率达到26.8%，资产规模与2022年底大致持平。不过由于投资组合公司估值减计，其管理的风投基金继续失血，截至9月底，老虎环球最大一只风投基金账面亏损为18%。

私募股权和对冲基金是老虎环球的主要业务，而无论是哪个业务，科技和成长都是老虎环球的长期投资主题。尽管遭遇了连续两年的暴击，但老虎环球并没有停下专注科技的脚步。对字节跳动的投资就体现了这一点。2021年中至2023年4月，老虎环球持续对字节跳动投资了超过20亿美元。

华尔街巫师

纵观老虎环球的发展历程，自2001年成立到2021年，其对冲基金只出现过三次亏损，前两次分别是2008年（–26%）和2016年（–15%），年化回报率达到21%，不可谓不辉煌。

2022年11月，49岁的“领头虎”蔡斯·科尔曼登上福布斯400榜，他的个人净资产暴涨34亿美元，达到103亿美元，成为该榜单上最年轻的对冲基金经理。

想了解老虎环球和蔡斯·科尔曼，先要了解其前身老虎基金（Tiger Management）和朱利安·罗伯逊（Julian Robertson）。1980年，罗伯逊在纽约筹集880万美元创立了老虎基金，这笔钱来自朋友、家人和他本身的积蓄，并在之后的近20年（1998年）里将资产规模扩大到了220亿美元。

在这之前，时年47岁的罗伯逊一直在华尔街做股票经纪人，在Kidder Peabody担任资产管理主管，赚了不少钱，但这并没有让他扬名立万，直到他创立了老虎。

在20世纪80年代和90年代初，罗伯逊常被业内称为“对冲基金之父”和“华尔街巫师”。老虎环球的飞速成长主要得益于罗伯逊所采取的基本面驱动的多空对冲策略，即买入成长性最好的公司，做空前景最差的公司。

其中最广为流传的事迹莫过于他成功预测了90年代末的互联网泡沫，罗伯逊认为，与收益和盈利潜力相比，科技股的定价过高，因此刻意避开了科技投资，最终在泡沫开始破裂期间，收益依旧平稳。但这一策略却成了双刃剑，老虎的部分投资者不满罗伯逊的策略，为了投资科技，不断将资金投向硅谷，使该基金遭遇大规模流失。

另外，当时老虎持股22.4%的全美航空公司（U.S. Airways）也陷入困境，1999年8月，全美航空股价在三个月内下跌近40%，这对罗伯逊来说并不顺利。此后美国航空公司在2002年和2004年两次申请破产保护。

小老虎集团

两大失误使罗伯逊最终在2000年3月关闭了老虎基金，并将所有外部资本返还给了投资者。2001年9月，罗伯逊将2 480万股大幅贬值的美国航空公司股票还给了投资人。

在给投资者的信中他写道：

“老虎的成功都是基于理性的估值和交易，但现在看来，科技股的狂热和全美航空的失败都是非理性的。当前的科技、互联网和电信热，在散户和职业金融从业者的推动下，正在搭建一个注定要崩塌的庞氏金字塔。然而，悲剧在于对经理人们而言，唯一能够产生短期业绩的方法就是购买这些股票。”

就在老虎发表关闭声明的3天后，微软因垄断嫌疑被SEC处罚，导致其股价下跌15%，预示着互联网泡沫真正开始破灭。7个月后，Pets.com破产，整个科技行业的跌幅高达75%。

退休那年罗伯逊已经69岁，即使当初的投资人幡然悔悟，但罗伯逊对重组基金显得有心无力，他选择当一名导师，专注于指导和投资一批被称为“小老虎”（Tiger Cubs）的年轻对冲基金经理，他们大部分都是原老虎基金的员工。

小老虎集团共有几十人，主要成员有蓝岭资本的约翰·格里芬（John Griffin）、维京环球的奥莱·安德烈亚斯·哈尔沃森（Ole Andreas Halvorsen）、孤松资本的史蒂夫·曼德尔（Steve Mandel）和老虎环球的蔡斯·科尔曼。

现在看来罗伯逊的确是慧眼识珠，过去20多年里，大部分有影响力的对冲基金公司都可以追溯到老虎集团。当然也有个例，比如2021年经历过Archegos基金爆仓，使瑞信和野村遭受上百亿美元亏损的比尔·黄（Bill Hwang）。

生而不凡的领头虎

蔡斯·科尔曼出身名门，是16世纪纽约还是荷兰殖民地期间，纽约总干事彼得·斯特伊维桑特（Peter Stuyvesant）的后裔。科尔曼出生于富裕家庭，祖父查尔斯·科尔曼（Charles Payson Coleman）曾是纽约律师事务所Davis Polk & Wardwell的合伙人。1997年，科尔曼从威廉姆斯学院毕业。

在长岛，科尔曼与老罗伯逊的儿子斯宾塞·罗伯逊（Spencer·Robertson）一起长大，毕业后就进入了老虎基金工作。2000年罗伯逊关闭老虎基金后，将超过2 500万美元的资金委托给科尔曼进行管理。

那时科尔曼只有25岁，只在老虎基金做过几年分析师，但罗伯逊非常看好他，当时罗伯逊在两年内选择了6家基金经理进行了种子投资，而科尔曼就是其中之一。

四个火枪手

如果说科尔曼和罗伯逊有什么相同之处的话，那就是他们对人才的敏锐嗅觉，科尔曼在新老虎雇用的第一批主管分别是斯科特·施莱弗（Scott Shleifer）、费罗兹·迪万（Feroz Dewan）和卡提克·萨玛（Karthik Sarma）。

此后的几年里，这三人都开创了异常成功的事业。施莱弗后来成为老虎私募股权团队的负责人，2020年大赚了15亿美元，身价超过50亿美元。迪万在老虎环球工作了15年，在创办自己的基金竞技资本（Arena Holdings）之前，曾一度担任老虎的CEO。萨玛在入职5年后离开，创办了非常有影响力的SRS投资管理公司（SRS Investment Management），2022年11月SRS由于成功押注汽车租赁公司Avis，曾一夜暴赚50亿美元。

科尔曼给了这些创始人们足够的施展空间和相应的回报，这也是老虎环球发展迅猛的原因。科尔曼对他们说，如果我们共同努力，都能成为亿万富翁，在接下来的20年里，他们实现了这一目标。

专注科技，走向全球

老虎环球诞生于互联网泡沫破裂时期，一开始名为老虎科技（Tiger Technology）。科尔曼延续了罗伯逊的多空对冲策略，同样秉承

"寻找拥有长期增长趋势的高质量企业，同时做空在市场环境变化中处于不利地位的公司"的准则。但不同的是新老虎更看重科技投资，不断下注新兴行业。

初期老虎只有二级市场业务，包括用于投资上市公司的Tiger Global Investments（旗舰多空基金）和Tiger Global Long Opportunities（只做多）等。尽管科尔曼现在如此成功，但2001年3月确实不是推出专注科技股票的对冲基金的好时机。受泡沫影响，老虎的开端并不顺利。

最初老虎的多空基金仅限于美国的上市科技公司，这种做法并没有持续多久。当时这一业务由费罗兹·迪万主管，他在科尔曼的领导下寻找电信行业的多空机会，很快发现了美国以外的投资标的——埃及的奥斯卡姆（Orascom）公司，后来该公司的业务已经拓展至25个国家。

埃及证券交易所出身的迪万认为奥斯卡姆比该领域的美国企业更有潜力，事实也证明他是对的：老虎对奥斯卡姆的投资回报率达到了惊人的2 500%。从这笔交易开始，老虎改变了策略，他们不再局限于美国，而是在全球范围内开展业务，科尔曼也将"老虎科技"改名成了"老虎环球"。

开辟私募，押注新兴市场

科尔曼在被低估且增长迅猛的中国科技股中看到了机会。更重要的是，他在中国不仅看到了投资上市公司的机会，还看到了私募股权的投资机会。

2002年，斯科特·施莱弗从黑石集团跳槽到了老虎。2003年，科尔曼和施莱弗领导并创建了老虎的首只私募基金，共筹集7 580万美元。施莱弗领导了对中国公司的早期投资，成功押注中国互联网行业的增长。

这一年，老虎在全球开始寻找类似亚马逊、谷歌的企业。在非典病毒暴发后的一次旅行中，施莱弗迅速瞄准阿里巴巴、艺龙和卓越网这三家电子商务公司寻求交易。其中，2004年艺龙在美国上市，卓越网出售给了亚马逊，老虎很快收到了投资回报。但施莱弗后来表示自己放弃了以2.5亿美元收购阿里巴巴4%股份的绝佳机会，错过了作为其早期投资者的巨额回报。

此后老虎环球迅速向俄罗斯扩张，早期押注于俄罗斯网络巨头Yandex和富豪尤里·米尔纳（Yuri Milner）旗下的Mail.ru集团，它们都开发了类似谷歌的门户网站。

2000年，施莱弗领投了Yandex 530万美元的A轮融资，并在后续几轮陆续注资。Yandex于2011年以超过110亿美元的估值上市。后来该公司市值曾突破300亿美元。Mail.ru也被收购，这两笔交易使老虎大获成功。

另外老虎还投资了米尔纳管理的科技基金DST Global。2009年，Meta前身Facebook IPO的3年前，DST以100亿美元的估值向Facebook注资2亿美元，该投资使老虎对Facebook有了初步了解。

尽管一些投资者认为Facebook的估值过高，但老虎还是追随DST购入了Facebook，在二级市场上购买了该公司的股票，这是老虎在美国的首笔重大押注。数据显示，在Facebook首次IPO的前三年里，老虎共向Facebook投资了近2.9亿美元。

重仓印度，开拓拉美非洲

21世纪的头十年，科尔曼和老虎通过敏锐的嗅觉成功地挑选出许多赢家，包括Zynga（B轮）、LinkedIn（通过二级市场）、Facebook（通过二级市场）和Trendyol（B轮）。

同一时期，老虎环球开始深入印度，并在之后对该国的私募科技市场产生重大影响。

2006年，老虎的另一位主要合伙人李·菲克塞尔（Lee Fixel）加入公司，主要负责开拓印度市场。当时他还是圣路易斯华盛顿大学一名年轻的经济学毕业生。短短13年，他成为近乎传奇的风险投资人，8次进入Midas榜单。

PitchBook的数据显示，自2006年以来，老虎环球基金在印度达成了近170笔交易，引领了一些印度规模最大的融资轮。2014年，老虎大胆地对印度电商集团Flipkart投入10亿美元，震惊风投界，因为这一价格是Flipkart GMV（商品成交总额）的3~4倍。

菲克塞尔在印度还投出了其他独角兽，包括Ola、Myntra、Quikr等。Flipkart的CEO谈到菲克塞尔对印度创投生态的影响时，称他是“单枪匹马将印度初创企业推向全球舞台的先驱”。

如今老虎环球被称为印度的“独角兽猎手”，在2011年至2021年，老虎环球投中了印度57家独角兽中的21家。在其助推下，印度已经拥有58家独角兽企业。相比之下，英国只有20个。

2022年的前9个月里，老虎环球已经投资了大约25家印度初创企业，涉及金融科技、食品科技、社交网络公司、教育科技等领域。其中包含Plum、Bharat Pe、Zomato、ShareChat、Urban Company等。此外，科尔曼还积极开拓拉美和非洲市场，代表项目包括Nubank、Mercado Libre、Despegar等。

高价竞标

在科尔曼的领导下，老虎养成了几个特有的投资风格，其中最显著的就是高价竞标——作为一只在竞争中茁壮成长的基金，为了赢得投资机会，老虎不惜一切代价，通常他们愿意付出比其他对手都高的价格来达成交易。

对大多数风投来说，投资过程都分为四个部分：一是寻找项目源；二是评估企业；三是达成交易；四是投后支持。如果说每个风投基金都有自己的标签，比如Benchmark以第二项闻名——他们擅长筛选项目，是最卓越的评估者之一；a16z则以第四项见长，他们专业的投后团队能够在营销、产品、财务以及其他方面为创始人提供支持。

那么科尔曼为老虎打上的标签就在于第三项——快速达成交易。在斯科特·施莱弗的回忆中，十多年前为了达成一笔交易，老虎以2~3倍的价格击败了雅虎。这在当时看来很荒谬。但在短短几年内，雅虎又以20倍的溢价买下了老虎的股份。

老虎往往是对的，科尔曼、施莱弗和私募基金的其他成员常常达成一些看起来很贵，但回报丰厚的交易。

闪电出手，每天投出一个项目

印度游戏公司Games 24x7的创始人特维克拉曼·汤比（Trivikraman Thampy）在报道中曾经提到，2011年老虎只打了一个电话，就向他的公司投了500万美元。到2020年底，老虎的基金报表显示他们在该公司剩余的410万美元股份，价值已经增长50多倍。

在2019年菲克塞尔离职之后，科尔曼更加注重投资的频率和速度，老虎降低了自己的门槛，投资范围从前端科技公司的2%扩展到了10%。同样地，他们也降低了期望回报，传统风投通常希望在投资上获得30%的IRR，而老虎的IRR可能只有20%。他们将尽调外包给顶级的风投，同时不寻求董事会席位，也很少参与公司的运营，以此来缩短决策流程。

根据Crunchbase的数据，2022年老虎强势进军VC领域，出手了335笔投资，在数量上只比两个早期孵化器YC（797笔）和Techstars（436笔）少。

从某种程度上看，老虎正在扰乱VC行业，将VC投资完全变成了一个比拼速度的游戏。但这也使老虎能够更有效率地为LP们配置资金，也是他们赢得LP支持的最大筹码。同时，当老虎提供更好的条件、更快的速度去追猎独角兽时，初创公司们还会等待传统风投吗？

如果说FF和a16z等风投公司类似于风投界的轻奢品牌苹果、Warby Parker——利用其声誉和关系网为初创公司/LP提供独特、专业的品牌服务，那老虎环球更接近于亚马逊的零售商风格，因为它快速、简单、便宜、方便。这种模式或许在未来将取代类似于JC Penny的风投们，因为他们被夹在中间，既没有品牌价值，也没有投资效率。

根据Crunchbase的数据，截至2023年初，老虎环球在此前十年里为其私募股权业务筹集了8只基金，总额达234亿美元。2022年10月他们的最新一只基金开始募资，预期规模达到100亿美元。有报道称，这只基金计划在字节跳动上市时通过PIPE或二级市场对其进行投资。

2020年12月，科尔曼对人工智能初创企业Scale AI进行了领投，估值超过35亿美元。4个月后，该公司在科尔曼协助下完成了另一轮融资，他们的估值翻了一番达到70亿美元。

在科尔曼领导下，老虎环球凭借着规模和速度优势，成为近年来出手最频繁的风险投资基金，完全盖过了硅谷一些头部VC机构的风头。在未来，老虎掀起的新型VC风潮还将以凶猛、粗暴的投资策略，继续对传统风投发起冲击。

第21章

大卫·肖：爱科研胜过爱投资

1988年的一天，纽约联合广场（Union Square）附近的一家名为Revolution Books的破旧书店楼上搬来了奇怪的邻居，一群试图利用计算机和算法破解金融市场密码的极客程序员。这是一个创业团队，由一位名叫大卫·肖（David Shaw）的前哥伦比亚大学计算机科学教授领导，公司名叫D. E. Shaw（德劭）。

不久后，肖将办公室搬到了不远处的公园大道南（Park Avenue South）的一间阁楼里。这是一个天花板尚未完工，管道暴露在外的简陋办公间，电脑电缆在地板上蜿蜒曲折，给人的感觉更像是一家高科技创业公司，而不是投资公司，一旦走路时不小心被电缆绊倒，就有可能使整个交易系统瘫痪。

没有人预料到，这样一个摇摇欲坠的创业团队会在30年后成为华尔街乃至全球最成功的量化对冲基金之一。截至2023年12月初，德劭的资产规模达超过600亿美元，2021年该公司旗下的两只旗舰基金Composite Fund和Oculus Fund分别实现了18.5%和15%的投资回报。2022年这两只基金延续了前一年的表现，分别上涨24.7%和20%。2023年该公司也表现稳健，是美国前十大对冲基金之一。

肖本人则通过德劭实现了财富自由，2023年8月身价达到79亿美元。尽管德劭的成功使肖成为华尔街顶级投资人，不过比起投资，他更热爱科学。在他眼中，德劭也只是一家碰巧进行投资的研究实验室，而不是金融公司。

2002年，肖决定离开德劭，投身于自己真正热爱的科学事业。同时，他还开创性地为德劭建立了六人领导团队，这种管理模式沿用至今，对于德劭的长远发展发挥着至关重要的作用。

天才学霸

1951年，肖出生在纽约一个知识分子家庭，父母均在各自的专业领域有所成就。肖的父亲是一位物理学家，母亲是一位艺术家和教育家。不过肖并没有在一个完整的家庭过完自己的童年，12岁那年父母就离异了。

父母的学术背景让肖看到了教育的意义，但对他职业生涯产生了更大影响的人却是他的继父欧文·普费弗（Irving Pfeffer），一位来自加州大学洛杉矶分校的金融学教授。普费弗曾发表过多篇关于有效市场假说的重要论文。在年少时就能接触到先进的金融理论，在某种程度上也使肖赢在了起跑线上。

高中毕业后，肖被加州大学圣地亚哥分校录取，并以优异的成绩获得了该校学士学位。后来，肖又被斯坦福大学的博士项目录取，并于1980年取得了计算机科学博士学位。肖在斯坦福读书期间恰好赶上了硅谷科技革命。

从斯坦福毕业后，肖在哥伦比亚大学担任计算机科学系助教。在哥大期间，肖用Non-Von超级电脑进行超大规模并行计算的科研。

肖在计算机科学方面的资历成了踏入金融圈的敲门砖。1986年，他离开哥大，加入了华尔街顶级投行摩根士丹利的自动化自营交易部门（automated proprietary trading）。该部门由知名量化分析师Nunzio Tartaglia和交易员Gregory van Kipnis领导，主要利用统计模型识别出证券价格的微小（通常是非常短期的）异常，并从中获利。这通常需要处理和分析大量数据。肖在摩根士丹利的重大贡献就是引入了分布式计算，使用多个计算机处理器并行处理数据，大幅提升了数据处理能力，从而为投资的成功奠定了重要基础。

在大摩期间，肖对金融行业有了广泛的了解，对投资也产生了兴趣，不过比起金融，他的热情和精力更多地放在了驱动投资取得成功的技术方面。

神秘的量化投资先驱

1988年离开摩根士丹利后，肖创立了德劭。1998年，德劭从Paloma Partners Management Co和一些私人投资者那里筹集了接近3 000万美元的资金后开始进行交易。

德劭成立的时间晚于文艺复兴科技公司成立的1982年，不过80年代末，即使有些对冲基金已经开始用数学公式来捕捉一些复杂金融工具（如可转换债券）的价格差异，但量化基金的发展仍然处于初期阶段。德劭的成立将当时华尔街正在展开的量化革命推向了新的高度。成立之初，德劭发出的订单约占纽约证券易所交易量的2%。德劭和其他量化基金的涌现也助推了纽交所交易系统的自动化进程。

作为当今华尔街最成功的对冲基金之一，德劭在成立之初完全不像一家投资公司，而更像是“国会图书馆的研究室”。德劭的第一个办公室离华尔街很远，且装修简陋，但拥有两台太阳微系统（Sun

Microsystem）计算机——当时盛行于华尔街的速度最快、最复杂的计算机。

德劭的独特之处还在于员工的教育背景。从一开始，肖就没有将金融专业人士视为重点招聘对象，而是瞄准了那些像他一样来自其他领域的科学家或者研究人员，如计算机科学和英语专业，有些对金融完全不了解，甚至连对冲基金是什么都不知道。不过这些人都有一个共同特点，他们都是肖眼中最聪明的人，善于沟通，且有着清晰的观点。

德劭的成功还在于早期对于交易算法的保护，这点有点像可口可乐热衷于捍卫其珍贵的糖浆配方。在公司成立的最初几年里，德劭的行事非常隐秘，以至于一些员工不愿告诉家人他们在哪里工作，以及具体的工作内容。

此外，肖非常注重风险管理，一直将资本保值置于取得巨额收益之上，这是德劭成功的重要原因。通过严格保护和完善交易策略，并对风险管理给予高度重视，德劭稳步成长为世界上最大、最成功的对冲基金之一。1994年，德劭的净回报率高达26%。

快速扩张的90年代

整个90年代，德劭迅速扩张，到90年代末，其业务范围已经扩展至了投行和风险投资等对冲基金之外的领域。在成立不到10年的时间里，德劭就拥有6个办事处，以及约800名员工，总资本超过10亿美元。

1993年，德劭成立了专注于经纪业务的子公司D.E. Shaw Securities Group，为散户提供场外交易服务；1995年，推出免费邮箱系统Juno，以及FarSight Financial Services，后者是世界上最早的网上银行和经纪公司之一；次年，德劭在印度海得拉巴开设办事处，为其交易和在线业务开发软件和系统。另外，德劭还尝试了在线零售业务，这个业务当时的负责人就是亚马逊创始人杰夫·贝索斯（Jeff Bezos）。贝索斯于1990年加入德劭，当时他认为零售业务充满了可能性，经过肖的同意，贝索斯最终将这个想法付诸实践，并创立了亚马逊，不过肖并没有持有亚马逊的任何股份。

除了自营交易，德劭在90年代还是日本认股权证和欧洲可转换债券的最大做市商，以及美国最大的做市商之一。此外，德劭的股权相关业务也蓬勃发展，为美国的大型机构提供全球股权交易服务，包括欧洲、亚洲和日本。

为了进一步扩大消费者业务，德劭渐渐意识到可以与华尔街大型投资银行进行合作，它们在知名度、基础设施、消费者关系和募资渠道等方面都有巨大优势，但在量化和高频交易方面的历史却较短。二者合作可以形成很好的优势互补。

于是，经过一年的谈判，1997年3月，德劭与美国银行达成战略合作，在帮助美国银行发行股票衍生产品和其他金融产品的同时，能够接触到美国银行覆盖全球的关系网络。

作为合作的一部分，美国银行向德劭提供了14亿美元的无担保贷款，其中的大部分都配置给了固定收益套利策略。当时德劭从事的交易类型正是后来破产的长期资本管理公司（LTCM）所从事的相对价值交易（relative-value trades），以高杠杆交易金融衍生产品为主，但规模相对较小。1998年俄罗斯发生债务违约，给德劭数百亿美元的债券投资组合造成了巨大损失。

美国银行则因其对德劭的投资损失了5.7亿美元，还为了结股东诉讼额外支付了4.9亿美元。此外，美国银行还相继冲销了3.72亿美元和2亿美元的德劭贷款，并终止了合作关系。

德劭在90年代末遇到的麻烦在一定程度上是由于过快扩张导致的。作为对这次损失的回应，德劭大幅缩减了公司规模，包括将第三市场业务（third-market business）出售给了总部位于纽约的Trimark Securities。到21世纪初，德劭的核心人员数量大幅降至了180人，总资本从17亿美元缩水至了4.6亿美元。

重返科研，为D.E. Shaw建立六人管理模式

德劭的成功让许多员工变成了百万富翁，肖也变成了亿万富翁。截至2014年，德劭为肖带来了5.3亿美元的财富。

不过从一开始真正令肖感兴趣的都是科技如何助力投资的成功。他将德劭视为一家"碰巧进行投资的研究实验室"，而非金融公司。同时，他还认为自己是科学家，而非金融家。

2001年，肖决定退居二线，不再参与德劭的日常管理，专职从事计算生物化学的前沿研究。2002年，肖正式离开德劭，并创立了D. E. Shaw Research。

不过多年来肖在管理德劭过程中形成的价值观已经被深深植入了德劭的成功公式中，包括雇佣最杰出的人才、设定雄心勃勃的目标、注重团队合作、将公司的利益放在首位、注重道德，以及严谨地分析每一项投资。这些价值观对于德劭的重要程度完全不亚于各种精密的算法。

更重要的是，肖富有远见地为德劭搭建了由6人组成的管理层结构，这种管理模式一直沿用至今，是德劭在肖离开之后继续取得成功的关键因素。

但全球金融危机的爆发还是给了德劭重重的一击。2007年8月，其多策略基金下跌了约5%，这只基金有1/3资产投资于股票及股票相关的

量化策略。不过与其他同样遭受重挫的量化基金相比，德劭并不是最惨的。高盛旗下的全球证券机会基金（Global Equity Opportunities）损失达到23%。

德劭的六人领导架构为华尔街创造了先例。大多数金融公司在有两位CEO的情况下都很难运作，更不用说6位了。不过事实上，拥有一群关系紧密、专业领域各异的高管，反而使德劭能够在不同的资产类别和策略之间进行灵活的切换。德劭的官网显示，现任的6位高管大多数都是非金融专业，除了一位经济学专业，其余分别是计算机、心理学、比较文学、生物学和数学专业。

多元化投资策略，重仓科技公司

德劭的交易策略可以大致分为两种，一种是系统化策略（Systematic Strategies），另一种是自由裁量策略（Discretionary Strategies），前者主要依托于定量和计算技术，后者主要基于人工分析。另外还有将两种方法结合起来的混合投资策略。

系统化策略自肖创立德劭以来一直沿用至今，并帮助德劭在肖离开后的几年中取得了多项令人瞩目的成绩：2015年被评为《机构投资者》年度最佳多策略对冲基金；2016年被评为《机构投资者》年度最佳对冲基金；2018年作为年度最佳多策略基金被授予《绝对收益奖》；2019—2020年连续两年被评为年度最佳宏观基金；2019—2021年连续三年被评为年度最佳多策略对冲基金。

2021年，德劭旗下两只旗舰基金均取得了两位数的投资回报。其中多策略基金Composite Fund回报率为18.5%，略低于2020年的19.4%；宏观基金Oculus Fund回报率为15%，比2020年下降了约10个百分点。令人欣慰的是，2022年全球股市剧烈动荡，这两只基金分别取得了

24.7%和20%的回报率，表现都明显好于前两年。

Composite是D.E. Shaw旗下最大的一只基金，也是旗舰基金，投资于各种资产类别和不同地域，2001年成立至2021年的平均年化回报率达到12%，只有1年出现过下跌。Oculus是德劭的第二大基金，专注于宏观策略，2004年成立至2021年的平均年化回报率达12.5%，期间从未出现过亏损。

在发展过程中，德劭的业务变得越来越多元，单就其自由裁量策略而言就涉及了多种交易类型，包括资产抵押证券、企业信贷、能源大宗交易等。

德劭的企业信贷和资产抵押策略部门管理着29亿美元规模的私募信贷基金Alkali Fund。这只基金成立于2012年，是一个期限为5年的封闭式基金，主要投资于贷款、证券化产品和其他信贷工具。截至2022年初，Alkali完成了5轮募资，最后一轮是在2021年4月完成的10亿美元融资。

此外，德劭还涉足私募股权投资，不过直到2022年德劭才正式成立第一只私募股权基金。

从20世纪90年代开始德劭就通过旗下对冲基金进行私募股权投资，包括2004年收购当时陷入困境的玩具店FAO Schwarz，以及美国玩具零售商KB Toys的网络资产。2009年末，德劭还在内部专门成立了一个收购部门（Portfolio Acquisitions Unit），主要收购竞争对手投资组合中的非流动性资产，以及不良资产。

2006年，德劭进入印度，并在该国完成了多笔大型私募股权交易，涉及诸多关键领域，包括教育、可再生能源、房地产、出版、动画和安全服务等。不过由于投资环境的变化，2013年德劭已经大幅缩减了在印投资，投资组合规模从鼎盛时期的20亿美元缩减至了4亿~5亿美元。

多年来，德劭的许多私募股权投资都是通过公司的Fundamental Equities团队来完成的。与许多其他知名对冲基金，如Point72和老虎环球的做法类似，德劭最终也成立了专门的私募股权基金。

2022年2月22日有媒体报道称，德劭正在筹备其第一只私募基金Voltaic Fund，计划募资5亿美元，主要投资于未上市的成长型企业，期限为5年。2023年2月，德劭正式宣布Voltaic和另一只私募信贷基金Diopter Fund联合融资11亿美元。

德劭对成长机遇的看重同时也体现在其股票投资组合上。根据13F文件，截至2021年12月31日，德劭的前十大持仓均为科技股，持股形式包括普通股和看跌/看涨期权。第一大持仓为微软，占比1.3%，价值约15.57亿美元；第二和第三大持仓分别为特斯拉看跌期权和普通股，价值分别为14.19亿美元和13.22亿美元（见表21-1）。全部投资组合的市值约为1 206亿美元。

表21-1　2021年第四季度德劭前十大持仓

公司名称	市值（千美元）	占比（%）	持股数（股）	持股类型
MICROSOFT CORP	1 556 866	1.30	4 629 121	
TESLA INC	1 418 621	1.20	1 342 400	看跌期权
TESLA INC	1 321 802	1.10	1 250 783	
AMAZON COM INC	1 200 362	1.00	360 000	看跌期权
APPLE INC	1 186 089	1.00	6 679 562	
AMAZON COM INC	1 078 008	0.90	323 305	
ISHARES TR	1 020 759	0.80	2 140 000	
NETFLIX INC	866 944	0.70	1 439 054	
NVIDIA CORPORATION	766 074	0.60	2 604 719	
XILINX INC	731 967	0.60	3 452 183	

资料来源：SEC，海投全球。

此外，德劭还投资了特殊目的收购公司（SPAC）Digital World

Acquisition Corp.（DWAC）。这家SPAC的合并对象是美国前总统特朗普旗下的社交媒体平台，在特朗普人气的带动下，DWAC的股价在2021年上涨了416.9%，是当年美股涨幅最大的金融股。截至2021年第四季度，德劭持有1 141 097股DWAC股票，价值约1 500万美元。

布局中国

近几年来德劭还持续布局中国市场。

2019年4月，德劭在中国证券投资基金业协会完成了管理人登记，正式成为外商独资的私募证券投资基金管理人（PFM）。

早在2005年前后德劭就进入了中国，并在2010年成立了德劭投资管理（上海）有限公司，2007年还在中国香港开设了办事处。取得PFM资格意味着德劭可以面向中国投资者发行人民币基金，进一步深化其在华业务。

2019年9月，德劭发行了第一个中国在岸基金，并在2020年5月基本完成了募资。这只基金名为Razor China Fund，主要利用德劭的系统化期权策略（Systematic Futures Strategy），及其交易基础设施和投资组合优化程序，由德劭的上海团队负责管理，投资者包括机构、资产管理人，以及高净值人群。作为全球最具潜力的资本市场之一，中国始终没有离开过德劭的全球视野。

第四篇

SPAC

特殊目的收购公司（Special Purpose Acquisition Company，SPAC）是一种没有任何实际业务的空白支票公司，其存在的唯一使命就是在自身上市以后，通过收购另一家有实际业务的非上市企业，帮助后者完成IPO。

这个过程的第一步是SPAC自身完成上市。和其他上市公司一样，SPAC的股票也可以在公开市场上自由流通，但在上市时，SPAC通常还没有确定未来将要收购的企业，其招股说明书通常只披露该SPAC计划收购的企业所属行业。投资者判断是否投资一家SPAC最主要的依据是SPAC发起人（sponsor）在业界的经验或声誉。

一旦确定了收购目标，并得到股东批准，SPAC将与目标企业进行合并，这一过程被称为“反向收购”（reverse merger）。合并交易完成后，SPAC将以合并后的企业名称在股市进行交易。

SPAC的发行价一般为每股10美元，和传统股票一样，其价格也会上下波动。SPAC在上市时向投资者发行的证券由两部分组成，分别是普通股和认股权证，认股权证赋予投资者在未来某一时点，以特定价格（通常高于SPAC的发行价）买入一定数量额外普通股的权利。

SPAC上市时募集的资金在扣除特定费用后会存入一个信托账户中，

直到确定收购目标，或者由于未能在规定时间内完成合并交易而被要求清算。按规定，SPAC需要在两年内找到目标企业并完成合并交易（如果需要延长交易截止日期，需要得到SPAC股东的批准），如果未能完成交易，股东在清盘时将有权按比例获得当时存入信托账户的总金额的份额。在SPAC找到收购目标，并宣布合并交易后，如果投资者不看好这笔交易，则有权赎回所持股票的现金和利息。

SPAC大体上涉及三个主要利益相关群体，分别是SPAC发起人、目标企业和投资者。一个成功的SPAC能够为各方创造价值，即为发起人创造盈利机会，为投资者提供有吸引力的风险调整后回报，以及为目标企业提供便捷的融资渠道。

许多初创企业在完成多轮风险投资后通常有多重选择，包括传统IPO、出售给另一家公司或私募股权公司，以及获得更多的机构投资。与SPAC合并上市也是一个有吸引力的选择。

与传统IPO相比，企业与SPAC合并上市的优势包括获得更高的估值、以更快的速度获得资金、更低的费用成本，以及相对宽松的监管要求。这导致了一种好坏参半的局面：在帮助许多来自颠覆性科技创新领域的企业实现上市梦的同时，也使许多投机性、连近期营收都无法保证的企业出现在了资本市场上，最典型的代表便是疫情期间频繁通过SPAC上市的电动汽车企业，如Nikola、Lordstown Motors、Canoo、Faraday Future Intelligent Electric、Fisker和Lucid Group，大部分股价均大幅低于每股10美元的发行价。

许多与SPAC合并上市的企业在股价大跌的同时还面临因业务造假等欺诈行为招致的法律诉讼。这些SPAC惨淡的后市表现与它们上市时的风光形成鲜明对比，并给那些凭一腔热情并在高点买入的个人投资者造成了很大损失。相对于个人投资者，SPAC更依赖于机构投资者，包括共同基金、家族办公室、对冲基金、私募股权公司、养老基金等。这些机构投资者以PIPE（私募股权投资已上市公司股份）的形式为SPAC

提供资金，用于完成合并交易。作为SPAC的重要资金来源，PIPE资金不仅增加了SPAC的总体可用资金，还可以减少对发起人股权的稀释，同时PIPE投资者承诺在注资后锁定一定期间（通常为6个月）。

SPAC的每一个利益群体都要承担不同层面的风险。发起人的主要风险是未能在规定时间内完成合并交易，从而产生了管理和运营SPAC的成本。这些成本包括支付给银行家、律师和会计师等人员的费用，以及发起人自身的时间成本。但如果SPAC成功完成合并交易，发起人则可以获得SPAC在上市时所发行股份数20%的创始人股份，如果合并后的SPAC股价持续上涨，发起人将从中获得巨大收益。相比于普通投资者，发起人也常常能够以更优惠的价格买入SPAC股份。

这种相对有利于发起人的“游戏规则”，在资本市场上有着大量过剩资金、急需资金的企业，以及监管相对宽松的环境下，必然会导致SPAC数量的猛增，以及整个SPAC交易领域的繁荣。

20世纪80年代，当SPAC以空白支票公司的形式第一次出现在资本市场时，由于缺乏监管，投资者常常受到低价股欺诈的困扰，随着美国不断完善监管框架，这种空白支票公司被重新命名为“特殊目的收购公司”。在接下来的几十年里，SPAC渐渐发展成为一个小型产业，一些缺乏在公开市场和私募领域投资经验的保荐人团队在专业律所、审计师和投行的支持下开始投资那些陷入困境的企业或利基行业。

随着越来越多的资金流入SPAC，人们对该领域的兴趣也不断升温，而根本性的转折则发生在2020年。为了应对新冠疫情给美国经济造成的负面冲击，美联储实施了超级量化宽松政策，导致大量资金流入资本市场。同时，由于疫情导致企业盈利前景的不确定性上升，许多企业的传统IPO渠道受到阻碍。这使得SPAC这种非主流的投融资工具受到了许多初创企业和投资人的追捧。

根据SPAC Research的数据，2014—2019年在美国发行的SPAC数

量和融资总额分别为184个和437亿美元，而2020年一年这两项数据就远远超过了此前6年的总和，分别为248个和834亿美元。2021年，两项数据继续翻倍增长，分别达到613个和1 625亿美元。

一些手握大量资金且急于寻找项目的老牌对冲基金、私募股权和风险投资人都被吸引到了SPAC领域，有些人甚至是长期秉持价值投资理念的传统投资者，例如创立了美股史上规模最大SPAC的潘兴广场资本管理公司创始人比尔·阿克曼，有些则是因SPAC行业的爆发而被更多人知道的新锐投资者，比如前Facebook高管、被誉为2020年“SPAC之王”的“查马哥”（Chamath Palihapitiya）。

他们中的许多人在很早以前便已经在华尔街拥有了一席之地，在宏观环境突变之际布局SPAC充分体现了他们作为投资人敏锐地捕捉资本机遇的本能反应。

2022年随着通胀飙升，美联储开始收紧货币政策，股市大幅下跌，SPAC市场也极速降温。标普全球市场情报公司的数据显示，2022全年美股SPAC的发行数量和融资规模分别只有86个和134.2亿美元，与此同时，数百家在2020年风风火火上市的SPAC因未能找到合适的收购目标而不得不被迫清算。在高利率的持续打击下，SPAC市场持续低迷。根据安永的数据，2023年第一到第三季度，全球范围内的SPAC IPO数量只有53个，同比下滑60%，融资规模仅37亿美元，同比下降76%。

在SPAC泡沫破灭之后，这些曾因SPAC叱咤华尔街的投资人也许会渐渐淡出公众视野，但他们通过SPAC撬动大量资本扶持的众多初创企业却可能将永远留在资本市场上，随时准备接受公众的拷问。一直贯穿于这波SPAC浪潮之中的是SPAC与监管者之间的博弈，这为SPAC的未来前景增添了更多不确定性。不过这或许也意味着，尽管平息后的SPAC市场看似一地鸡毛，但随着混乱的局面不断得到整治，整个SPAC行业也将朝着更加健康且更加有利于投资者的方向发展。

第22章

查马斯·帕里哈皮提亚：散户带头大哥的反叛之路

2020年新冠疫情给全球金融市场带来了异常波动，同时，SPAC交易受到了资本市场的狂热追捧，这种热潮延续到了2021年。

在席卷金融市场的SPAC交易浪潮中，斯里兰卡裔加拿大风险投资人，社会资本（Social Capital）创始人查马斯·帕里哈皮提亚（Chamath Palihapitiya）凭借37亿美元的SPAC发行规模以及对SPAC交易的大肆吹捧成为疫情之年的SPAC交易之王，被《福布斯》评为2021年SPAC交易狂潮中诞生的十位亿万富翁之一。

在2021年1月下旬GameStop散户投资者逼空华尔街机构的大战中，这位亿万富翁又通过在社交媒体和主流媒体等平台力挺散户、攻击华尔街机构成为散户“英雄”。

而在此之前，帕里哈皮提亚早已有了光鲜的履历——AOL史上最年轻的副总裁、Facebook任期最长的高管、硅谷最了不起的100人之一、致力于颠覆传统的风险投资人等。

帕里哈皮提亚因这些光鲜的履历与自身不同寻常的成长背景而受到媒体关注的同时，他的一系列言论，与他那些光环似乎相矛盾，同时充满了“炒作”色彩，备受争议。——靠Facebook成功却指责Facebook

撕裂社会、靠风投起家却抨击风投是“庞氏骗局”、靠华尔街赚钱却声称华尔街“就应该被消灭”、自称要成为这个时代的“伯克希尔哈撒韦”却又表示巴菲特已经过时等。

甚至有美国媒体将帕里哈皮提亚在GameStop逼空事件中的表现描述为“一种夹杂着自由主义和反政府主义观点的民粹主义”，是对美国“进步民主的一次反击”。而事实上，这种“反政府主义”和“民粹主义”倾向，早在帕里哈皮提亚很多年前的言论中就已经有所体现。

从斯里兰卡到Facebook

帕里哈皮提亚出生于1976年的斯里兰卡，6岁时因内战随父母移民到加拿大，并申请了难民身份。小时候父亲常常处于失业状态，一家人靠母亲的低薪收入和领取政府福利金来维持生计。帕里哈皮提亚还有两个姐妹，一家五口住在一套400平方英尺（约37平方米）的两居室公寓里。

中学时期的帕里哈皮提亚还利用课余时间找了几份兼职来赚取一些零花钱。他的第一份工作是在汉堡王，之后通过一个政府项目找到了一份数据输入的工作。尽管被负责人告知工作量可能大到无法完成的程度，但帕里哈皮提亚每次都执着于完成所有工作，有一次还因此而得到了经理的奖励——请他吃麦当劳，没有上限。结果他一口气吃了六个巨无霸。

出身贫穷的帕里哈皮提亚从小就迷恋财富，痴迷于《福布斯》的“亿万富翁榜”。而这个梦想帕里哈皮提亚凭借其过人的智商和努力在多年后成为现实。2015年他被Business Insider评为“硅谷最了不起的100人”之一。

1999年，帕里哈皮提亚从滑铁卢大学电子工程专业毕业后在加拿大蒙特利尔银行（Bank of Montreal）作了一年的衍生品交易员。2000年，他跟随当时的女友布里盖特·刘（Brigette Lau）来到加利福尼亚，加入到当时的硅谷创业潮。

2000年初美国互联网泡沫破裂后，许多科技企业的高管纷纷失业，但帕里哈皮提亚的职业生涯却迎来了上升期。

2004年帕里哈皮提亚加入美国门户网站美国在线公司（America Online Inc.，AOL），担任即时通讯小组（AIM）的负责人。在AOL有着"神童"称号的帕里哈皮提亚凭借过人的能力，在还不到30岁的年纪就晋升为该公司史上最年轻的副总裁。

2007年，他加入成立不到两年的Facebook，主要负责用户增长，在2011年离职时，Facebook的用户数从不到5 000万增长到7.5亿。除此之外，帕里哈皮提亚在Facebook还负责过很多其他工作，包括市场营销、沟通、客户服务和广告及平台管理等。据说在扎克伯格拒绝了他用10亿美元开发手机业务的请求后，他便离开了Facebook。

2015年曾有媒体报道，帕里哈皮提亚是Facebook史上任期最长的高管，并且凭借Facebook的工作，他积累了10亿美元的财富，过上了名副其实的亿万富翁生活。2010年，他花2 500万美元买了NBA金州勇士队（Golden State Warriors）10%的股份，而这笔投资在2021年的价值已经超过了5亿美元，他本人也成了金州勇士队执行委员会的委员[①]。帕里哈皮提亚还酷爱玩扑克牌，前后参加过三次世界扑克大赛（WSOP）和两次世界扑克巡回赛（WPT），而且成绩不错，在2011年的WSOP主赛事中，在6 865名参赛者中排名101名。历年多次大赛合计给他带来了约17.58万美元的奖金。

---

① 2022年7月，帕里哈皮提亚向媒体证实自己已经出售了金州勇士队的剩余股份。这笔投资为他带来的回报率高达2 000%。

帕里哈皮提亚从来不怕在大众面前显露自己的财富。与扎克伯格不同，帕里哈皮提亚的形象给人的感觉更像是好莱坞大亨，而不是计算机科学专业的研究生。在他后来创办的风险投资公司Social+Capital办公室前，他还专门为他价值10万美元的Fisker Karma电动运动轿车装置了一个充电站。2014年，他用2 739枚比特币买下了太浩湖（Lake Tahoe）附近一块价值约160万美元的空地，2021年这块地的价值达到约1.2亿美元。

事实上，从2012年开始，帕里哈皮提亚就是比特币的忠实粉丝，2021年初，他还曾在Twitter上说，“如果比特币达到了10万美元一枚，他就将买下高盛（Goldman Sachs），并将其重命名为Chamathman Sachs”。

在Facebook工作期间，除了单纯财富上的积累，帕里哈皮提亚还结识了许多人创业者和投资圈大佬，积累了大量人脉。但帕里哈皮提亚的口碑却存在一定争议。史蒂文·利维（Steven Levy）在《Facebook的内幕故事》(《Facebook：The Inside Story》) 中曾写道，帕里哈皮提亚在Facebook被视为“恶霸”，许多下属常常会被他弄哭。2017年，在斯坦福商学研究生院的一次活动中他还公开批评Facebook“撕裂社会结构”，而他自己也因曾经为这款社交媒体平台做过的工作感到“极大的愧疚”。

非典型风投人

在加入Facebook以前，帕里哈皮提亚曾于2005年在美国历史最悠久的风投公司之一，梅菲尔德基金（Mayfield Fund）有过短暂的工作经历，期间主要关注消费互联网领域。这是帕里哈皮提亚的第一份风投工作，但由于与大多数合伙人“格格不入”，工作不到两年便离开了。

在离开Facebook以前，帕里哈皮提亚就已经开始通过一个叫

Embarcadero Ventures的基金投资了几家公司，大多都是初创企业，例如游戏公司Playdom、团购网站Peixe Urbano、数据存储和运输公司Pure Storage，以及企业内部通讯平台Yammer等。其中一些投资给帕里哈皮提亚带来了可观的收益，例如他以25 000美元投资的Playdom在2010年以约7.63亿美元的价格被迪士尼收购，这笔投资也为他在投资圈赢得了很高的信誉。

2011年离开Facebook以后，帕里哈皮提亚与妻子创立了风险投资基金Social+Capital Partnership，2015年改名为Social Capital。在光鲜的履历和过往投资战果的加持下，帕里哈皮提亚得到了许多创投圈大佬的支持，除了扎克伯格，还包括亿万富翁李嘉诚、尼古拉斯·博古睿（Nicolas Berggruen）、豪尔赫·保罗·莱曼（Jorge Paulo Lemann）和艾利·布罗德（Eli Broad），以及“风投之王”约翰·杜尔（John Doerr）、领英创始人里德·霍夫曼（Reid Hoffman）、老虎环球基金创始人蔡斯·科尔曼（Chase Coleman）和PayPal创始人之一彼得·蒂尔（Peter Thiel）等。通过蒂尔的引荐，帕里哈皮提亚还认识了PayPal的其他高管。

在传统风投机构的帮扶下成长起来的帕里哈皮提亚在许多方面却并不认同他们的做法，甚至在着装方面都曾“尽量穿得看上去不像个风投”。在2011年的一次采访中，他批评传统风投机构的“短期思维模式”和“缺乏透明度”，并声称由于风投公司专注于在尽可能短的时间内配置尽可能多的资本，会造成错误的激励效应。2018年，他还指责风险投资公司正在把硅谷的创业生态系统变成一个“庞氏骗局”，而这一过程的主要受害者就是风投基金的有限合伙人和创业公司的员工。

此外，帕里哈皮提亚对于富人和对冲基金也抱有敌意。2020年4月美国疫情暴发之际，美联储为挽救受疫情冲击的经济和严峻的就业形势公布了总规模高达2.3万亿美元的刺激计划。而帕里哈皮提亚却表示美国政府不应救助那些服务于富人的对冲基金，因为这些对冲基金就应该被“消灭掉”。

社会资本的初始规模只有2亿~4亿美元，但帕里哈皮提亚说他在乎的不是规模，而是希望通过为风投行业注入所谓的“激进资本主义”（Activist Capitalism），来支持那些致力于解决科技、医疗、教育和金融服务等领域重大问题的初创企业。这一主张与一些经验丰富的投资人产生了共鸣，一些人也因此成为社会资本的创始合伙人。

也是基于这一理念，社会资本投资了包括Glooko Inc.（专注于糖尿病治疗和数据监测）、SecondMarket（非上市股票在线交易平台）、Slack（协作工具软件）以及Book（云内容管理公司）等诸多初创企业。根据CrunchBase的数据，截至2023年3月，社会资本累计进行了424笔投资。资料显示，2011年至2019年，社会资本的总绝对回报率高达997%，同一时期标普500指数的回报率为325%。

然而，在社会资本成立的几年之后，其投资的关注点已经不再仅仅局限于早期的风险投资，其战略逐渐发展为参与到企业生命周期的各阶段中。具体来说，除了投资初创企业，社会资本还向相对较为成熟的公司提供贷款、通过下属的对冲基金投资上市公司，以及通过非传统上市方式帮助一些陷入困境的独角兽企业完成上市，也就是与SPAC合并上市。

2017年8月，帕里哈皮提亚与伦敦风投公司Hedosophia CEO伊恩·奥斯本（Ian Osborne）共同创建了名为Social Capital Hedosophia Holdings的SAPC。2018年9月，帕里哈皮提亚宣布社会资本将不再接受有限合伙人的外部投资，而是将转型成为一个致力于长期投资的“技术控股公司。”在此过程中，多位社会资本的合伙人和投资人纷纷退出。许多投资人退出的理由都是不看好帕里哈皮提亚这种战略上的转变。

但帕里哈皮提亚不以为意，因早期有先见之明地押注了比特币、亚马逊和特斯拉等资产而赚得盆满钵满的他已经习惯了质疑。面对合伙人的“背叛”和质疑，他说“一个人必须要有信心和敢于尝试”。

2020年SPAC交易之王

SPAC全称为特殊目的收购公司（Special Purpose Acquisition Companies），是一种空头支票公司，其最大的优势以及主要目的就是在不经过传统IPO繁杂流程的情况下帮助企业实现公开上市融资的目的。

自2018年转变策略以来，帕里哈皮提亚通过两个SPAC平台——Social Capital Hedosophia Holdings和Social Capital Suvretta共发起成立了10个SPAC。Hedosophia旗下的SPAC均已IPO加一个英文字母命名，主要关注科技领域，而Suvretta旗下的SPAC则以DNA加一个英文字母命名，重点关注生物科技领域。

截至2023年6月底，帕里哈皮提亚拥有的10个SPAC中，只有6个完成了合并上市。与Hedosophia旗下SPAC完成合并的公司分别是太空旅行公司Virgin Galactic、在线售房网站Opendoor Technologies、医疗保险科技公司Clover Health和金融科技公司SoFi Technologies，与Suvretta旗下SPAC完成合并的公司分别是数字医学研发商Akili Interactive和慢性肾病治疗公司ProKidney。

实体企业通过与SPACs合并上市的模式在美国已经有30年的历史，但2020年突然成为金融市场上的热潮，主要是由于新冠疫情的暴发导致全球金融市场异常波动，给企业估值带来了更多不确定因素。同时，各国央行的宽松货币政策释放了大量流动性，使得这种交易模式受到许多华尔街机构和硅谷科创企业的追捧，这种热度一直延续到了2021年。

2019年，在美国发行上市的SPAC有59个，融资总额为136亿美元，2020年两项数字猛增至248个和833.86亿美元。2021年，美国SPAC的发行数量和融资规模进一步攀升至613个和1 625亿美元，这也是史上最高纪录。

帕里哈皮提亚借势在2020年发起5家SPAC，共筹集37亿美元，这使他的个人财富剧增，同时也赢得了“SPACs之王”的称号。在《福布斯》公布的2021年SPAC交易狂潮中诞生的十位亿万富翁名单中，帕里哈皮提亚以12亿美元的净资产（截至2021年3月5日）排名第十。

只可惜SPAC之王的称号未能延续多久。随着SPAC炒作倾向越发明显，美国证券交易委员（SEC）从2021年4月开始逐渐收紧对SPAC的监管。虽然这并未阻止SPAC交易在当年创下历史纪录，但2022年初开始的美联储加息周期不仅终止了这一史无前例的SPAC热潮，也成了帕里哈皮提亚开始走下SPAC神坛的开始。

按照规定，SPAC需要在上市后的两年内找到收购标的并完成合并交易，如果未在该期限内找到收购对象，则需要将资金返还给投资者。帕里哈皮提亚在2020年10月发起上市IPOF和IPOD就遭遇了这种情况。IPOF是帕里哈皮提亚名下最大的一个SPAC，规模达11.5亿美元，IPOD的规模为4.6亿美元。2022年9月下旬，帕里哈皮提亚在接受采访时称，尽管在此前两年里他评估了超过100多个目标企业，但最终由于诸多因素放弃了交易，其中最大的障碍便是企业估值和股市的暴跌。

随着2022年美国股市的普遍下跌，SPAC市场也随着传统IPO市场陷入停滞，全年上市的SPAC只有86个，融资总额只有134.31亿美元。进入2023年，形式仍然没有好转，截至7月7日上市的SPAC只有17个，融资规模不到20亿美元。帕里哈皮提亚其余的几只SPAC也仍然没有找到合适的收购标的。

除了没有完成合并的“使命”，完成了合并交易（DeSPAC）的企业在上市后也并没有取得理想的表现。从SPAC上市首日到美国东部时间2023年7月7日，Virgin Galactic股价下跌了63.56%，Opendoor Technologies下跌64.78%，Clover Health下跌92.38%，SoFi Technologies下跌22.19%，Akili Interactive下跌88%。

尽管没能在SPAC的“神坛”上停留太久，但SPAC狂潮无疑进一步提高了帕里哈皮提亚在公众视野中的曝光度，并为他的个人职业生涯增添了更多光彩。而作为投资人，帕里哈皮提亚无疑是这波SPAC热潮的赢家。在2022年9月的采访中他曾透露，社会资本通过SPAC交易获得了约7.5亿美元的投资回报。

散户代言人

认识帕里哈皮提亚的人说，他是一个了不起的推销员，但却是个糟糕的管理者。但帕里哈皮提亚这种爱炒作的特点，又特别适合SPAC的交易模式——由于实体企业通过与SPAC合并上市，所以SPAC发起人不必担心在某只股票开始交易前公开谈论这家公司的业务前景，而在传统IPO程序中，这是不被允许的。他利用这些漏洞，在社交媒体上谈论自己对股票的看法，还让媒体在他的交易被宣布时延长播出时间。

在帕里哈皮提亚的SPAC投资者中，散户的比例高达70%，他自己也曾表示SPAC是一项必要的创新，为日常散户投资者打开了投资生态系统，具有民主化的作用。但实际上他只将一小部分股份分配给这群投资者，以期使承销商的股份份额增加到50%以上。

2023年1月下旬，帕里哈皮提亚作为散户代表卷入到游戏驿站（GameStop）逼空华尔街机构的风波中。为了表示声援，1月26日他在社交媒体上表示，自己以115美元的执行价买入了12.5万美元的50手GameStop看涨期权。第二天游戏驿站开盘价飙升至354美元，随后他表示将进行平仓，并捐出50万美元的收益和初始持仓。

在访谈中，帕里哈皮提亚坚定地和散户站在一起。他指责允许对冲基金卖空140%的游戏驿站股票是不负责任的行为，并声称美国散户论坛WallStreetBets上散户投资者的股票研究能力完全不输于华尔街机构。

在游戏驿站逼空事件中，帕里哈皮提亚频繁地攻击股票交易软件Robinhood，指责其通过向高频交易公司城堡证券（Citadel Securities）出售支付订单流（payment for order flow）获取收益。在Robinhood暂停包括游戏驿站在内的多只散户抱团股（meme stock）[①]交易之后，他在社交媒体上向粉丝推荐其他股票交易软件，其中就包括他计划通过SPAC扶持上市的SoFi。

这场散户与华尔街大机构的对决使帕里哈皮提亚成为一位散户“英雄”，但也有媒体认为帕里哈皮提亚在这场逼空大战中的表现不过“是一种夹杂着自由主义和反政府主义观点的民粹主义”，是对美国“进步民主的一次反击”。事实上，帕里哈皮提亚的这种“反政府主义”和“民粹主义”倾向，在他很多年前的言论中就已经有所体现。

2017年，他曾在采访中鼓励投资者投资比特币，声称比特币最终会达到100万美元一枚。他解释说，“专制政权和银行体系基础设施正在破坏世界的正常运转，而面对这种情形，比特币这种加密货币具有一种奇妙的、基础的对冲和存储价值。”

2013年10月1日，由于美国国会没有通过2014会计年度的预算拨款，美国联邦政府进入部分关闭状态，除了国家安全等基本职能外，其他机构进入服务暂停状态。但这次持续了半个月的政府关闭事件并没有给美国股市带来太大的波动。在事后的一次访谈中，帕里哈皮提亚直言不讳地说道，“如果公司倒闭了，股市会崩溃。但如果政府关闭了，什么都不会发生，生活还将继续，因为没人会在意。事实上，政府运作陷

① Meme stock特指一些在社交媒体平台上受散户追捧的股票。

入停滞对我们所有人都有好处。”

《华尔街日报》则这样评论帕里哈皮提亚：如果说沃伦·巴菲特嘉年华式的年会是“资本家的伍德斯托克音乐节（Woodstock）”，那么在社交媒体上有着超过160万粉丝的帕里哈皮提亚则属于一个新的市场影响力阶层——他们深谙社交媒体的核心玩儿法，懂得如何在赚钱的同时向建制派发起攻击。尽管华尔街从来不缺少（金融界的）“摇滚明星”，但能像帕里哈皮提亚这样驾驭SPAC交易和散户交易狂潮这两股重塑市场力量的人并不多。

第23章

比尔·阿克曼：SPAC天王的进阶之路

2020年初，在各国正在忙于应对疫情冲击之时，嗅觉灵敏的美国亿万富翁投资人阿克曼预见到了巨大的投资机会。他预测金融市场将因疫情冲击而暴跌，并因此大量买入了信用违约互换（credit default swap，以下简称CDS）[①]。

在美股两周内经历了4次熔断后，阿克曼售出全部CDS，从中获得26亿美元的收入。这使他在一个月前购买CDS时投入的2 700万美元翻了接近100倍。

在平仓以前，阿克曼在媒体上呼吁美国前总统特朗普封锁美国经济以减轻疫情冲击，随后美股进一步下跌，许多人因此指责阿克曼是在为自身利益而有意打击股市。

但“质疑”和“争议”对于阿克曼来说并不陌生。在过去的20多年里，这位净资产价值超过35亿美元的亿万富翁投资人，正是通过一系列颇具争议色彩的投资，向外界证明了自己的投资实力，并一步步成长为美国投资圈的名人。

---

① 信用违约互换（CDS）是一种金融衍生工具，是买卖双方就指定的信用事件进行风险转换的一种合约。在合约期内或信用事件发生前，CDS买方定期向CDS卖方支付一定费用，一旦信用事件发生，买方有权从卖方获得相应的赔偿。

2020年美股掀起SPAC投资狂潮之际，他乘势创立了美股史上最大的SPAC，还试图改写延续了30多年的SPAC交易传统。

在带领潘兴广场资本从2004年的5 400万美元扩大至2022年的185亿美元的过程中，阿克曼将职业投资人身上具备的敏锐、大胆、自信、勤勉、耐心、特立独行等特质表现得淋漓尽致。

进击华尔街的哈佛精英

1966年5月，阿克曼出生于纽约州韦斯特切斯特县的查帕奎（Chappaqua），一个因聚居着美国政商各界名流而闻名的富裕郊区。1988年，他以优异的成绩获得哈佛大学社会研究学士学位；1992年获得哈佛商学院MBA学位。

阿克曼是德裔犹太后裔（Ashkenazi Jewish），父亲是纽约房地产融资公司Ackman-Ziff Real Estate Group的主席。在开启自己的事业以前，阿克曼曾追随父亲在房地产领域打拼。

毕业后，26岁的阿克曼与另一位哈佛校友戴维·贝尔科维奇（David P. Berkowitz）共同创立了对冲基金Gotham Partners。尽管这家主要针对上市公司进行小额投资的公司只存活到了2002年，且期间经历了不少挫折，但却为阿克曼在华尔街占有一席之地打下了重要基础。

1995年，Gotham Partners成立3年后，阿克曼与保险和房地产公司Leucadia National联手竞购洛克菲勒中心（Rockefeller Center），尽管未能赢得这笔交易，但这次竞购却使阿克曼声名鹊起，吸引了许多投资者的注意。到1998年，Gotham Partners管理的资产规模（AUM）已从3百万美元扩大至5亿美元。

然而在1997年，阿克曼犯下了一个致命错误，并最终导致了

Gotham Partners的破产。由于投资了当时处于亏损状态的一家高尔夫球场运营商（后改名为Gotham Golf），Gotham Partners的债务大幅攀升，给投资者带来了巨大损失。

Gotham Partners本打算通过与第一联合地产股权及抵押贷款投资公司（First Union Real Estate Equity and Mortgage Investments）合并，借助后者的现金流来偿还债务，但合并案在2001年被纽约州法院以保护少数股东利益为由驳回。

2002年，被一系列与外部股东的诉讼纠纷搞得身心俱疲的阿克曼决定逐步关闭Gotham Partners（尽管后来纽约一家法院推翻了纽约州法院反对合并的判决）。

Gotham Golf的创业之路以失败告终，但阿克曼却从中吸取了重要的经验与教训，即尽量避开流动性较差的资产，以及投机属性较强的投资。

亿万富翁之路

2003年，阿克曼用自己和前合伙人共同筹集的5 400万美元创立潘兴广场广场资本（Pershing Square Capital Management，PSCM）。设立的第一年，PSCM就取得了巨大成功。价值大师网GuruFocus的数据显示，PSCM在2004年的回报率高达40%，相比之下，标普500指数的回报率则不到10%。十年后的2013年，阿克曼首次出现在福布斯的亿万富豪榜上。

作为一位典型的积极投资者（activist investor），阿克曼最为人所熟知的策略之一就是悄悄地增持公司股份，然后利用这些股份游说管理层做出改变、推高其股票，之后一次性以高价卖出从而获利。其中一个著名案例就是对美国汉堡快餐连锁店Wendy's的投资。

阿克曼从2005年4月开始大举买入Wendy's股票。在成为其最大股东之一后，阿克曼开始向Wendy's管理层施压，敦促其拆分对Wendy's收入贡献最大的甜甜圈品牌Tim Horton。2006年3月，Tim Horton通过IPO从Wendy's剥离出去，同年11月，阿克曼以对Wendy's高管继任决定表示不满为由卖出Wendy's股票，并从中获得了翻倍的回报，但Wendy's的股价却从阿克曼买入时的每股37美元跌至24美元。

许多人将Wendy's的股价下跌归因于阿克曼强行使Wendy's剥离对其盈利能力最强的品牌，而阿克曼则辩驳称，主要原因是Wendy's的董事会没有听从他的建议，聘用了错误的CEO。

另一笔将阿克曼的投资风格表现得淋漓尽致的交易是对加拿大太平洋铁路公司（Canadian Pacific Railway Ltd，CP）的收购。

2011年，在PSCM收购CP14.2%的股权之后，二者之间暴发了一场激烈的代理权之争，并以PSCM的胜利告终。随后，阿克曼不仅更换了CEO，还对CP的商业战略进行调整。到2014年12月，CP的股价从2011年9月的每股49美元大幅上涨至220美元。两年后，阿克曼卖出CP 6.7%的股份，价值约14.5亿美元。

在2013年的一次采访中，阿克曼曾表示，PSCM最大的竞争优势就在于利用其持有的公司股份对被投资公司的战略、管理、商业结构、资本结构等重大决定进行主动干预，而不是被动地等待市场的催化。

阿克曼在投资方面取得的成功与他的自信和勤勉有着密不可分的关系。他曾说，“做投资这一行的关键之一就是要相信自己是正确的，其他人则是错误的；如果没有这样的自信，你永远不会买任何东西，因为人总会有犯错的时候。”

2002年，阿克曼发布一份针对美国市政债券保险公司MBIA长达55

页的长篇研究报告。MBIA成立于20世纪70年代，是美国最大的债券保险公司，起初主要通过为市政债券提供担保赚取保费，但到了90年代，为了提高业绩，MBIA开始扩大业务范围，为其他结构性金融工具提供担保，其中一个就是导致金融危机爆发的罪魁祸首——抵押贷款支持证券（CDO）。

阿克曼注意到，MBIA不仅为AAA评级的CDO提供担保，还为BBB评级的CDO提供了担保，承担了极高的违约风险。在阿克曼看来，MBIA杠杆率过高，完全达不到AAA评级。他大胆押注MBIA将因CDO敞口过大而遭遇大规模违约，因而购买了针对MBIA债券的CDS，并建立了针对MBIA股票的空头仓位。

起初阿克曼的押注不仅没有得到回报，由于MBIA的评级在当时支撑着华尔街大量的金融产品，他的公开做空被指责为"破坏市场信心"的行为。直到2008年MBIA终于暴雷，阿克曼也因此暴赚11亿美元。2009年1月阿克曼卖出CDS，并平仓了空头头寸，为长达6年的鏖战画上了句号。

金融危机期间，他再次通过大胆预测和反向投资证明了自己。

2008年，阿克曼以每股0.35美元的价格抄底处于破产边缘的美国第二大购物中心运营商General Growth，买入其25.6%的股权，投入资金约6 000万美元，成为该公司最大股东。次年，阿克曼与其他投资人一同对General Growth进行重组，并将其从破产边缘救了回来。到2011年，阿克曼的初始投资飙升至了16亿美元。

遭遇"滑铁卢"

然而过度自信和执着也使阿克曼遭遇了重挫。在2014年取得40.4%

的成绩后，PSCM连续4年投资回报率为负，2015年亏损甚至达到20.5%。

背后的原因是一系列错误的押注。其中最著名的两次失误是做空康宝莱（Herbalife）和做多凡利亚制药（Valeant Pharmaceuticals）。

康宝莱成立于1980年，是美国的营养品巨头。2012年12月，阿克曼在一次长达3小时的演讲中公开指出康宝莱的业务模式是一场金字塔式骗局。而在此之前，阿克曼就已经建立了针对康宝莱空头头寸，价值10亿美元。

有媒体这样描述康宝莱的销售模式：康宝莱通过一个独立分销商网络来销售营养补剂品和个人护理产品，同时，这些分销商还被鼓励招募其他分销商。除了从销售产品中获得收入外，分销商还能通过招募下线获得一笔佣金。

在这场主题为"谁想成为百万富翁？"（Who Wants to Be a Millionaire?）的演讲中，阿克曼称，在这样的结构中，参与者从招募其他分销商中赚的钱远比从销售产品中赚的钱多，这使康宝莱成为"全世界有史以来管理得最好的金字塔骗局"。

在阿克曼发表演讲后的一个星期之内，康宝莱股价跌幅达40%，市值蒸发近20亿美元。

阿克曼本以为康宝莱的股价会进一步下跌，但他显然没有料到这次做空对象的耐力，也低估了站在他对立面的多头势力的强大，其中不仅有金融大鳄乔治索罗斯，甚至还包括他自己多年的朋友，同样身为对冲基金大佬的丹尼尔·勒布（Daniel Loeb）。

但将这场旷日持久的多空大战推向高潮的是伊坎资本创始人、美国投资圈的老江湖卡尔·伊坎（Carl Icahn）的加入。二者甚至上演了华尔街史上最著名的"电话直播辩论"。伊坎从2013年开始持有康宝莱多头头寸，并逐渐成为康宝莱最大股东。

为了证明自己的判断，阿克曼不惜斥巨资对康宝莱发起攻击，利用各种战术来削弱公众对康宝莱的信心，以期打压其股价。例如2014年的一次公关战就花费了他5 000万美元。到2013年，阿克曼对康宝莱的空头头寸已达4亿至5亿美元。

2015年阿克曼坦言，做空康宝莱让他耗费了大量脑力和承受了巨大压力，但他并没有放弃做空。

尽管阿克曼的努力一度使康宝莱的股价下跌50%，但很快股价又再次反弹。在多方势力的助推下，2017年11月，康宝莱的股价年内飙升51%，这也迫使阿克曼不得不转变策略。

2018年初，阿克曼退出全部空头持仓，损失数亿美元，与此同时，他曾经预测将跌至零的康宝莱股价创下了每股接近100美元的新高。

有人将这场围绕康宝莱的多空对决比喻为“对冲基金版的斯大林格勒战役”。而在做空康宝莱期间，阿克曼的另一个押注失败则因其损失规模之大被视为其投资生涯的“滑铁卢”。

2015年，PSCM向已经陷入财务困境中的凡利亚（Valeant）制药投入约32亿美元，成为其最大股东之一，其所持股份价值最高时曾达到约40亿美元。

凡利亚是一家总部在加拿大魁北克省拉瓦尔，在纽交所和多交所挂牌上市的生物制药公司。不同于传统意义上的制药公司，凡利亚的商业模式主要通过借债来收购其他药厂及其专利，从而实现自身增长，但这种模式也使公司承担了过高的金融风险。

PSCM在每股196美元时买入凡利亚股票，到2015年夏天已上升至260美元。然而，在被曝出哄抬价格、财务造假等各种负面新闻，以及遭遇做空机构香橼研究公司（Citron Research）做空报告的冲击后，凡利亚（Valeant）的股价开始快速下跌。

遗憾的是，PSCM并没有在高点时卖出凡利亚股票。结果，凡利亚全年跌幅高达70%，成为2015年PSCM投资组合中表现最糟糕的一只股票，导致PSCM全年亏损20.5%。

尽管阿克曼自己也承认没有卖出凡利亚是个错误，拖累了PSCM 2015年全年的投资表现，但在2016年1月致股东的信中，阿克曼再次表达了对凡利亚的信心，同时又进一步增持了凡利亚的股票。结果凡利亚股价在2016年下跌19.2%，又一次成为拖累PSCM业绩的“罪魁祸首”。2016年PSCM的亏损达13.5%。

为了挽回声誉和投资者信心，2017年3月，阿克曼决定卖出凡利亚股票。彼时，这个曾被他视为“下一个伯克希尔哈撒韦”的公司股价只有11美元，而PSCM因这笔投资遭受的损失则高达30多亿美元。

大空头2.0

尽管遭遇了连续4年的惨痛损失，还消耗了大量精力，但阿克曼的敏锐度并没有因此减退。

在淡出公众视野一年后，2019年阿克曼“满血复活”，为PSCM取得了58.1%的投资回报。阿克曼称，这得益于PSCM重拾了曾经帮助他们创造了辉煌历史的投资理念，即投资那些模式简单、可被预测，且现金流为正的企业，例如，墨西哥餐厅Chipotle、餐饮品牌国际公司Restaurant Brands International、希尔顿酒店（Hilton）、家居零售商Lowe's、星巴克（Starbucks），以及伯克希尔哈撒韦（Berkshire Hathaway）。

2020年新冠疫情暴发，嗅觉灵敏的阿克曼再次看到了机会。

3月3日，阿克曼在一封致股东的信中披露，为了对冲疫情冲击，PSCM在二月底买入了大量针对美国投资级和高收益信贷指数，以及欧洲投资级信贷指数的CDS。由于在买入时信用息差几乎接近历史低位，因此PSCM承担的潜在损失也相当之小。

随后在3月初的前两周美国股市暴跌，先后4次触发熔断机制。为了挽救美国经济和金融系统，3月12日美联储宣布展开逆回购操作；3月23日美联储又进一步宣布开启无限量化宽松政策，以期为市场提供足够的流动性。

而就在同一时期，PSCM从3月12日开始逐步对CDS进行平仓，到3月23日全部卖出CDS持仓时获得的收益高达26亿美元。

在短短的1个月内，这笔初始投入2 700万美元的对冲交易为阿克曼创造了接近100倍的收益，也抵消掉了因股市暴跌PSCM遭受的个股损失。

阿克曼在致股东的信中表示，鉴于美联储和美国政府史无前例的救市行动，PSCM对美国股市和信贷市场的信心日益上升，因此决定卖出全部CDS，同时用这笔交易产生的净收益增加对投资组合个股的配置。

有趣的是，在对CDS进行平仓以前的3月18日，已淡出媒体视线一段时间的阿克曼罕见地出现在主流媒体采访中，并情绪激动地呼吁美国前总统特朗普紧急封锁美国经济来阻止病毒的传播和人员伤亡。他还呼吁美国企业停止股票回购，因为美国“正在走向地狱”。

在阿克曼接受采访的同时，美国股市进一步下跌，一些人因此指责阿克曼是为了自己的空头头寸而有意打击股市。但阿克曼在随后的一封致股东的信中回应称，PSCM持有的CDS早在3月9日就已经从一文不值飙升至18亿美元。

得益于阿克曼的这些“神操作”，PSCM在2020年取得了70.2%的投资回报率，经历了创始以来表现最佳的一年。

SPAC 2.0

除了一个月赚100倍的战绩，阿克曼在2020年还做了另一件对于金融市场来说意义重大的事。当年7月，由他发起的SPAC，Pershing Square Tontine Holdings Ltd.（PSTH）在纽约证券交易所发行上市，以40亿美元的募资规模成为美股史上规模最大的SPAC。

除了规模，PSTH在很多方面颠覆了传统SPAC的运作模式。例如，传统SPAC的发行价通常为每股10美元，PSTH每股定价为20美元；PSTH取消了传统SPAC赋予发起人20%创始人股份的股权结构设置；如果投资者要在并购交易完成后赎回股票，必须放弃2/3的认股权证，而在传统SPAC交易中，投资者在赎回后，通常可以保留所有认股权证。

除此之外，对于收购标的，PSTH也制定了严格的标准，例如能够产生可预测的自由现金流、所在行业进入门槛较高、对于外部不可控因素的敞口较小、强劲的资产负债表、对资本市场的依赖度最低、大市值、具有吸引力的估值，以及卓越的公司治理水平。

2021年6月，PSTH宣布以41亿美元收购20世纪全球最大唱片公司环球音乐集团（Universal Music Group，UMG）10%的股权，待UMG从母公司法国媒体集团维旺迪（Vivendi）分拆上市后将收购后的UMG股票分配给PSTH股东。

这种模式不同于传统的SPAC交易模式，即SPAC自身上市后，通过收购另一家有实际业务的公司帮助后者完成IPO。然而这一打破常规的SPAC交易模式却遭到了SEC的否决。这笔交易最终变成了由PSCM收购UMG的10%。

UMG是PSTH成立后宣布的第一笔也是最后一笔交易。2022年7月，也就是上市后的第二年，阿克曼宣布对PSTH进行清算，将信托账户中的40亿美元返还给股东，理由是未能在两年内找到“质量、增长和估值方面都符合PSTH投资标准的企业”。

阿克曼将PSTH未能在规定期限内完成交易的原因归为此前两年里发生的一系列不利于SPAC交易的因素，包括：通过SPAC上市的企业后市表现普遍都很糟糕，从而损害了投资者对SPAC上市前景的信心；SPAC的赎回率高，减少了合并企业的可用资本，增加了交易的不确定性；以及针对PSTH的法律诉讼带来的风险和不确定性。

尽管阿克曼开创的SPAC交易模式没能成功，但当时仍然得到了一些学者的赞扬。在某种程度上，阿克曼选择这种不同于以往的SPAC交易模式，有其无奈之处。美国SPAC发行规模在2021年一季度创历史新高后，遭遇美国监管打击，随后瞬间陷入停滞。在接下来的一段时间，许多已上市SPAC的价格都跌破了10美元的发行价，一些创业企业对于通过SPAC上市的意愿也有所下降，导致许多SPAC找不到合适的并购对象。在一些学者看来，在SPAC市场上出现了“钱多标的少”的背景下，阿克曼探索不同的SPAC交易模式的做法不仅是一种明智之举，同时也是在试图为投资者创造更多选择。

第24章

迈克尔·克莱因：华尔街造雨者的造富之路

迈克尔·克莱因（Michael Klein）是美国发行过SPAC数量最多的个人之一，也是2020年美股SPAC交易狂潮中的最大赢家之一。除了SPAC创始人股份带来的数百倍回报，他还利用自己的小型咨询公司在每笔交易中赚取了千万美元的金融服务费。

华尔街造雨者

在美国的SPAC管理团队中，年龄在50~59岁的人占比通常在一半以上，而管理层的背景则多为某一领域经验丰富的专业人士、企业高管或社会声誉较高的人。

SPAC收购标的公司所需资金来源包括机构投资者、战略投资者，以及大众投资者。由于SPAC通常需要在找到合适的收购标的以前就筹集好足够的资金，因此SPAC发起人的背景和知名度在吸引投资人方面就发挥着至关重要的作用。

这对于银行家出身的克莱因来说并不是难题。

克莱因出生于1963年，开始布局SPAC以前曾在华尔街知名金融机构花旗银行工作23年。离开花旗后，他利用自己创立的咨询公司和他在过去20多年里搭建起的横跨全球的强大人脉网络，继续活跃在全球各地商界大佬和政府高层官员中间，在促成多笔重要交易的同时，自己也从中赚取了高额的佣金。他也因此有了华尔街“造雨者”（rainmaker）、“明星交易员”的称号。

1985年获得宾夕法尼亚大学沃顿商学院经济学学士学位后，克莱因先是加入了所罗门兄弟（Salomon Brothers），直到1997年所罗门兄弟与花旗银行合并后，他才正式成了花旗的一员。2008年7月金融危机爆发前夕，他带着2 800万美元的离职补偿离开花旗。

在花旗期间，克莱因参与了众多与全球市场和银行业务相关的收购和融资交易，客户横跨欧洲、中东和非洲等全球各地市场，还一度被认为是前花旗银行首席执行官桑迪.威尔（Sandy Weill）的潜在继任者。

2000年，克莱因帮助花旗银行完成了一项重要的海外收购业务，以22.1亿美元的价格收购施罗德集团（Schroders PLC）的投资银行业务。这笔交易极大地提高了花旗银行在海外投资咨询和承销业务方面的竞争力。

就在离开花旗的同一年，克莱因为巴克莱银行（Barclays）收购雷曼兄弟（Lehman Brothers Holdings）部分业务提供了咨询服务，并从中获得了1 000万美元的佣金。另外，作为前英国首相戈登·布朗（Gordon Brown）的密友，他还是2008年英国政府推出的银行救助计划的主要策划者之一。

2012年，克莱因创立自己的精品咨询公司M Klein & Company，除了为大公司提供交易建议，主要服务对象还包括CEO、公司董事会成员、机构投资者以及政府部门，提供的服务种类涉及并购、公司治理、危机管理、诉讼和仲裁等各方面。

尽管这家公司对外一直比较低调，在克莱因的努力下还是成功促成了几笔重大交易。例如，2010年，嘉能可（Glencore）和超达（Xstrata）完成价值410亿美元的合并交易，这笔交易给克莱因个人带来的收入高达1 500万至2 000万美元；2015年，陶氏化学（Dow Chemical）和杜邦（DuPont）完成1 300亿美元的合并交易，这笔交易的金融服务费在8 000万至1亿美元之间；2019年，巴里克黄金（Barrick Gold）和纽蒙特矿业公司（Newmont Mining Corp）完成180亿美元交易，佣金费高达5 000万至5 500万美元。

三年内发行8个SPAC，募资规模超71亿美元

克莱因从2018年开始布局SPAC，截至2021年一共创立了8个SPAC，募集资金总额超过71亿美元。克莱因的8个SPAC均以英国战时领导人丘吉尔命名为“丘吉尔资本公司”（Churchill Capital Corp，第八个除外）。据媒体报道，克莱因本人是丘吉尔的粉丝，在他曼哈顿办公室的墙上挂满了丘吉尔的名言。

和许多SPAC发起人一样，克莱因也只为部分SPAC找到了收购标的。事实上，早在2005年，克莱因就曾帮助花旗银行组建其SPAC交易部门。在他完成的几笔SPAC交易背后也都有着花旗银行的背书。

● 2018年9月，克莱因创立的第一个SPAC——Churchill Capital Corp.在纽约交易所上市，募资6.9亿美元。2019年5月，Churchill Capital与全球领先的数据分析服务商Clarivate Plc.完成合并交易，合并后的公司估值约42亿美元。

● 2019年6月，Churchill Capital Corp.发起的第二个SPAC——

Churchill Capital Corp. Ⅱ在纽交所上市，募资6.9亿美元。2021年6月，Churchill Capital Corp. Ⅱ与数字学习和人才管理解决方案提供商Software Luxembourg Holding S.A.完成合并交易，并于纽交所上市。

● 2020年2月，Churchill Capital Corp. Ⅲ在纽交所发行上市，募资11亿美元。当年10月，Churchill Capital Corp. Ⅲ与医疗保健成本管理解决方案技术供应商MultiPlan，Inc.完成合并。这笔交易使MultiPlan的估值达到了110亿美元。

● 2020年7月，Churchill Capital Corp. Ⅳ（CCIV）在纽交所发行上市，募集资金20.7亿美元，规模仅次于比尔·阿克曼的Pershing Square Tontine Holdings（40亿美元）。2021年7月26日，CCIV与电动汽车制造商Lucid Motors完成，这笔交易使Lucid的估值达到240亿美元。

● 2020年12月，Churchill Capital Ⅴ发行上市，募资5亿美元。2023年3月，Churchill Capital Ⅴ宣布将完成SPAC合并交易的截止日期延长至2023年12月，在此期间努力完成与西雅图可持续生活创新公司（Sustainable Living Innovations，Inc.）的合并。

● 2021年2月，Churchill Capital Corp. Ⅵ和Churchill Capital Corp. Ⅶ相继在纽交所发行上市，分别募资4.8亿美元和12亿美元。

● 2021年7月8日，由克莱因与Y Combinator的前总裁山姆·阿尔特曼（Sam Altman）联合发起第八个SPAC——Altc Acquistion Corp.在纽约证券交易所发行上市，募资4.5亿美元①。

对于企业来说，SPAC是一条快速上市通道，然而对于包括SPAC发起人和其他战略投资者在内的“内部人员”而言，SPAC却几乎是一种“稳赚不赔”的赚钱方式。

① 截至本书完稿，克莱恩的第五个至第八个SPAC仍未完成合并交易。

千万美元咨询费

在SPAC的股权结构中，SPAC发起人通常被赋予20%的创始人股份，这部分股份的成本通常为25 000美元，这意味着如果SPAC找到了合适的并购标的，并成功完成合并上市，一旦股价大涨，SPAC发起人将有望获得远高于投入成本的收益。另外，如果合并上市后公司股价大幅下跌，这种股权结构，也能使SPAC发起人承担较小的损失。相反，以高价直接买入SPAC公司股票的散户投资者则最容易遭遇大幅亏损。

即使是在合并上市完成以前，SPAC发起人的名声和潜在交易对象对于投资者的吸引力也足以使SPAC股价大涨，从而给SPAC发起人带来巨大回报。

2021年2月22日，Lucid宣布同意与CCIV合并上市。在此之前，二者合并的传闻就已经使CCIV的股价从10美元的发行价暴涨至超过55美元。据媒体统计，在短短几个星期的时间里，克莱因及其他合伙人初始投入的4 300万美元的账面收益暴涨至了33亿美元。同时，潜在并购对象Lucid的隐含估值也从110多亿美元飙升至接近570亿美元。

除了这种股权结构，克莱因在SPAC交易中赚钱的关键缓解还在于他的咨询公司（M Klein & Company）在每笔交易中收取的巨额咨询费。

他的第一笔SPAC交易向M Klein & Company支付了12 500美元的咨询费；第二笔SPAC交易的咨询费则高达400万美元；在MultiPlan与Churchill Capital Corp. Ⅲ的合并交易中，除了1 500万美元的交易费，M Klein & Company还收取了1 550万美元的配售费（placement fee）。

除了这些常规巨额的咨询费，每笔交易还会额外支付每个月20 000到50 000美元的办公空间和行政支持类费用。

敛财游戏遇阻

相较于标的公司的实际运营状况，Churchill Capital过于庞大的交易规模引起了空头的注意。

2020年11月，浑水调研公司（Muddy Waters Research）在一份做空报告中指出MultiPlan的股价被严重高估，同时还预测MultiPlan的销售收入到2022年将下跌23%至35%。这份做空报告造成了随后MultiPlan股价的暴跌。

CCIV也成了空头瞄准的对象。2021年4月23日，针对CCIV的空头头寸价值超过了6.03亿美元，占已发行股票的比例达16%，这使CCIV成为当时遭遇做空规模最大的一个SPAC，导致其股价从2月中旬65美元的高点暴跌至20美元。

事实上，克莱因并非唯一一个被空头盯上的SPAC发起人。截至2021年4月下旬，针对SPAC股票的空头仓位从年初的7.24亿美元上升到了27亿美元，一个月内就增长了2.65亿美元。最受空头欢迎的SPAC通常规模庞大，且发起人的知名度较高，例如由查马斯·帕里哈皮提亚发起的Social Capital Hedosophia Holdings Corp. V。

除了遭遇巨额做空，克莱因的两笔SPAC交易—MultiPlan与Lucid还遭到了股东的起诉。他们认为Churchill Capital及其标的公司谎报企业业绩、隐瞒股票被做空的事实，导致股价暴跌后散户投资者损失惨重，但同时作为发起人的克莱因及其他合伙人却获得了巨额回报。

尽管与SPAC带来的巨额回报相比做空，及起诉造成的经济影响微乎其微，但对于克莱因来说，一个比较直接的潜在影响是他的声誉受到了一定负面影响，而SPAC发起人的声誉通常又直接关系到能否吸引到足够的投资者，为将来的并购交易筹集资金。

SPAC发起人的声誉也可能会成为企业判断是否选择通过与SPAC合并的方式来完成IPO的一个维度。由于2021年美国加强了对SPAC交易的监管，加上许多SPAC完成合并上市后股价表现不佳，许多初创企业对于与SPAC合并上市的意愿在当时已经有所下降。

监管收紧也使许多SPAC的价格跌至10美元的发行价之下，在2021年5月完成交易的23个SPAC中，仅有两只股价在月底时依然保持在10美元的发行价之上。

得益于2020年疫情暴发后美国实施的刺激政策，SPAC这种非主流IPO方式的造富效应被资本市场推向了极致。尽管美国对SPAC交易监管的不断收紧和2022年利率水平的不断攀升终止了SPAC的造富神话，但这种在疫情期间红极一时的金融工具将许多像克莱恩这样长期身居幕后的投资人带到了大众视野中。在SPAC浪潮退去后，他们接下来的财富布局还将持续受到人们的关注。

第25章

亚历克·戈尔斯：SPAC先行者

亚历克·戈尔斯（Alec Gores）是美国私募股权公司The Gores Group的创始人。The Gores Group成立于20世纪80年代，美国私募股权行业的第一次大繁荣时期。

在发展的前十年，The Gores Group最主要的交易策略是股权分拆（carve-out），即收购被母公司剥离的资产。在此过程中，戈尔斯不仅实现了财富自由，还奠定了自己在美国乃至全球私募股权收购领域的地位。

2015年，戈尔斯早于大多数机构投资者开始布局SPAC，不仅被视为SPAC领域的先驱，还被媒体称为美股史上“最多产的（prolific）”SPAC发起人之一。他创建的13个SPAC中有9个已经完成了合并。

无论是创立伊始的股权分拆交易策略，还是布局SPAC，戈尔斯总能走在私募股权行业的潮流前列。这在某种程度上得益于戈尔斯在不同于常人的成长过程中培养起来的洞察能力。

1968年15岁那年，戈尔斯随父母从以色列移民到美国。和许多渴望成功的美国移民一样，努力和勤奋也是戈尔斯身上的标签。

2016年，年过60的戈尔斯以21亿美元的身价登上福布斯富豪榜，成为美国最富有的人之一。无论哪个时代，对财富的渴求和追求都是“美国梦”中永恒不变的组成部分，戈尔斯的发家史就是典型的美国梦成为现实的故事。

第一桶金

1953年，戈尔斯出生于传说中的耶稣童年故居以色列拿撒勒（Nazareth），是家里6个孩子中的长子。戈尔斯的父亲在以色列拥有一家小型建筑公司，但希望孩子们能在美国有更多的发展机会。

于是，1968年11月，一家八口带着40美元和两个行李箱抵达美国，开启了他们漫长的美国生活。当时家中唯一会说英语的就只有戈尔斯的父亲。抵达美国后，一家人投奔了住在密歇根州的叔叔，住在一套两居室的公寓里。

在叔叔的杂货店里，戈尔斯开始了自己的第一份工作——以每小时25美分的薪水打包商品，一边打工，一边学习英语。

从抵达美国的第一天起，父亲就告诉戈尔斯和家里的其他孩子，“这就是你们的新国家，你们必须尊重它、接受它。”

父亲还说：“你可以在这个国家做任何你想做的事，但你必须通过自己的努力获得。”这句话影响了戈尔斯的一生。

戈尔斯的父母十分重视子女教育，这使得即便在家里不那么富足的情况下，戈尔斯也得到了良好的教育。但由于移民到美国后需要适应美国的教育系统，戈尔斯到20岁时才高中毕业。

高中毕业后，戈尔斯被西密歇根大学录取，成为家里的第一个大学生。大学期间，英语和社会学科是戈尔斯的软肋，但计算机科学和数学是他的强项。

得益于此，毕业后戈尔斯被通用汽车公司录用，担任计算机程序员。但大企业四平八稳的工作节奏很快就令他感到无聊。相比于安逸的工作，戈尔斯更喜欢快节奏、通过自己的努力来换取成功的工作。

20世纪70年代的美国，个人电脑作为一种大众消费品刚刚开始崛起。在这样的背景下，戈尔斯萌生了向企业出售商用电脑的想法。于是在工作6个月后，戈尔斯辞去了通用汽车的工作。

1978年，戈尔斯用父亲资助的8 000美元在父母家中的地下室创办了自己的第一家企业——Executive Business Systems（EBS），主要面向小企业出售小型电脑。到1986年，EBS已经发展成为拥有200名员工，且在密歇根州小有名气的经销商。

同一年，戈尔斯以略高于200万美元的价格将EBS卖给了Continental Telecommunications。一年后，戈尔斯用这笔人生第一桶金创办了自己的第二家公司——The Gores Technology Group，一家以收购科技公司为主要业务的私募股权公司。

2003年，The Gores Technology Group更名为The Gores Group（以下简称Gores）并一直沿用至今。在很大程度上，创立这家公司是理工科出身的戈尔斯向金融行业转型的关键一步。

收购之路

"收购+改造+卖出"是Gores在设立之初定下的唯一盈利模式。在发展的前十年里，Gores的业务以收购那些被母公司剥离出来的资产或业务部门（carve-outs）为主。

资产剥离，通常指一个拥有多个不同业务部门的大公司因种种原因，将其中的某个业务部门剥离出去。母公司对剥离出去的业务部门的处理方式通常有两种，一种是拆分上市，上市后母公司仍然拥有其股份；另一种是卖给包括私募股权在内的战略买家。至于选择哪种方式，则由母公司对二者进行利弊得失权衡之后做出决定。如果一家私募股权想收购这一被剥离的资产，其出价对于母公司来说要足够具有吸引力，同时还应使母公司相信其有能力改善被收购业务部门的盈利能力。

收购被母公司剥离的资产是国外私募股权公司比较喜欢的一种策略，特别是在欧美国家。根据安永（Ernst & Young）的一项数据，2012年至2019年，收购被剥离的资产在所有私募股权交易类型中的占比基本稳定在7%~10%之间。在全球所有地区中，美国和欧洲私募股权参与的资产剥离交易最多，每年的交易量在400~500之间。

尽管被母公司剥离的业务部门并不必然是业绩不好的部门，但很多情况是母公司的“非核心业务”。如果被剥离的业务部门的确存在各种问题，私募股权公司在收购后，基于自己对被收购业务的了解，可以对其进行改造，例如对管理层进行重组，从而提高其盈利能力，并最终以更具吸引力的价格将其卖出。

这也是衡量投资成败的关键因素。为此，私募股权公司前期需要投入大量精力对收购对象进行尽职调查。从前期对企业进行调研到最后完成收购的过程中，戈尔斯目睹了企业管理者如何将一家公司一步步拖向深渊。

在Gores成立的80年代，美国私募股权行业迎来了第一次大繁荣，也是从那时起，越来越多人开始意识到私募股权对企业发展的影响。从某种意义上来说，Gores的诞生可谓是生逢其时。

2000年，Gores收购以生产芭比娃娃和风火轮玩具车而出名的美国玩具公司美泰尔（Mattel）的软件开发子公司The Learning Company。美泰尔于1999年以36亿美元收购The Learning Company，本想通过这次收购进军软件领域，但却使其股价从每股26美元跌至不到12美元。

Gores在2000年10月收购The Learning Company时，后者每天的损失额高达150万美元。但通过裁员等削减运营成本的方式，Gores在75天之内便帮助The Learning Company扭亏为盈。2001年，Gores将The Learning Company的娱乐部门卖给法国电子游戏开发商Ubisoft Entertainment。同年晚些时候，Gores又将The Learning Company的教育资产和冠名权出售给了爱尔兰教育科技公司Riverdeep Interactive Learning。

2001年1月，Gores收购Hewlett-Packard（惠普公司）当时的电子支付子公司VeriFone，这笔交易进一步巩固了Gores在私募股权领域的地位。

惠普公司在1997年以12亿美元的价格收购VeriFone，到2001年卖给Gores时，VeriFone的亏损已达4.8亿美元，成为拖累惠普公司2000年第三季度业绩的主要因素。Gores收购VeriFone一方面可以使惠普公司的业绩得到改善，另一方面也能使VeriFone将更多精力放在创新和增长。结果在不到一年的时间里，Gores就扭转了VeriFone的颓势，使其年收入达到3.5亿美元。2002年，Gores将VeriFone卖给总部位于芝加哥的私募股权公司GTCR。

这两笔交易使Gores声名鹊起，同时也为其吸引了更多客户。2008年，Gores以2.73亿美元收购西门子企业通信（Siemens Enterprise Communications）51%的股权，并用其投资组合中的两家软件公司——Enterasys Networks Inc.和SER Solutions Inc.，与其组成一个新的合资公司，另外49%由西门子公司所有。根据两家公司当时发布的声明，Gores的入股将帮助当时正在致力于从传统网络硬件供应商向软件和服务供应商转型的西门子收购其他先进技术。

2013年，西门子企业通信更名为Unify。三年后，Gores将Unify以3.4亿欧元的价格卖给法国IT服务和咨询公司Atos。彼时的Unify已是一家在全球60多个国家拥有5 600名员工、收入达12亿欧元的全球第三大综合通信解决方案提供商。

在过去的30多年里，Gores的业务不断扩张，交易类型已从最初的资产剥离（carve-out），扩展到家族业务（family-owned businesses）、杠杆收购（LBOs）、结构性融资（structured finance），以及外部并购等（add-on acquisition）多个领域。截至2020年底，Gores收购或投资的公司已超过120家，投资金额超过40亿美元，涵盖科技、工业、医疗、服务、消费等众多行业。

此外，在2015年以前，Gores还创建了四只私募股权基金。前两只——Gores Capital Partners（CCP）和Gores Capital Partners Ⅱ于2003年和2007年关闭，分别募资4亿美元和13亿美元。第三只GCP Ⅲ于2011年关闭，募资21亿美元。第四只Gores Small Capitalization Partners于2012年关闭，募资3亿美元。

布局SPAC

Gores向SPAC的转型始于2015年。那一年，美股SPAC IPO的数量只有20个，交易规模只有39亿美元，SPAC IPO占全部IPO的比重也只有12%。戈尔斯比大多数机构投资者更早地注意到了SPAC的潜在投资机会。

由于SPAC的投资方通常在SPAC找到合适的并购标的以前就投入资金，因此对SPAC发起人的信任往往是投资人决定把钱投给这家SPAC的最重要因素之一，而这种信任通常来自SPAC发起人的投资能力和名气。早已在美国乃至全球收购领域名声大噪的戈尔斯在这方面无疑是具有优势的。

2015年，Gores的第一个SPAC——Gores Holdings发行上市，募集资金3.75亿美元，并于2016年与美国富豪迪恩·梅特珀罗斯（Dean Metropoulos）和私募股权公司阿波罗全球管理公司（Apollo Global Management）联合，与主打面包甜点的食品连锁店Hostess Brands Inc.完成合并。这笔交易对Hostess Brands的估值达到23亿美元，同时也使戈尔斯成为SPAC领域的先驱者之一。

自2015年以来戈尔斯创建的13个SPAC中，共有9个完成了合并交易，这些交易对被收购企业的估值总额超过580亿美元。

2020年以前Gores只完成了2笔交易，标的公司分别是智能移动服务商Verra、和Hostess Brands Inc.，其余7笔均在2020年和2022年期间完成，包括于2022年6月在纳斯达克交易所上市的新能源电动汽车品牌极星（Polestar）。

2021年1月，Gores的第四个SPAC与联合批发抵押贷款公司（United Wholesale Mortgage）完成合并上市，以160亿美元的估值成为当时美国有史以来规模最大的一笔SPAC交易，但随着新的SPAC交易不断涌现，这一纪录很快被打破。根据《福布斯》的数据，戈尔斯本人拥有合并以后公司6%的股权。

2020年12月，Gores Metropoulos与激光雷达独角兽Luminar完成合并上市。Gores Metropoulos向Luminar注资约4.06亿美元。这笔交易使Luminar的估值从合并前的大约10亿美元飙升至开盘首日的80亿美元。

2021年2月，戈尔斯的第五个SPAC——Gores Holdings V与金属饮料和玻璃包装供应商Ardagh Group SA宣布合并，并于当年8月完成合并。这笔交易对Ardagh的估值达到了85亿美元。

2021年7月，戈尔斯的第六个SPAC——Gores Holdings Ⅵ与3D拍摄

软件供应商Matterport Inc正式在纳斯达克完成合并上市，按当天收盘价计算，合并后的公司估值约42亿美元。

同年第四季度，美国度假短租平台Sonder与戈尔斯在2019年发起的SPAC——Gores Metropoulos Ⅱ完成合并上市，合并后的公司估值达到22亿美元。

2020年疫情暴发后，包括Apollo Global Management，TPG Capital，True Wind Capital，Dragoneer Investment Group and RedBird Capital Partners等私募股权公司纷纷加入到SPAC交易热潮中。

各路资本的不断涌入使SPAC发起人面临的行业竞争越发激烈，但戈尔斯认为竞争激烈也意味着更多的机会：在Gores刚刚布局SPAC时，了解SPAC的人很少，因此完成交易往往很困难，相反，参与和真正了解SPAC的人变多了，也就意味着Gores的潜在客户变多了。

戈尔斯将SPAC视为Gores的核心业务，为了不断壮大SPAC版图，他在2020年开始更多地关注科技和生物科技等新兴领域，还为此聘请了两位软银旗下愿景基金的高管。

除了Gores Holdings Ⅶ（融资5.5亿美元）和Gores Holdings Ⅷ（融资3.45亿美元），2021年戈尔斯还发起了两个科技导向型SPAC——Gores Technology Partners和Gores Technology Partners Ⅱ[①]，分别融资2.75亿美元和4.6亿美元；以及与金融服务公司Guggenheim Partners共同发起的Gores Guggenheim，融资8亿美元。

自1987年创立以来，从最初的资产剥离交易到SPAC，戈尔斯带领下的The Gores Group始终试图走在私募股权行业的潮流前列。

无论对于哪个时代，对财富的渴求都是“美国梦”中永恒不变的

---

① 2022年11月，Gores Holdings Ⅶ，Gores Technology Partners和Gores Technology Partners Ⅱ宣布清算，并向投资者返还13亿美元。

组成成分，那么戈尔斯无疑已经将这个梦变为了现实。2016年，戈尔斯以21亿美元的身价登上《福布斯》富豪榜，成为美国最富有的人之一。2021年3月，他又被《洛杉矶商业杂志》评为2021年度商业人物。截至2023年底，戈尔斯的身价为25亿美元。

第26章

比尔·福利：
坚持价值投资的SPAC投资者

当地时间2021年3月31日，伦敦在线支付服务平台Paysafe Group Holdings Limited与SPAC公司Foley Trasimene Acquisition Corp.II在纽约证券交易所合并上市，按收盘价计算的企业价值约90亿美元，这是当时美股史上规模最大的SPAC交易之一。

这笔交易背后的SPAC发起人–比尔·弗利（Bill Foley）是美国享有盛名的商人与投资人。得益于在企业兼并与收购领域丰富而成功的经验，他为自己构建起了价值1 500亿美元的投资组合，涵盖餐饮、科技、制造业、体育、酿酒等各个领域。而他最为人所熟知的一个身份则是北美国家冰球联赛球队——“维加斯黄金骑士队”的所有者。

弗利是一位坚定的价值投资者。价值投资的理念促使他在2020年SPAC投机泡沫中主要寻找那些价值被低估的企业。弗利一共创建过6个SPAC，融资总额超过600亿美元。在美股史上规模最大的15笔SPAC合并交易中，弗利主导的交易有两笔。

从西点军校到商界

弗利出生于1944年，从小与家人在得克萨斯州长大。小时候因为父亲被派往安大略省渥太华的美国空军基地，弗利在那里度过了一段童年时光。在那里，弗利爱上了冰球这项体育运动。

弗利就读于美国的第一所军事学校——西点军校。在校期间，他利用业余时间炒股，一度从4 000美元的投入中赚到4万美元的回报。毕业后，弗利被任命为美国空军少尉，并为美国空军与波音公司谈判了价值数百万美元国防项目。

离开美国空军后，1974年弗利又取得了华盛顿大学法学博士学位，从此职业生涯转向公司法领域，主要从事兼并与收购业务。1984年，他对当时陷入困境的产权保险公司Fidelity National Financial（FNF）进行杠杆收购。

在他的打造下，FNF发展成为美国最大的产权保险公司，取得了40%的市场份额。FNF还通过其控股子公司ServiceLink Holdings提供行业领先的抵押贷款服务。

弗利从1984年开始担任FNF的董事长。2019年FNF的产权及房地产相关业务创造了大约84.69亿美元的营收。在《财富》杂志2021年美国最大公司名单中，FNF排名第288位。

弗利表示，FNF的成功完全得益于他将自己在西点军校学习到的宝贵知识与经验，并将他们应用到了商业领域。他说，西点军校的学习经历彻底改变了自己，教会了他将与同伴的利益放在首位，其次才应该考虑自己。

坐拥1 500亿美元投资组合

弗利职业生涯中最主要的成就来自企业兼并与收购领域。这使他在众多行业上市和非上市公司的董事会都占席位。弗利最为人所熟知的一个身份就是维加斯黄金骑士队（Vegas Golden Knights）的老板。

“维加斯黄金骑士队”是北美国家冰球联赛球队（National Hockey League）中的一员，2016年，弗利以5亿美元买下这支球队。2017年，由弗利担任董事会主席的Black Knight Sports & Entertainment被授予了这支球队的特许经营权。

如果说弗利与“维加斯黄金骑士队”的渊源始于童年不经意间的爱好，他的另一个爱好同样对日后构建的商业帝国产生了深远影响。

喜爱勃艮第（Burgundy）葡萄酒的弗利从20世纪90年代开始做葡萄酒生意。弗利说自己的梦想是在美国酿造出勃艮第风格的葡萄酒。他的第一个葡萄园——Foley Estates于1996年在加利福尼亚州的圣巴巴拉县（Santa Barbara county）开业，他说，“那里的气候与勃艮第相似，雾气滚滚，土壤中有大量石灰岩。”

虽然弗利酷爱酿酒，但归根到底还是一个精明的商人。2007年他就意识到，如果想赚钱就需要把规模做大，于是他开始收购葡萄酒企业。到2021年，他的家族企业Foley Family Wines Holdings已经拥有超过16个葡萄园和酒厂，分布在加利福尼亚州、俄勒冈州、华盛顿州和新西兰等地，年产量约200万箱。

为了便于扩大资本版图，弗利于2014年创立投资公司Cannae Holdings，继续从事他擅长的收购与投资业务。Cannae Holdings是一家上市企业，SEC的数据显示，截至2020年6月30日，Cannae Holdings的现金和短期投资总计9.632亿美元，归属于普通股东的净收益为11.23亿美元，投资组合涵盖餐饮、科技、金融服务等各个领域。

在2021年的一次采访中弗利披露，他的投资组合中有酒店、高尔夫球场、餐厅、汽车零部件制造商以及酒庄，这些资产加起来的总市值大概有1 500亿美元。

在30多年的兼并收购生涯中，弗利一直坚守着一个古老的策略-寻找那些在财务上价值被低估的优质企业。即便是在充斥着大量投机行为的市场环境下，弗利也依然秉持价值投资的理念。

专注于价值投资的SPAC投资者

随着2020年美国金融市场上掀起史无前例的SPAC交易狂潮，Cannae Holdings的资本版图也扩张到SPAC交易领域。

在这股SPAC交易热潮中，最受欢迎的标的公司多为科技初创企业和电动汽车公司，例如美股规模最大的SPAC交易之一——由迈克尔·克莱因与电动汽车初创企业Lucid的合并交易。而弗利寻找的并购标的主要集中在可能会被上市公司剥离的业务，通过与SPAC合并来实现拆分上市。这些业务通常因母公司为了在疫情期间专注于公司主营业务而被忽略。

作为一位价值投资者，弗利主要寻找在财务上被低估，同时业绩已在漫长的发展历程中得到了验证的企业。

截至2021年，弗利一共创建了6个SPAC。第一个SPAC——CF Corporation（简称CF）创立于2016年，同样早于许多机构投资者，且融资总额高达12亿美元。

其余几个SPAC均为2020年以后创立。分别为Foley Trasimene Acquisition Corp.（10.4亿美元）、Foley Trasimene Acquisition Corp Ⅱ（14.7

亿美元）、Trebia Acquisition（4.5亿美元）、Austerlitz Acquisition Corp. Ⅰ（6.9亿美元），以及Austerlitz Acquisition Ⅱ（13.8亿美元）。原本计划与永利度假村（Wynn Resort）的博彩业务（Wynn Interactive）合并上市的Austerlitz Acquisition Corp. Ⅰ，以及自始至终都没有找到收购标的的Austerlitz Acquisition Ⅱ最终于2022年10月宣布清算，并向投资者返还超过20亿美元。

有趣的是，弗利创办的几个SPAC都以人类历史上几次比较有名的战役命名，比如第二次布匿战争（Second Punic War）中的特拉西米恩（Trasimene）战役和特雷比亚河（Trebia）战役，以及拿破仑战争中的奥斯特里茨（Austerlitz）战役。

多年来在兼并收购领域积累的丰富经验，以及在各行业企业间树立起的极高声望，使弗利在从事SPAC交易过程中具备了某种天然优势。

截至2021年4月初，美股规模最大的15个SPAC中，由弗利创建的有三个。同一截止时间，按企业价值计算的规模最大的15笔SPAC合并交易中，弗利牵头的交易有两笔，分别是Foley Trasimene Acquisition Ⅱ与英国在线支付公司–Paysafe Group Holdings Ltd价值90亿美元的交易，以及Foley Trasimene Acquisition Corp与基于云计算的员工福利管理和人力资源服务提供商–Alight Solutions价值73亿美元的交易。

弗利的多笔SPAC交易都是通过他的Cannae Holdings完成的。SEC的资料显示，2020年6月，Cannae与Trebia Acquisition签订远期购买协议，作为后者的锚定投资者与创始成员，承诺投资7 500万美元；8月，Cannae又与Foley Trasimene Acquisition Corp. II签订远期购买协议，作为后者的锚定投资者与创始成员，承诺投资1.5亿美元。

从学生时期炒股，到进军企业并购领域，再到后来布局SPAC，弗利一直极力避开投机性交易。他说："如果一个人想成为聪明的投资者，那么他最好始终都做一个聪明的投资者，而不是偶尔。"